A Brief History Of Nakedness

A Brief History of Nakedness
by Philip Carr-Gomm
First published by Reaktion Books,
London, UK, 2010.
Copyright ⓒ Philip Carr-Gomm 2010
No part of this book may be used of reproduced in any manner
whatever without written permission except in the case of brief quotations
embodied in critical articles or reviews.

Korean Translation Copyright ⓒ 2012 by Hakgojae
Korean edition is published by arrangement with
Reaktion Books through BC Agency, Seoul.

이 책의 한국어판 저작권은 BC에이전시를 통한
저작권자와의 독점 계약으로 학고재에 있습니다. 저작권법에 의해
한국 내에서 보호를 받는 저작물이므로 무단전재와 복제를 금합니다.

나체의 역사

A Brief
History
Of Nakedness

필립 카곰 지음
정주연 옮김

학고재

| 차례 |

| 서문 | 바라트의 거울 | 7 |

종교와 나체 9
정치와 나체 12
대중문화와 나체 15

| 01 | 공기를 입고 | 25 |

입회식과 나체 34
카발라와 민간 마법 37
익어가는 옥수수와 허리 높이까지 자라는 아마 39
벌거벗은 드루이드교도 45

| 02 | 젤룸 강과 요르단 강가 | 55 |

자이나교도들 62
힌두교의 벌거벗은 수행자들 69
자유의 노래 75
유대교와 기독교의 나체 80
내가 알몸으로 태어났으니 알몸으로 죽으리라 84
종교를 넘어서—영적 수단으로서 나체 98

| 03 | 나체 혁명 | 101 |

고다이바 부인의 전설 107
유방에 대한 공포 113
몸으로 주장하는 사람들 120
동물권리 보호와 나체 123
지구를 위한 나체 128
자유의 아들들 133
최후의 수단 136
나체 시위에 싫증을 내지 않을까? 143
항공사가 나체 시위의 힘을 하이재킹하고,
이교가 밴드왜건에 올라타다 152

04	**영국 수상은 감출 것이 없다**	157
	의회에서의 나체	162
	폴란드 여성당	170
	대통령의 사교 침례	172
	옷 벗을 권리	175
	조직적 나체주의의 기원	180
	영국의 진보 운동	187
	우리 도로에서 할까?	194

05	**수치심의 소멸**	203
	분위기의 변화―스트리커의 출현	208
	보이고자 하는 충동―노출증과 바바리맨	218
	보려는 욕망―우리 모두에게 있는 관음증	225
	공연과 수치심의 소멸	229
	모든 것을 바꾼 뮤지컬	231
	런던 연극계의 나체	234
	나체 무용	237
	알몸 오페라	243
	나체 오케스트라와 당당한 록 스타	247
	오! 캘커타!	249

06	**영웅의 귀환**	257
	분위기가 바뀌다	260
	스펜서 튜닉의 살아 있는 조각 작품	262
	풀 몬티	264
	말의 힘	267
	캘린더 걸스	268
	9·11 이후의 나체	273
	나체가 추하다는 생각	279
	자기 몸에 만족하는 법	282
	음모 제모족, 브라질리언 왁싱, 체모 제모	288
	생식기 해방 운동	292
	절제 운동	296
	영웅의 귀환	300

지은이의 말 · 307 | 옮긴이의 말 · 314 | 주 · 317 | 찾아보기 · 336

서문

바라트의 거울

나에게 네이키드와 누드는
(사전 편찬자들은 옷이나 보호물이 없다는 것을 뜻하는 동의어로 분류하지만)
사랑과 거짓, 진리와 예술만큼 확연히 다른 것이다.
―로버트 그레이브스Robert Graves,
「네이키드와 누드The Naked And the Nude」

이렇게 한번 해보라. 책을 덮고 당장 옷을 벗어라. 만약 지금 욕실에서 이 책을 읽으려 했다면 괜찮겠지만 하필 서점에 있거나 버스나 열차를 기다리고 있다면 인생이 달라질지도 모른다. 왜 그런지, 단순히 옷을 입지 않은 것뿐인데 뭐가 그렇게 큰 문제인지, 왜 책 한 쪽을 미처 다 읽지도 못하고 체포되어야 하는지 이제 이 책에서 알아보자. 우선 신발을 벗어던졌다면 이제 해야 할 일은 네이키드가 될지 누드가 될지 정하는 것이다.

현대 영어는 고대 앵글로색슨족과 중세 노르만족의 영향을 받았다. 그래서 그들의 단어와 사고방식은 영어를 사용하는 사람들의 의식 속에 녹아 있다. 네이키드naked라는 단어는 앵글로색슨 게르만어파에서, 누드nude라는 단어는 노르만계 프랑스어에서 유래했다. 그래서 영어는 옷을 입지 않은 상태를 정교하게도 두 단어로 나타내는데 의미가 각기 다르다. 누드는 옷을 입지 않고 고의로 시선을 끄는 것을 말하며 네이키드는 단순히 옷을 입지 않은 '순수한' 상태를 의미한다. 누드는 예술 활동에서, 네이키드는 욕실에서 일어난다. 네이키드는 자연 그대로의 날것을, 누드는 이상적인 것을 뜻한다. 미술 비평가 존 버거는 이렇게 썼다. "네이키드는 자기 자신이 되는 것이다. 누드는 다른 사람에게 보여주는 것으로 혼자서는 인식하지 못한다. 네이키드가 누드가 되려면 누군가에 의해 하나의 대상으로 보여야 한다." 더 나아가 "누드는 결코 옷을 벗고 있다는 비난을 받지 않는다. 누드는 옷의 일종이다"라고 썼다.[1]

하지만 두 단어를 구별하는 것은 선택의 문제다. 서점에서 누군가가 벌거벗고 서 있는데 애써 그에게 가서 네이키드인지 누드인지 물어볼 사람이 있겠는가. 이 책에서 나는 프랑스인이나 독일인처럼 그 두 단어를 구별 없이 사용할 것이다. 의미상의 논란을 피하기 위해서이기도 하고, 이 책이 번역될 때 발생할 문제를 피하기 위해서이기도 하다. 또 책 전체에서 한 단어만 계속 쓰면 읽기가 지겨워질 것이기 때문이기도 하다. 게다가 주로 나체 상태가 불러일으키는 많은 특수한 문제들에 집중하고 싶기 때문이다.[2] 사람들은 나체에 대해 왜 그렇게 당황하는가? 나체는 왜 사람들을 그렇게 흥분시키는가? 왜 어떤 종교는 나체를 비난하고 또 어떤 종교는 권하는가? 나체 시위로 무언가 보람 있는 것을 이룰 수 있는가? 젖꼭지를 가린 재닛 잭슨의 가슴이 겨우 눈 깜짝할 동안 노출됐다는 이유로 CBS에 55만 달러의 벌금을 매기는 나라에서 어떻게 음경 연기자들이 자신의 생식기를 주무르는 공연을 할 수 있는가? 경찰은 옷을 입은 것처럼 보디페인팅한 알몸의 여자와 누드 슈트를 입은 여자 중 누구를 체포할까? 그리고 '네이키드 셰프'가 옷을 벗지 않는 이유는 무엇일까?

이런 점들을 비롯해 나체에 대한 수많은 의문이 드는 이유는, 설사 나체가 타고난 몸 상태에 불과하다고 하더라도 인류의 진화 과정에서 수많은 모순된 사고, 느낌, 행위의 촉매제 역할을 하면서 어떤 때는 비극적인, 어떤 때는 감동적이고 기묘한 역사를 남겼기 때문이다.

그 다채로운 내력도 일종의 자아도취에 지나지 않는다고 비웃을 사람이 있을 것이다. 자신이 속한 종에게 푹 빠져서 몸을 보여주고, 보면서 끝없이 황홀해하는 종이 있다니 얼마나 우스꽝스러운가. 더 관대한 사람들은 나체에 대한 우리의 관심이 다른 동물과 우리를 구별 짓는 속성, 즉 자의식을 가장 잘 드러내는 예라고 생각할지도 모른다.

세계 최고最古의 종교인 자이나교의 전설은 나체에 관한 또 다른 관점을 잘 설명해준다. 어느 날 자이나교 창시자의 아들인 바라트 황제가 목욕 후에 거울로 자신의 몸을 살피기 시작했고 그렇게 해서 깨달음을 얻었다는 것이다.[3]

자신이 몸을 가진 존재라는 깨달음은 우리 자의식의 핵심이며, 그것이 우리가 몸을 가꾸고 옷을 입는 데 많은 돈과 노력을 들이는 이유를 설명해준다. 몸과 외모를 인식하는 방식이 자아와 세상을 인식하는 데 근본적인 영향을 미치기 때문이다.

종교와 나체

> 나체를 찬양하는 데 있어서 그리스인들은 다른 어떤 민족과도 다르다.
> 그들에게 나체는 수치스럽거나 우스꽝스럽거나 명예를 실추시키는 것이 아니었다.
> 오히려 투명하게 보는 것(그리스의 종교적 체험의 한 측면)과 운동경기의
> 관점(승리와 명예를 축하하는 일을 최고의 목표로 보는 것 – 옮긴이)에 관련한
> 중대한 의미를 띠고 있었다.
> ―마리오 페르니올라Mario Perniola
> 「화려한 의복과 적나라한 진실The Glorious Garment and the Naked Truth」[4]

이 책은 나체에 대한 종교적 관점에서 시작한다. 심리학이 출현하기 전 자신과 자신의 몸에 대한 인간의 관심을 높이고 구체화한 것이 바로 종교이기 때문이다.

대부분의 종교가 일상적이고 극히 사적인 공간을 제외한 거의 모든 영역에서 종교 지도자나 신도들의 나체 상태를 용인하지 않을 것 같고, 나체로 참여하는 종교 활동에 대해서는 들어본 적도 없을 것이다. 그러나 일부 초기 종교의 우상들이 빌렌도르프와 몰타의 '비너스'처럼 나체 여성의 모습이고 그리스와 인도에서 나중에 발생한 종교 역시 종종 남성의 나체 형상을 숭배했다. 남자가 신의 형상을 본떠 만들어졌다는 기독교 교리는 기독교 나체주의자들의 강력한 무기이며, 유

빌렌도르프의 비너스.

대교에서 최초의 인간 아담 카드몬은 몸에 만물을 품고 있는 거인의 형상이다. 인도 자이나교에서 우주는 서 있는 사람의 모습을 본떠 만든 것이며, 평화롭게 앉거나 서 있는 남자 나체상들은 깨달음을 얻은 스물네 명의 창시자들을 표현한 것이다.

진리는 역설의 옷을 입고 있다는 말이 있다. 종교도 진리를 추구하면서 인간의 형상에서 풍부한 근거를 얻었다. 몸은, 한편으로는 신의 창조물로서 기독교의 용어를 빌리자면 '하느님의 형상대로' 만들어졌다. 다른 한편으로는 우리가 두 개의 서로 다른 몸 사이의 상호작용과

매개물을 통해 생겨나는 한, 몸은 고통과 고통의 원인이 발생하는 곳이다. 몸이 신전도 되고 감옥도 될 수 있다는 사실은 여러 종교에서 발견되는 몸에 대한 양면적인 태도의 근원이 된다.

그 양면성을 인정하지만 첫 두 장에서는 여러 종교가 몸에 대한 수치심과 혐오감을 가르쳐온 역사는 세세하게 언급하지 않고, 여러 전통에서 나체가 어떤 식으로 숭고한 정신적 목표에 이용됐는지에 초점을 맞추었다. 몸과 나체에 대한 사고방식의 역사보다는 종교적이고 정치적이고 문화적인 측면, 다시 말하면 나체가 사람들을 일깨우고 힘을 부여하고 즐겁게 해주기 위해 실제로 어떻게 이용되고 있는지를 집중적으로 살펴보겠다.

종교 단체와 개인들이 정신 수행 중에 옷을 벗으라고 권한 사실은 거의 알려진 적이 없으니 놀라울 것이다. 특히 가장 뜻밖인 것은 고대든 현재든 기독교와 나체의 관계다. 2003년 영국 텔레비전 시리즈 〈나체의 순례자The Naked Pilgrim〉에서 미술 비평가인 브라이언 슈얼은 에스파냐의 산티아고데콤포스텔라(기독교의 성지 - 옮긴이)로 순례를 떠났다. 한때 가톨릭 신자였던 그는 그 순례 동안 눈물이 날 만큼 감동했고 스스로 그런 사실에 몹시 놀랐다. 그는 피니스테레에서 옷을 벗어 태우고 바다에 뛰어드는 전통적인 방법으로 그 여행을 마무리했다.

정치와 나체

웰링턴 공은 매일 나폴레옹의 벗은 모습을 보았다.
살아생전에 적이었던 나폴레옹의 완벽한 근육질 가슴은, 시간이 지날수록
노화되어 가는 웰링턴 공 자신의 피부만큼 익숙해졌을 것이 분명하다.
안토니오 카노바가 만든 나폴레옹 1세의 나체 거상이
오늘날까지 하이드파크 코너에 있는
앱슬리하우스의 나선형 계단에 서 있다.
워털루에서 나폴레옹을 패배시킨 그 장군의 집 말이다.
—조너선 존스Jonathan Jones, 「아직도 그대로Hanging in There」,
『가디언The Guardian』, 2006년 3월 11일

나체에 대해서 우리는 상반되고 역설적인 태도를 지니고 있다. 종교에서 나체는 수치스러움, 억제해야 할 욕망을 나타내기도 하고 순수함, 수치를 모르는 상태, 심지어 육체의 거부를 뜻하기도 한다. 반면 정치에서 나체는 강력한 힘과 권위, 혹은 취약성과 노예 상태를 상징한다. 이런 상반된 의미들 때문에 우리가 나체에 대해서 모순적이고 복잡한 반응을 보이게 되며, 나체가 예술과 철학 탐구에 중요한 기반이 된다.

현대 서양의 사고방식을 형성하는 데는 두 가지 요인, 즉 고대 이교도 전통과 중동의 유대교 전통이 작용했다. 유대교 문화에서는 나체가 주로 가난과 노예 상태와 연관되었다. 부자와 권력자들은 부와 위세를 과시하기 위해 옷을 입고 장신구를 걸쳤지만 매춘부, 노예, 광인들은 벌거벗었다. 이와 달리 그리스인들은 나체를 이상형으로 끌어올렸기 때문에 정치가들이 자신을 신과 비슷한 존재로 만들기 위해 나체 조각상을 새겼다. 기독교 전통이 이런 고대 이교와 유대교의 영향을 받았으니 기독교가 나체에 대해 모호한 태도를 취하는 것도 언뜻 당연해 보인다.[5]

나체에 대한 모순적 태도가 가장 잘 드러나는 곳은 정치 영역이다. 세계에서 가장 강한 권력자들은 무장한 리무진과 경호원이라는 보호

'의상'이 필요한 반면, 권력이 없는 사람들은 옷을 벗겠다는 협박만으로 정부나 기업에 몸값을 요구할 수 있다.

인간은 옷을 벗으면 공격받기 쉽지만 어떤 상황에서는 이상하게도 강해진다. 정치적 시위에 나체가 자주 이용되는 이유가 바로 그 때문이다. 시위자들은 몸을 노출해 복합적인 의미를 전달한다. 도발적인 행동을 함으로써 현 상태에 도전하며, 두렵지 않으며 숨길 것이 없다는

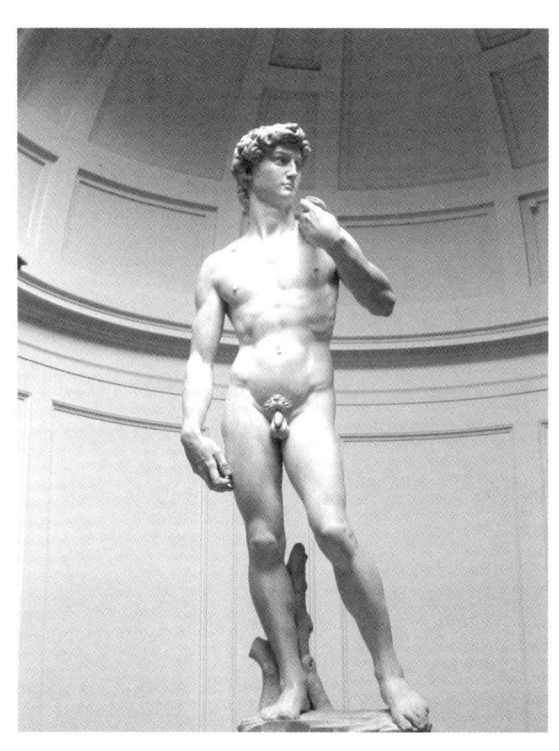

1504년 완성된 미켈란젤로의 다비드상. 임박한 골리앗과의 전투를 생각하는 모습.

것을 보여줌으로써 명분에 힘을 싣는다. 동시에 인간의 취약성과 약점도 드러낸다.

3장과 4장은 나체의 이런 복합적인 의미가 시위에 어떻게 이용되는지, 정치인들이 표를 얻기 위해 나체를 이용하면서 나체에 대해 어떻게 이야기하는지에 초점을 맞춘다. 나체와 정치의 연관성은 나체 조각상으로 지위와 권력을 표현한 것을 보면 금방 이해가 된다.

다윗과 골리앗의 이야기는 성서에서 군사력이 곧 승리라고 믿는 것은 어리석은 짓이라는 메시지를 전달한다. 이를 바탕으로 다비드 조각상이 제작되면서 1,000년이 넘도록 예술 작품에서 나체를 표현하지 못하게 했던 기독교적 죄의식의 굴레를 벗겨주었다.

유럽에서 고대 이후 제작된 최초의 남성 나체 조각상은 도나텔로의 청동 다비드상인데, 헤르메스(그리스 신화에 나오는 신들의 전령으로서 날개 달린 샌들, 날개 달린 모자 등이 상징으로 쓰인다 – 옮긴이)를 연상시키는 부츠와 모자를 제외하고는 아무것도 입지 않은 모습이었다. 그 조각상은 15세기 중반 피렌체의 메디치가 대저택 안뜰에서 공개되어 세상이 떠들썩하게 메디치가의 승리와 대담함을 과시했다.

60여 년 뒤인 17세기 초, 미켈란젤로도 다비드상을 조각했는데 이번에는 완전한 나체였으며 높이가 5.2미터나 되었다. 이는 피렌체의 시뇨리아 광장에 세워져, 고대 이후 공공장소에 전시된 최초의 남성 나체 조각상이 되었다. 피렌체가 사방에서 강한 나라들의 위협을 받고 있던 당시 그 조각상은 피렌체 사람들에게 타고난 힘과 승리의 잠재력을 든든하게 전달했다.

19세기 초 나폴레옹이 베네치아의 조각가 안토니오 카노바에게 의뢰한 자신의 나체 조각상은 패전과 동시에 웰링턴의 것이 되었다. 처칠이라면 아무리 세계대전이 종전했다고 해도 결코 히틀러의 나체상을 집에 가져다 놓지 않았겠지만, 웰링턴은 자신이 무찌른 적의 나체상을 아무렇지 않게 집에 두었다. 150년 뒤 1967년 잉글랜드의 궁내 검열관은 연극 〈윌슨 부인의 일기Mrs Wilson's Diary〉에서 미국 대통령 린든 존슨의 나체상이 무대에 오르는 것을 금지했다. 이렇듯 관습, 법, 사고방식은 시대, 지역, 계급, 미학으로 짜인 복잡한 거미줄에 엮여 있다.

대중문화와 나체

현대 소비문화의 속성이 충분히 알려져 있고 그것에 대한 냉소까지 존재하는 지금도 사람들은 몸이 얼핏 보이기만 해도, 아니 나체라는 말만 꺼내도 분위기만 맞으면 낄낄거리거나 화를 낸다. 나체는 중요한 몸인 동시에 평범한 몸이다. 그래서 포르노 산업의 주재료인 동시에 학교 체육 시간의 장애물이다. 나체에 대한 우리 사회의 태도, 규칙, 관습에는 모순, 복잡성, 부인이 가득하다…….

—루스 바칸Ruth Barcan, 『나체: 문화적 해부Nudity: A Cultural Anatomy』

매년 겨울에 개최되는 나체 럭비 경기가 2004년 뉴질랜드 더니든 시 세인트킬다 비치의 캐리스브룩에서 열렸다. 이 경기에서 가끔 '엑스트리킹'이 일어나기도 한다. 옷을 입은 관중이 경기장으로 뛰어들어 나체 선수들에게 저지당하는 것이다.

바칸이 말한 모순 덕분에 나체는 인간의 본성을 들여다볼 수 있는 가장 흥미진진한 렌즈가 된다. 잉글랜드 도싯 주의 체른 애바스에는 9미터나 되는 성기에 키가 55미터인 남자의 모습이 수백 년 동안 건재해 있다. 반면, 2007년 미국의 한 출판사는 아주 작게 그려진 남자 나체 조각상의 그림조차 책에 싣지 않겠다고 했다. 논란을 일으킨 이 그림은 독일에서 가장 잘 팔리는 어린이 책 작가 로트라우트 수잔네 베르너의 것으로, 조각상은 미술관 내부를 그린 삽화의 배경에 놓여 있다.

마지막 두 장에서는 서양 대중문화에서 이런 모순이 어떻게 표현되는지, 그리고 나체라는 개념이 '실제로 벗은 몸'을 보여주는 것만큼 중요한지 설명하려 했다. 제이미 올리버는 네이키드 셰프로 유명해졌지만 한 번도 옷을 벗은 적이 없다. 또 1960년대에 무대에서 나체 혁명을 일으킨 뮤지컬 〈헤어Hair〉의 나체 장면은 20초도 채 되지 않았고, 나체를 소재로 한 영화 〈풀 몬티The Full Monty(벌거벗은 몸이라는 뜻 – 옮긴

2006년 케임브리지 캠 강의 나체 사공. 2009년 60명의 옥스퍼드 대학생이 참여한 자선 달력에 나체 여성 사공이 등장했다.

이)〉에서도 나체가 등장한 것은 아주 잠깐이었다. 심지어 〈풀 몬티 완전 노출The Full Monty Fully Exposed〉이라는 제목으로 출시된 DVD도 진짜 '풀 몬티'를 보여주지는 않았다.

조직화된 사회운동으로서 나체주의는 1960년대 이후 쇠퇴하고 있지만 대중들은 나체를 더 많이 용인하고 즐기게 되었다. 덕분에 설치미술가 스펜서 튜닉은 나체로 사진과 영화를 찍을 수천 명의 지원자를 쉽게 구했으며 자선단체들은 기금 모금용 나체 달력 제작을 진지하게

셀리 데이비와 조시 휴스의 결혼식.
2008년 멜버른의 한 아침 라디오 방송의 후원으로 열렸다.
2006년 영국 영화 〈컨페티Confetti〉에
결혼 잡지의 후원을 받은 나체주의 결혼식이 등장했고,
2009년 뉴질랜드 라디오 방송국이 '나체 결혼' 대회를 열어
우승자는 5만 달러(약 5,000만 원)에 달하는
'꿈의 결혼식'을 상품으로 받았다.
자메이카 쾌락주의 마을에서는 매년 밸런타인데이에
60쌍이나 참여하는 단체 나체 결혼식이 열린다.

1997년 캐나다
브리티시컬럼비아 주에서
자선 행사로 열린
나체 번지점프.

1994년 한 쌍의 남녀가
오스트레일리아에서
나체 스카이다이빙을 즐기고 있다.
사람들은 추위를 무릅쓰고
짝을 짓고 대형을 이루어
알몸으로 뛰어내렸다.
스카이다이버들의 말에 따르면
1,000번째 다이빙은 나체로 하는
전통이 있다고 한다.

오스트레일리아에서는
바운시 복싱이
인기가 있다.

2002년 잉글랜드
콘월 주 뉴키에서 열린
립컬 보드 마스터 대회
나체 서핑. 나체 서핑은
특히 오스트레일리아에서 인기가
많아 시드니 프린지 페스티벌 때
바이런 만과 본다이 비치에서
매년 나체 서핑 행사가 열린다.

2006년 8월 19일 195명의 사람들이
런던에서 열린 제1회 세계 나체 포커 대회에 참가했다.
상금은 1만 파운드.

2003년 운항한 '나체 비행기'. 마이애미에서 멕시코의 한 나체촌까지
90명의 승객과 승무원을 날랐다. 휴스턴의 캐스트어웨이 여행사가
보잉 737기를 전세 냈고, 승객들은 이륙 후에 옷을 벗고 착륙할 때
다시 옷을 입어야 했다. 뜨거운 음료는 제공되지 않았다. 2008년 한 독일 여행사가
발트 해의 한 리조트까지 가는 나체 여행 상품을 판매하기 시작했다.

유럽의 누드 스키 메카인 오스트리아
오버트라운의 스키어들.
시즌 내내 나체 스키를 탈 수 있는
유일한 스키장이다.

나체로 등장한 에스파냐 싱크로나이즈드스위밍 팀.
나체에 너그럽다고 알려진 바르셀로나에서 열린
2003년 세계선수권대회에서 조인트 동작을 마친 뒤.

1998년부터 미국에서 열리는 누드 요가 수업.
뉴욕에서 '남성을 위한 한밤의 요가단'이 인도 고행자들이 하는 대로
'무한자 앞에서의 나체' 자세를 취했다.

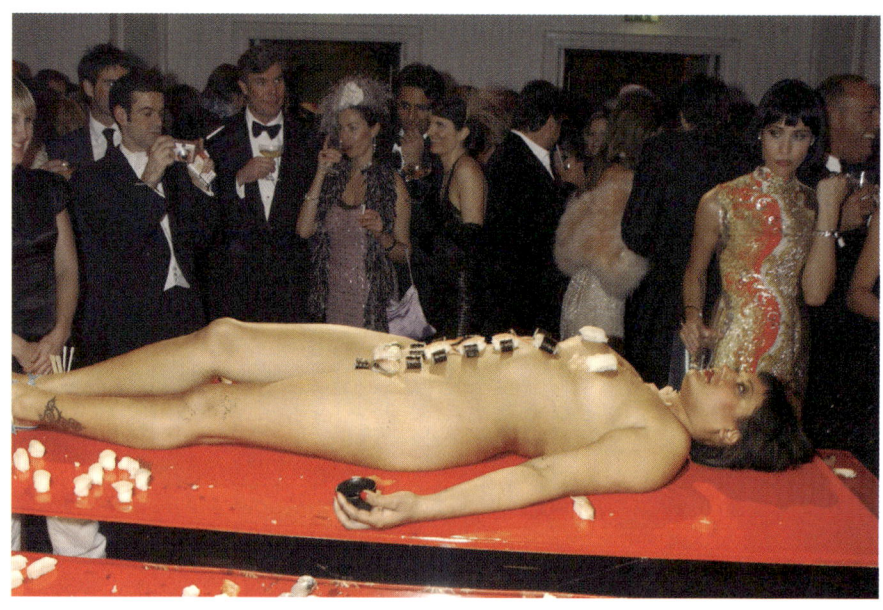

뇨타이모리라 불리는 '나체 스시'. 기생의 알몸에
음식을 얹어 놓고 대접하는 일본 전통 풍습이 1990년대에 서양에 전해졌다.
사진의 초밥은 2005년 런던의 그레이트이스턴 호텔에서 열린
중국식 신년 파티에 나온 것이다.

고려하게 됐다. 나체에 대한 수치심은 나체가 본질적으로 즐거움을 준다는 것을 알게 되면서, 그리고 나체가 우리 모두 똑같은 인류의 일원이라는 사실을 증명해준다는 것을 인식하며 점차 사라지고 있다.

지역의 차이는 있지만 유럽, 북아메리카, 남아메리카 일부와 오스트레일리아, 뉴질랜드에서는 다양한 나체 활동에 참여할 수 있다. 스카이다이빙을 하고, 번지점프를 하고, 결혼식을 올리고, 스탠드업 코미디를 하거나 노래방에서 노래를 부르고, 요가 수업을 받고, 마술 제의에 참여하고, '나체의 밤'에 수영장에 가고, 영화관에 가고, 온천욕을 하거나 알몸 보디페인팅을 할 수 있다. 프랑스 남부 카프닥드의 '나체 도시'에서 휴가를 보내고, 뉴욕이나 에든버러 사설 클럽에서 나체로 목욕하거나 나체로 외식하고, 베를린이나 뮌헨의 중심가에서 나체로 일광욕을 하고, 런던에서 '알몸' 디스코텍에 놀러 가고, 네덜란드 체육관에서 알몸으로 운동하고, 뉴질랜드에서 나체로 돌아다니거나 알몸으로 독일 항공사의 비행기를 타고 여행을 갈 수도 있다.

나체로 이렇게 많은 일을 할 수 있고 나체가 관대하게 받아들여지고 있지만, 적절하지 않은 때에 적절하지 않은 장소에서 옷을 벗으면 벌금을 내거나 감옥에 가야 한다. 몸 내부를 보여주는 것은 얼마든지 가능하지만 몸의 외부에 관한 한 아직 그런 자유가 없다. 1,800만 명 이상이 관람한 군터 폰 하겐스의 '인체의 신비'전은 실제 인간의 몸을 사용했는데 합성수지 주입 보존법을 실행하기 전 여러 가지 방식으로 몸을 '벗겨냄'으로써 나체의 개념을 확대했다. 또한 자기공명영상MRI과 같은 수많은 의학 기술 덕분에 신체 내부는 더욱 쉽게 볼 수 있지만 신체 외부를 노출하는 것은 여전히 법적, 도덕적 제한 대상이다. 혼란스럽다고? 그럴 만하다. 이 책이 그 혼란을 정리해주지는 않겠지만, 이 책을 통해서 혼란을 더 흥미롭게 즐길 수 있기를 바란다.

대사제 스튜어트 패러와 여사제 재닛 패러가
1980년경 아일랜드에 있는 위카(신이교주의) 광장에서 서로 마주 보고 있다.
이 의식은 '태양신의 강림'이라 부른다.

바라는 것이 있으면 한 달에 한 번,
되도록 보름달이 뜰 때
비밀스러운 장소에 모여서
나의 영혼을 숭배하라.
모든 마력을 지닌 여왕을……
너희가 진실로 자유롭다는 표시로
의식에서 옷을 벗으라, 남자든 여자든
춤추고, 노래하고, 잔치를 벌이고,
음악을 연주하고 성교하라.
모두 나를 찬양하는 일이다.

—여신의 명령 The Charge of the Goddess

01

공기를 입고

1940년 8월 1일 수확제의 밤, 마녀회 회원 13명이 뉴포리스트에 있는 루퍼스스톤 근처 널찍한 터에 모였다. 11세기에 영국 왕 윌리엄 2세가 이교도의 제물로 바쳐졌다고 전해지는 곳이다. 여름이었지만 그날 밤은 추웠다. 그들은 재빨리 옷을 벗고 추위에 대비해 거위 기름을 몸에 바르기 시작했다. 그런데 한 나이 든 남자가 기름을 바르지 않겠다고 하면서 대신 자신의 생명을 다른 많은 생명을 구하는 데 바치겠다고 했다.

　한 마녀가 작은 모닥불을 피우자 다른 마녀는 향로에 달아오른 숯과 유황 알갱이를 채워 넣었다. 그런 뒤 모두가 불 가에 둥그렇게 모여서 의식을 시작했다. 남자 제사장이 단검 아삼Athame으로 땅에 원을 새겼고 여자 제사장은 허공에 별표를 그리며 네 방향의 영혼들을 불렀다. 그러자 마녀들 모두가 원을 이루며 돌기 시작했다. 불 가를 빙빙 돌며 춤을 추고 달리면서 주문을 외웠다. "에코 에코 아자락! 에코 에코 조메락!"

　춤이 점점 빨라지고 주문 소리가 더 커지는가 싶더니 갑자기 두 명이 손을 놓고 서로 반대쪽으로 이동하여 원이 깨지고 마녀들은 모두 한 줄로 늘어서게 되었다. 그때 마녀들이 불 쪽으로 달려가며 이렇게 외쳤다. "넌 바다를 건널 수 없다! 넌 바다를 건널 수 없다! 넌 못 온다! 못 온다!" 몇 번씩이나 불 쪽으로 달려오며 외치더니 한 사람씩 지쳐 불 가에 쓰러졌다.

그들은 숨을 헐떡이며 땅바닥에 누워서 한 사람이 바다를 건너지 못하는 모습을 떠올렸다. 그 사람은 아돌프 히틀러였다. 몇 주 전부터 히틀러가 군대를 끌고 쳐들어올지도 모른다는 소문이 돌았다. 그래서 처칠은 "우리가 알고 좋아하는 모든 것"이 "비뚤어진 과학적 지식에 의해 …… 제2의 암흑시대의 구렁에 빠질 수 있다"고 경고했다. 그때 마녀들은 히틀러가 영국을 침략하려는 생각부터 아예 막아버리기 위해 할 수 있는 모든 일을 다 하기로 결심하고 사흘 밤을 연속으로 바닷가 숲 속에서 별빛을 받으며 의식을 행했다.

몇 주 후 그 나이 든 남자가 동네 병원에서 폐렴으로 죽자 금세 마법 의식의 제물로 바쳐졌다는 소문이 돌기 시작했다. 정말 그랬는지, 이 이야기가 전부 사실인지는 결코 알 수 없을 것이다. 군사정보부 장교 세실 윌리엄슨은 히틀러를 물리치기 위해 의식을 행했고 직접 그 준비를 도왔지만, 그것은 초자연의 힘을 믿는 나치 정권에 대항하는 '비밀 전쟁'의 일환이었다고 주장했다. 캐나다 군인 40명에게 서섹스 주 애슈다운포리스트의 넓은 공터에서 마술적 상징이 수놓인 군용 담요를 걸치고 아돌프 히틀러의 인형을 훼손하는 의식을 행하는 척하라는 명령이 떨어졌다. 그리고 그 소식을 일부러 독일에 '흘렸다'.

윌리엄슨은 가깝게 지내던 동료 제럴드 가드너가 자신의 이야기를 왜곡했다고 주장했다. 가드너는 거의 평생을 아시아 지역에서 살던 퇴직 세관원으로 1938년 영국에 돌아와 어떤 종교를 퍼뜨리기 시작했다. 가드너는 그 종교가 기독교가 전해지기 오래전부터 존재하던 것이라고 생각했다. 바로 마법이었다.

15세기와 16세기 마녀 재판이 행해지고 뒤러 같은 독일 화가들이 벌거벗은 마녀의 모습을 대중화하자, 마법이라고 하면 으레 나체를 떠올리게 됐다. 나체와 종교와 마법의 관계에 대해 사람들 거의 전부가 마법만이 나체 예배를 올린다고 대답할 정도다. 어쨌든 종교란 도덕적 순수함을 중시하며 절제를 권하고 육체적 쾌락은 거부하라고 가르치지 않는가. 그 정도까지는 아니더라도 쾌락에 지나치게 집착하지 말라고 가르친다. 유대교와 기독교는 늘 나체를 멀리했다. 구약성서에 아담과 하와가 자신들이 벌거벗었다는 것을 알고 수치스러워했다고 전했으니 말이다. 비뚤어진 '흑마술' 의식을 올리며 옷을 벗어던지고 알몸이 되는 사람이라면 마녀밖에 더 있겠는가?

　이런 잦은 오해와는 반대로, 마녀들만 나체로 예배를 드리는 것은 아니다. 기독교, 힌두교, 자이나교, 현대의 이교들과 드루이드교에도 그런 풍습이 있다. 유대교와 기독교는 나체에 대해 특히 복합적이고 모순적이다. 나체와 종교의 관계는 아주 오래되고 흥미로우며, 가장 내밀한 문제와 닿아 있다. 철학적이고 영적인 문제, 우리가 몸을 가진 존재라는 것과 인간이 살아 있다는 것이 무엇인지에 대한 문제 말이다.

　　주님……
　　이제 제가 옷을 모두 벗어던졌습니다.
　　은총 외에는
　　옷도, 애인도 집도 없습니다.
　　주님, 당신의 문에 이르는 길로
　　내려갔습니다…….
　　진실한 영혼을 제외하고 모든 것을 뒤에 남겨둔 채
　　여기 제가 바다처럼, 하늘처럼,
　　엄숙한 겨울처럼 나체로 있습니다.
　　주님이 저를 불쌍히 여기시고 제 기도를 들어주시기를 빕니다.

—로버트 코크런Robert Cochrane, 1931~1966, 마법의 현대적 변용에 여러 가지로 영향을 끼친 사람.[1]

오늘날, 신흥 마법 종교인 위카Wicca를 비롯한 다른 마법들은 서구에서 가장 빨리 성장하고 있는 종교 축에 든다. 위카 마법 종교의 신도 수는 미국에 40만 명 이상, 영국에 10만 명 정도라고 추산된다.[2] 많은 이들이 예복을 입고 의식을 행하지만 또 많은 이들이 나체로 예배를 드리기도 한다. 이런 나체 의식은 과거의 여러 자료를 바탕으로 20세기 중반에 만들어진 것이 분명하다. 현대 대안 종교로서 마법이 경이적인 성공을 이룬 배후에는 제럴드 가드너라는 지도자가 있었다. 1950년대에 세실 윌리엄슨과 함께 맨 섬에서 마법 박물관을 운영했던 사람이다.

나체로 예배하는 종교를 혼자서 그렇게 성공적으로 보급했다는 사실 자체가 놀랄 만한 일이어서 나체주의를 '마법'에 도입한 것이 가드너라고 잘못 아는 사람들도 있다. 가드너가 흔히 알려진 대로 독실한 자연주의자였기 때문이다. 그는 평생 천식을 앓았는데, 그가 퇴직하자 주치의는 자연주의가 건강에 좋으며 천식 증상을 완화해줄 것이라고 했다. 가드너는 아주 당연하게 자연주의를 받아들였고, 1946년에는 하트퍼드셔에 있는 나체주의 리조트의 지분 절반을 사들였다.[3]

자연주의자가 나체로 예배하는 종교를 지지하는 것은 그럴 법한 일이지만 가드너가 나체 예배를 생각해낸 것은 아니었다. 마녀들은 16세기부터 나체로 묘사됐는데, 당시 화가들이 마녀사냥에 매혹됐기 때문이다. 당시 유럽 전역에서 벌어진 마녀사냥에서 정말로 사악했던 것은 마녀들이 아니라 무고한 사람들을 고문하고 죽인 심문관과 사냥꾼들이다. 「나체 제의에 대한 신중한 조사A Modest Look at Ritual Nudity」라는 논문에서 로널드 허턴이 썼던 대로 말이다. "근대 초기 마녀들이 실제로 나체로 활동했는가 하는 질문은 당시 마녀 종교에 대한 증거가 전

허 없기 때문에 논리적 모순을 낳는다. 악마 연구자들이 말한 사탄 숭배 종파는 완전한 공상이었던 것 같다.[4] 나체 마녀 그림들은 분명히 공상에 바탕을 두었다. 게다가 그런 그림은 당시 독일 화가들이 여성의 나체를 합법적으로 묘사할 수 있는 몇 안 되는 방법이었다.[5]

지금 생각해보면 조직화된 의례로서 마녀 종교 같은 것이 기독교

한스 발둥 그륀의 작품
〈세 명의 마녀Three Witches〉.
뒤러의 제자 중 가장 재능 있는 화가로
마법, 초자연적인 것,
성적인 것에 몰두했다.

의 맹공격에서 살아남았을 리가 없었을 것 같다. 하지만 19세기까지도 민속학자와 인류학자들은 명백하게 마법을 목적으로 삼은 관습과 행위들을 찾아냈다. 그것들은 아마 기독교 이전 종교 활동의 잔재였을 것이다.

가드너 같은 현대인들의 저술과 마녀사냥 기간에 고문을 통해 억지로 받아낸 증언[6]을 제외하면, 마녀의 나체 예배에 관해 언급한 것은 미국 민속학자 찰스 고드프리 릴런드밖에 없다. 그는 1899년 『아라디아, 마녀들의 복음Aradia, Gospel of the Witches』을 발표했는데 이 책은 토스카나의 엘사 계곡에 사는 마녀들의 풍습을 상세히 기록하고 있다고

주장하면서 그 신앙의 기원을 고대 이교에서 찾고 있다. 아라디아는 디아나 여신과 남매간인 루시퍼 사이에서 태어난 딸로, 봉토의 주인에게 복종하지 않고 산적으로 살고자 산속에 은둔한 소작농들에게 마법과 독약을 가르치러 지상에 왔다. 현대 위카 의식의 핵심 계명 중에 마

알브레히트 뒤러의
〈네 명의 마녀The Four Witches〉,
1497년작.
삼미신三美神이라는 평범한
고전적 모티브를 암시하고
있기는 하지만 왼쪽에
악마의 얼굴이 있고
마녀들의 발치에
해골과 뼈가 보인다.

녀들은 보름달 아래 나체로 회합을 가지라는 것이 있다. "너희는 노예 상태에서 벗어나 자유로워질지니, 너희가 진실로 자유롭다는 표시로 의식에서 옷을 벗어라. 남자든 여자든 춤추고 노래하고 잔치를 벌이고 음악을 연주하고 성교를 하라. 이 모든 것이 나를 찬양하는 일이다."

나체 화합 계명은, 악명 높은 마법사 알레이스터 크롤리와 제럴드 가드너 그리고 위카의 대여사제 도린 발리엔테를 비롯한 많은 사람들이 다듬고 고치려고 했지만, 여러 문헌에 '여신의 명령'이라고 기록돼 있으며 전 세계 수많은 마녀들이 어김없이 원본을 암송하고 있다.

릴런드가 이탈리아에 정말로 존재했던 전통을 기술한 것인지는 아

무도 모른다. 그 책의 내용을 '마녀 정보원' 마달레나가 알려주었다고 하는데 그녀의 존재 자체와 다른 사항들이 날조에 지나지 않는다고 믿는 이들도 있다. 릴런드가 '유난히 신뢰할 수 없는 학자[7]'로 치부되고 있기도 하니, 이탈리아 마녀들이 정말로 보름달 아래 모여 여신을 찬양하며 알몸으로 춤추고 노래 부르고 사랑을 나누었는지는 그의 방대한 논문들을 철저하게 조사해보아야 알 것이다. 하지만 분명한 것은 전 세계에서 나체와 마법, 민간 주술이 결합한 예가 발견되며, 그렇다면 이탈리아에서도 나체 예배가 실제로 일어났을 가능성이 있다는 사실이다.

오늘날 마녀들은 대부분 자신들이 선한 마법을 부린다고 주장하는데 거의 모든 시대와 장소에서 '마녀'라는 용어는 작물, 동물, 사람 등을 죽이는 사악한 마법을 부리는 사람을 뜻한다. 예를 들면 아프리카에서는 케냐 서부 부구수족과 로골리족의 오물로기라는 '사악한 마녀들'이 밤에 알몸으로 사방을 돌아다닌다고 하며, 트란스발 북부의 로베두족과 우간다의 암바족 마녀들도 그렇다고 한다. 중동에서 아랍인들은 마녀들이 밤에 나체로 지팡이를 타고 묘지를 날아다닌다고 믿었고, 인도 중부에서는 호랑이나 악어 같은 맹수를 타고 다닌다고 한다. 뉴기니 트로브리안드 제도 사람들은 마녀들이 적을 죽이려고 나체로 하늘을 날아다닌다고 믿었다. 시베리아 추크치족 샤먼들은 사악한 마법을 부릴 때는 평소 입는 무거운 제의복을 입지 않고 달빛 아래 나체로 서서 저주를 왼다고 한다. 북아메리카 나바호족들은 사악한 마법을 부리는 사람들이 나체로 가면과 장신구만 걸친 채 둘러앉았다고 믿었다.

로널드 허턴이 「나체 제의에 대한 신중한 조사」에서 지적한 대로 "나체를 마녀의 특징으로 여기는 아프리카 사람들에게 나체는 누군가 정반대 역할이었다." 인간은 전통적으로 어둠을 두려워하므로 밤에 외출하는 것, 그리고 더럽고 길들지 않은 짐승을 타는 것은 평범한 인간의 '정반대'라는 것이다. 이처럼 마녀를 사악하게 여기는 다른 문화에도 같은 분석이 가능하다. 마녀를 정반대 역할로 묘사하려는 의도는 뻔하다. 사악한 일을 하는 사람들은 우리와는 다르거나 정반대라는 것이다.

정말로 그렇게 정반대인 사람들이 존재했을까? 아니면 유럽 마녀사냥꾼들이 상상해낸 것과 마찬가지로 미신과 공상의 산물이었을까? 그런 사악한 마법을 나체로 행했는지는 알 수 없겠지만, 나체가 고대 이교도와 중세 카발라(구약성서의 비교적秘敎的 해석에 바탕을 둔 고대 유대교의 신비주의 전통-옮긴이) 마법, 전 세계 민속의 특징이었기 때문에 나체로 행하는 마법이 존재했다는 것은 확신할 수 있다. 그리고 그 모든 것이 현대 마법 종교에 영향을 끼쳤다.

입회식과 나체

성찬식 단계에 오르고자 하는 사람들은
반드시 옷을 벗어던지고 알몸으로 앞으로 나가야 한다.[8]
―플로티누스Plotinus

제럴드 가드너는 1951년 폼페이에서 그 유명한 '신비의 저택'을 찾아갔다. 그곳에는 한 여성이 신비의 단체에 입회하는 장면을 그린 듯한 프레스코 벽화들이 있다. 가슴을 드러낸 키 큰 천사가 반라인 여성의 엉덩이를 내리치려는 듯 회초리를 들고 있고, 전라의 또 다른 천사가 심벌즈를 울려 의식을 축하하고 있는 듯한 그림이다. 이 그림을 보고 가드너가 위카 입사식에 회초리질을 포함할 생각을 했던 것 같다.

폼페이 약간 북쪽 카푸아에 있는 미트라 신전의 프레스코화들도 미트라교에 입회하는 한 남성을 그리고 있다. 각 장면에서 그 예비 입회자는 알몸으로 눈을 가리고서 옷을 입은 인물의 안내를 받고 있다. 옷을 입은 사람은 의식의 진행자로 보인다.

이런 입회 의식에는 전 세계에서 공통으로 발견되는 전형적인 양식들이 있다. 일상생활로부터 분리를 상징하는 과정이 일종의 시련과

폼페이 신비의 저택 '입회의 방'이라고 알려진 곳에 있는 프레스코 벽화 일부.

함께 마련되어 있는 것이다. 입사식은 예비자가 시험을 통과하여 다른 입회자들이 그를 받아들이면 종교 구성원으로서 다시 태어난다는 것을 상징하는 의식으로 끝이 난다. 미트라교 입사에 대한 기록을 보면 예비자는 낙인과 침례를 비롯한 혹독한 시련을 견뎌야 한다. 하지만 프레스코화들에는 입사식이 가혹하다는 암시만 있을 뿐 시험의 과정이 상세하게 묘사되어 있지는 않다.

입사 의식들이 생소하게 느껴지겠지만 그 기본 양식은 오늘날까지

도 이용되고 있다. 이런 의식을 치르는 단체들은 18세기 초 대중화하기 시작하여 19세기 말 신도 수가 수백만 명에 이르렀다. 그 단체들의 회원은 미국의 경우 총 남자 성인 인구의 5분의 1에 달했고 영국도 비슷했다.[9] 현대에도 프리메이슨단이나 그 입사 양식을 차용한 직종 및 친목 단체에 가입하는 사람들은 가슴을 드러내고 한쪽 발을 벗거나 바지 한 쪽을 걷어 올려 상징적으로 옷을 벗어야 하며 눈을 가린 채 안내를 받는다. 미트라교의 입사 의식과 섬뜩할 만큼 비슷하다. 그런 뒤 예

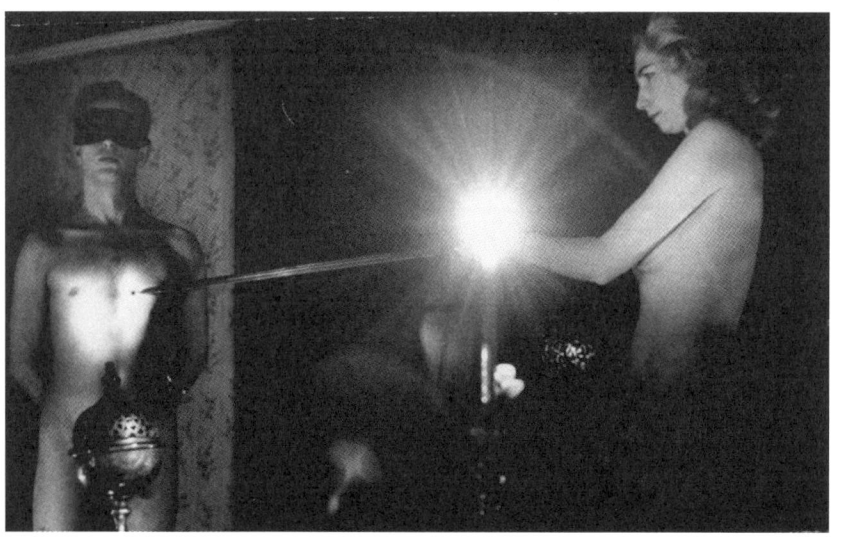

1964년 위카 제1단계 가입을 희망하는 예비자에게 칼끝을 겨누고 있다. 신성한 원 진입을 허가하기 전의 의식이다.

비자들은 시련에 처한다. 프리메이슨단의 전형적인 입사 의식에서는 칼끝을 가슴에 겨누는 것을 참아야 하고 목에 올가미를 걸고 밧줄에 끌려다니는 것도 견뎌야 한다.

가드너가 프리메이슨단에 가입했다는 사실을 알면 위카 입사 의식에 눈을 가리고 줄에 끌려다니고 칼을 받는 과정이 있다는 사실이 전혀 이상하지 않을 것이다. 그런데 단순하지만 중요한 차이가 있다. 위카 의식에서는 바지나 셔츠를 말아 올리는 데 그치지 않고 알몸으로 입사식을 치른다. 가드너가 프리메이슨단에서 몇 가지를 차용했을 수는 있지만, 나체로 견디는 시련이 포함된 입회 의식은 폼페이와 카푸

아의 프레스코화들을 보고 고대 의식에서 빌려왔을 것이다.[10]

가드너가 프리메이슨단에서 차용한 것은 그뿐이 아니었다. 그는 천재적인 솜씨와 지적 능력으로 장난기를 가미해 다소 어색한 한 가지 행위를 정신적인 것과 관능적인 것, 경건한 것과 세속적인 것을 결합시키는 제의적 행태로 변형했다. 프리메이슨단에서는 형제에게서 형제에게로 비밀의 단어가 전해질 때 '우애의 다섯 방위'라는 포옹을 한다. 일종의 기하학적인 모습을 이루는 포옹으로, 전수자와 입사자의 발꿈치, 무릎, 손을 나침반의 방위처럼 연결한다. 위카 의식에서는 인간 나침반이 되지 않고 전수자가 입사자의 발, 무릎, 생식기 바로 위, 가슴과 입에 '다섯 번의 입맞춤'을 한다.

카발라와 민간 마법

하지만 현대 마법의 나체 의식에 영향을 준 것은 프리메이슨과 고대 이교만이 아니다. 위카 의식의 대부분이 '솔로몬의 열쇠'라는 중세 마법 책에서 온 것이다. 그 마법 책은 15세기에 등장했으며 유대교 탈무드와 카발라의 영향을 받았다. 그 내용에는 도둑을 막고 보물을 찾고 애인을 꼬드기고 적을 저주하기 위해 죽은 이를 불러내고 동물을 희생시키는 마법이 포함돼 있다. 다음 부분을 보면, 고대 이교에서 나체와 침례 의식을 중시했다는 것을 알 수 있다.

> 의식을 행하기 전 사제와 신도들 모두 9일 동안 철저한 절제를 통해 육체적인 쾌락과 공허하고 어리석은 대화를 끊어야 한다. …… 7일째에 사제는 혼자서 비밀스러운 장소에 들어가 옷을 벗고 성수에 전신

을 담고 경건하고 겸손하게 '오, 나의 주' 기도를 올린다. …… 기도가 끝나면 물에서 나와 완벽하게 청결한 흰색 리넨 옷을 입는다. 그런 뒤 신도들이 그 비밀스러운 장소로 와서 옷을 벗는다. 옷을 다 벗으면 사제는 성수를 그들의 머리에 부어 흘러 발까지 흠뻑 젖게 한다. 물을 붓는 동안 사제는 이렇게 말한다. "네가 다시 태어나고 죄가 씻기고 순결해지라" 등. …… 사제가 참회의 징표로 신도들의 이마에 입을 맞추

1998년 스티비 포스트먼이 제작한 우주 부족 타로 중 '매달린 남자와 원반의 여왕' 카드. 이 카드를 사용할 때는 성적 지향에 따라 세 장의 연인 카드 가운데 하나를 선택할 수 있다. 현대 이교도들이 특히 이 카드를 좋아한다.

고 신도들은 서로에게 입을 맞춘다. 그리고 사제가 신도들에게 손을 뻗는 사죄의 징표로 죄를 사하고 축복한다. 사제는 신도들에게 마법에 필요한 도구를 나누어주고, 신도들은 그것을 지니고 원 안에 들어간다. …… 첫 번째 신도는 향로, 향료, 향신료를, 두 번째 신도는 책, 종이, 펜, 잉크와 냄새가 고약하고 더러운 물건들을 가지며, 세 번째 신도는 칼과 마법의 주머니칼, 등, 초를, 네 번째는 시편과 나머지 도구들, 다섯 번째는 도가니나 풍로, 숯이나 연료를 가진다. 사제는 반드시 지팡이와 작은 막대기를 가지고 있어야 한다. 그렇게 필요한 것들을 다 나눠주고 나면 사제는 신도들과 함께 지정된 위치로 가서 마법과 시험

에 필요한 원을 만든다. 그러면서 기도를 하고 주문을 계속 왼다.[11]

이전에 아무리 많이 침례 의식을 치르고 기도를 했더라도, 사람을 저주하거나 동물을 희생시키는 마법보다는 사랑이나 풍작 마법에 빠질 가능성이 더 크다. 유럽, 아프리카, 남아메리카, 인도에서 연인을 유인하고 생산력을 높이기 위한 민간 마법에 나체는 필수였으며, 현재에도 쓰이기도 한다. 나체는 현대 마법에도 영향을 끼쳤다.

익어가는 옥수수와 허리 높이까지 자라는 아마

영국과 유럽의 민간 주술에서 나체는 일반적으로 땅의 생산력을 높이고 비밀스러운 연애 주술을 돕는 데 이용되어 미래의 배우자나 연인이 누구인지 미리 알 수 있게 하고, 어떤 때는 연인을 유인하기 위해 쓰인다. 이런 주술을 거는 것은 주로 여성들이다. 잉글랜드 풍습에 미래의 남편 얼굴을 보려면 한겨울 밤 나체로 방을 청소하라거나 한밤중에 나체로 호수나 강에 들어가라거나 성 조지 축일 밤에 사거리에서 옷을 벗으라는 것 등이 있다. 이를 해낸 용감한 여성은 그다음에는 머리카락과 몸의 털을 역방향으로 빗다가 왼손 새끼손가락을 찔러 피 세 방울을 땅에 떨어뜨린다. 이때 "내 피를 내가 사랑하는 사람에게 주노라. 내가 보게 될 그 사람은 내 것이 될 것이다"라고 말해야 한다. 그러면 남자의 모습이 땅에서부터 나타난다고 한다.[12]

미래의 남편을 알려면 한여름 밤 옥스퍼드 주 선사시대 돌무지 롤라이트스톤스 주위를 벌거벗고 뛰어다니라는 말도 있다. 의심 많은 사람은 여자가 뛰어다니는 동안 돌 뒤에 숨어서 미래의 신붓감을 고르려는 젊은 남자가 그런 이야기를 퍼뜨렸다고 생각할 수도 있다. 하지만 다른 나라에도 비슷한 풍습이 있는 것을 보아 이는 풍요를 비는 암시다. 여성들이 작물의 성장을 촉진하기 위해 달밤에 벌거벗고 들판을 걷고 춤추고 노래하고 때때로 오줌을 누는 것과 마찬가지로, 돌무지를 뛰어다니는 주술도 단순한 사랑 이상의 의미가 있다. 결혼의 진화적 목적, 즉 출산을 부추기기 위한 또 하나의 풍작 주술인 것이다.

유럽에서는 아마(亞麻)를 위해 나체 주술을 이용했다. 아직 면화가 나오기 이전인 19세기에 아마는 주로 속옷감으로 쓰였다. 아마는 세상에서 가장 먼저 경작된 작물이며 동양 인도에서부터 서양 유럽에 이르기까지 원산지가 다양하다. 아마의 파종과 추수를 둘러싸고 미신이 수없이 많았고 유럽에서는 특히 여성성, 즉 이교 시대의 여신 '아마 어머니', 기독교 시대의 동정녀 마리아와 관련이 있었다. 선사시대부터 여성들이 아마를 방적하고 직조했기 때문일 것이다.

루마니아의 트란실바니아에서는 작황을 좋게 하려고 여성들이 알몸으로 물레를 돌리거나 세척했다. 혹은 더러운 곳에 나체로 앉아 실세 타래를 잣거나 참회의 화요일(사순절 시작 전날─옮긴이) 저녁 벌거벗은 채 탁자에서 뛰어내리기도 했다. 나체 풍속의 기록은 독일에서 많이 발견되는데 그것은 독일이 다른 나라보다 나체 풍습을 더 많이 행해서가 아니라 20세기 전반 독일 학자들이 나체주의에 관심이 있었기 때문이다. 잘펠트에서는 여자들이 성 요한의 밤에 벌거벗고 아마 밭을 걸어 다녔고 메클렌부르크에서는 농부의 아내들이 치마를 걷어 올리고 밭을 걸어야 했다. 18세기까지 그 지방에서 이런 노래가 유행이었다. "여자가 치마를 높이 올릴수록 아마가 높이 자라지." 그리고 19세기에도 적어도 1860년대까지는 리들링엔에서 여성들이 아마 밭에서 나체로 걷고 오줌을 누며 아마가 가슴께까지 자라기를 기원했다.

독일 동부의 슬라브 소수민족인 소르브족들은 이런 풍작 마법에 남자들만 참여시켰다. 남자들이 알몸으로 밭을 걸으면서 "아마야, 아마야, 음낭까지 자라라"라고 노래를 불렀다. 19세기 초까지도 벨기에 아이들은 나체 풍습에 따르며 풍년을 빌었다. 5월이 되면 아이들은 벌거벗고 한 줄로 밭고랑을 따라 걸으면서 "홀레 부인이 꽃들을 거느리고 오네. 홀레 부인이 우리 모두를 순결하고 건강하게 하네"라고 노래 불렀다. 사람들은 아마가 정화 작용뿐만 아니라 치료 작용도 하는 것으로 여겼다. 바이에른에서는 아이들이 아프면 벌거벗겨 밭에 내보낸 후 주위에 아마씨를 뿌리며, 브란덴부르크에서는 현기증이 나면 옷을 벗고 아마 밭을 세 바퀴 돌았다.[13]

이런 종류의 마법들은 모두 '공감의 원리'로 작동한다. 공감 주술은 비슷한 것끼리 끌어당기고 자극한다는 믿음에 바탕을 둔다. 그러니까 건강한 씨앗과 흙이 아이들을 건강하게 기를 것이고, 마찬가지로 밭에서 벌거벗은 채 걷고 노래하는 활기찬 사람들은 작물이 활기차고 건강하게 자라도록 할 것이다.

벨기에에서는 상사병에 걸린 아가씨들이 연인을 유혹하기 위해 가슴골에 쑥을 넣는데,[14] 이는 나체가 사람을 끌어당기는 마법 에너지를 낸다는 고대인들의 생각을 반영한 것이다. 그 에너지는 생기를 불어넣고 치료까지도 해준다고 생각했다. 1세기 로마의 원로 플리니우스는 어떤 약초들은 처녀들이 알몸으로 채취해야 하며 "미혼 여성이 찜질 수건을 올려주면 효과가 더 좋은데, 그 처녀는 단식 상태여야 하고, 나체로 수건을 적시며 특별한 말을 되풀이해야 한다"[15]라고 썼다. 후대 초본학자들은 레이디스맨틀 잎 위에 고인 회춘의 이슬을 얻고 싶다면 여성이 5월 보름달 아래 나체로 혼자서 모아야 한다고 했다.

약초나 이슬을 채집하는 것, 젖은 수건을 올려주는 것, 아픈 아이들이나 현기증 난 어른들을 치료하는 것, 작물을 자극하는 것, 미래의 남편을 점치는 것 외에 나체가 또 어디에 이용되었을까? 나체를 잘 활용하면 작물을 병충해로부터 보호할 수 있었다. 하인리히 코르넬리우스

아그리파에 따르면 생리 중인 여성이 옥수숫대 주위를 나체로 걸으면 암종병, 땅벌레, 딱정벌레, 파리를 비롯한 온갖 해로운 것이 옥수수에서 떨어진다고 한다. 그러나 꼭 해가 뜨기 전에 해야 한다. 그렇지 않으면 옥수수가 시들어버리고 만다.[16]

나체는 말라붙은 밭에 비를 내리는 데도 효험이 있었다. 루마니아에는 비를 내리게 하는 주술이 있었다. 나이 든 여성이 젊은 여자들을 이끌고 강가에서 옷은 벗은 뒤 써레 귀퉁이마다 불을 밝혀 한 시간 동안 물에 띄우는 의식이다. 북부 인도와 네팔의 여러 지방에서 전통적으로 비를 부르는 방법은 벌거벗은 여자들이 밤에 비슈누신에게 기도를 하면서 밭에서 쟁기질을 하는 것이다. 2006년 8월, 50여 명의 네팔 여성들이 가뭄에 시달리다 못해 나체로 밭을 갈며 이 풍습을 재현했다. 한 여성이 지역신문에서 "이것이 우리의 마지막 무기다. 최후의 수단을 쓰니 비가 조금 내렸다"[17]라고 말했다. 11세기 독일 헤센 지방의 라인 강변에서는 장기간 가뭄이 계속되자 한 소녀에게 발가벗고 오른손으로 사리풀을 뽑으라고 시켰다. 그리고 오른쪽 새끼발가락에 그 풀을 묶은 뒤 강가로 데려가 계속 주문을 외게 하고 소녀에게 물을 뿌렸다.[18]

유럽과 인도뿐만 아니라, 남아메리카와 아프리카에서도 나체를 이용한 예를 더 들 수 있다. 이 모든 예는 나체로 마법을 부리는 오늘날의 위카 숭배자들과 마녀들이 고대의 풍습에 따르고 있다는 사실을 드러낸다. 설사 토스카나의 마녀들이 달밤에 나체로 모이는 이야기나 뒤러와 문하생들이 그린 나체의 마녀가 공상에 바탕을 두고 있더라도 말이다.

아마도 나체를 현대 마법의 관행으로 쓰기 위해서는 가드너 같은 선구적인 자연주의자가 필요했을 것이다. 다행히 적절한 시기에 가드너가 그런 역할을 해주었다. 1950년대 나체주의의 황금기가 1960년대의 성적 자유와 평등의 시대로 향해 가고 있던 때였다. 1954년에 가드너가 세상에 소개한 마법에서는 나체가 고대의 신비주의 종교에 입회하고자 하는 예비자나, 비나 풍년을 빌어야 하는 특수한 상황에 있는 사람들에게 한정되지 않았다. 그리고 마치 1890년대에 릴런드의 '마녀들의 복음'에서 언급된 것처럼 모든 모임에 모든 사람이 나체로 참석해야 했다. 릴런드의 마녀들은 사실인지 허구인지 모르지만 '자신이 자유롭다는 표시'로 옷을 벗었다. 가드너의 마녀들은 하트퍼드셔 자연주의자 리조트 파이브에이커스에서 첫 회합을 가지며 금기와 관습을 던져버렸다. 아마 이들은 놀라운 자유를 경험했을 것이다. 또 어른으로서 일부러 규칙을 어기면서 특별한 쾌감도 느꼈을 것이다. 로널드 허턴은 위카가 이례적인 성공을 거두고 계속해서 나체 관습을 지키는 이유를 이렇게 생각했다.

> 위카는 서구 사회가 오래전부터 두려워했거나 경시했던 현상들에 특별한 가치를 부여하고 중점을 두었다. 낮보다 밤을, 해보다 달을, 남성성보다 여성성을, 문명보다 야만을 더 높이 샀으며 기독교와 타협하지 않는 이교의 모습으로 마녀를 내세우고 찬양했다. 덕분에 전통적으로 수치심과 나약함의 상징인 나체를 일종의 확신과 힘의 상징으로 바꾸어놓을 수 있었다. 제의에서 대담하게 나체를 노출한 것은, 20세기 중반에 위카가 어떻게 사회적 관습의 장벽을 허물어뜨렸는지 잘 보여준다.[19]

위카의 나체 예배에서 금기와 관습을 깨뜨린 자유로운 느낌만 얻는다면, 규칙적으로 나체 예배를 드리면서 그 느낌이 약해지지 않을까? 하지만 걱정할 필요가 없을 것 같다. 허턴은 "일상적인 것들, 즉 촛불, 향료, 음악 같은 것들도 나체일 때는 평소와 다른 일이 일어나고 있다는 느낌이 강하게 든다. 모임의 참석자들은 자신과 한계를 던져버리고 색다른 일을 벌일 수 있는 공간에 들어온 것이다"라고 한다.[20]

포르투갈의 위카 대사제 질베르투 데라스카리스는 나체가 영향력을 가지는 이유가 더 있다고 주장하며, 특히 생식기 노출이 마법적 관점에서 중요한 이유를 설명했다.

전통적인 마법 제의는 왜 나체로 지낼까? 첫째, 옷을 벗는다는 것이 마법에 귀의하겠다는 돌이킬 수 없는 증거이며, 몸이 마법에서 가장 중요한 도구라는 것을 인정한다는 의미다. 몸은 에너지가 성질을 바꾸는 도관이다. 전통적인 나체 제의는 자신감을 엄청나게 향상시키는 동시에, 마법이 참여자들을 거쳐 전달될 수 있도록 그들 간의 조화로운 관계를 형성한다. 그리고 그 관계는 어떤 놀라운 것으로 발전할 가능성을 지니고 있다. 나체가 되는 것은 옷과 관련된 모든 사회적인 것을 버린다는 뜻이다. 좋은 옷과 장신구에 내포된 사회적, 경제적 지위와 함께 자존심과 자기애도 버린다. 이렇게 옷을 벗고 서로의 나체를 보는 것만으로 자신을 버리게 되며, 이런 의문이 든다. '나를 규정하는 것을 모두 버린다면 과연 나는 누구인가?' 제의에서 나체를 노출하는 것은 생식기를 보이면 사악한 영혼과 악마들을 물리칠 수 있다는 고대 유럽인들의 믿음과 관련이 있을 것이다. 그 믿음은 중세 석공들에게 전해져 교회 장식물에 충격적으로 표현된 성기가 남았다. 고대인들은 생식기를 강력한 부적으로 여겼다. 몬산투의 이다냐-아-벨랴에 있는 성 미카엘 예배당이 분명한 예다.[21]

마녀들은 독실한 기독교도들과 악마들을 성기로 겁주어 쫓을 수 있었다. 하지만 기자들이나 자유주의적 기독교도들한테는 통하지 않았다. 최근 한 BBC 다큐멘터리에서 영국국교회 교구목사 피터 오언존스가 오스트레일리아의 위카 신도들과 함께 나체로 춤을 추었다.[22] 타블로이드 신문들이 아무리 마녀들만 나체로 예배를 드린다는 믿음을 조장해도, 다른 종교의 신도들 역시 나체 예배의 이점을 깨달은 것이다.

벌거벗은 드루이드교도

> 브리튼인들은 벌거벗고 지냈고, 교양 있는 사람들이며,
> 학식이 있고, 학구적이며, 사고와 사상이 심오했으며, 행동과 예절이
> 꾸밈없이 단순하고 솔직했고, 후세 사람들보다 더 현명했다⋯⋯.
> ―윌리엄 블레이크William Blake,
> 사라진 그림 〈고대의 브리튼인The Ancient Britons〉에 대한 설명 중에서

위카 신도들은 제의에서 벌거벗었다는 말을 '하늘을 입다'라고 비유적으로 표현한다. 아마 어떤 드루이드교도가 가드너에게 자이나교의 공의파空衣派, 즉 '하늘을 입은' 사람들에 대해 알려주었던 모양이다.

가드너의 드루이드교도 친구는 런던의 한 사립대학 교수 겸 학장인 로스 니컬스였다. 그도 열렬한 자연주의자였고 가드너처럼 천식을 앓고 있었다. 제2차 세계대전 중 두 사람은 1929년 세인트올번스 외곽 하트퍼드셔 삼림지에 조성된 자연주의 리조트 스필플라츠의 잔디밭에서 만났다. 그들은 공습경보가 잠잠할 때면 수영을 하고 일광욕을 즐기며 마법과 종교에 대해 토론했다. 그 열띤 토론이 중단됐던 일이 딱 한 번 있었을 것이다. 1943년 튀김 기름이 타면서 클럽 하우스에 화재가 발생해 모두가 인간 사슬을 만들어 물동이를 날라야 했을 때였다. 지방지에 "나체주의자들이 수시간 동안 대화재와 싸우다"라는 머리기사가 실렸다.

전쟁 후 가드너와 니컬스는 스필플라츠에서 계속 만나다가 가드너의 리조트인 파이브에이커스로 자리를 옮겼다. 파이브에이커스는 나체주의 리조트 단지인 '하트퍼드셔 나체 단지'와 가까운 곳이었다.[23] 두 사람 모두 유럽 사람들에게 다시 땅과 계절을 음미할 새로운 정신적 자극이 필요하다는 데에 의견을 같이하여, 전후 시기 동안 활동을 시작했는데 20세기 말이 되자 수천 명의 추종자를 거느리게 됐다. 바로 현대적 이교 활동이었다. 제럴드 가드너는 현대적 마법 숭배, 즉 위카

를 창시했고 로스 니컬스는 드루이드교에 대한 관심을 부활시키는 데 앞장섰다.

이 두 사람은 이교의 자극을 다양하게 받아들여 자신들의 성격에 맞추어 소화했다. 시인이며 지식인인 니컬스는 지적인 방법을 택해 드루이드교와 음유시 전통을 받아들였다. 독학한 재야학자인 가드너는 민간 주술과 주문이라는 가장 대담하면서도 실용적인 방법을 택했다. 니컬스와 가드너가 택한 방법은 둘 다 본질적으로 이교적인 것이었다. 그러나 니컬스는 여전히 독실한 기독교 신자로 남았고, 둘 다 벽지 어딘가의 교회에서 사제 서품을 받기도 했다.

가드너는 쾌락주의자였으니 자이나교의 금욕 방침에 흥미를 가졌을 리가 없지만, 니컬스는 비폭력, 채식, 비집착이라는 자이나교 철학을 높이 평가하여 "이미 알려진 문화 공동체 중에서 드루이드교와 가장 유사한 것이 자이나교다"[24] 라고 했다. 가드너에게 '하늘을 입다'라는 표현을 알려준 사람은 아마 니컬스였을 것이다.[25] 하늘을 입는다는 표현은 나체나 벌거벗는다는 노골적인 표현보다 낭만적이고 시적이어서 가드너가 그 표현을 쓴 뒤 대부분의 이교도들이 상용하게 되었다. 하지만 대부분의 사람들은 그 표현의 기원이 인도라는 사실은 알지 못했다.[26]

위카와 드루이드는 현대 이교도 중에서 가장 영향력이 큰 단체다. 둘 다 집단으로 제의를 행하며 자연을 경외하고 주요 4방위와 고대의 4원소를 이용한다. 또 여덟 차례의 정기 축제를 거행하고 세 단계의 입회식을 거친다. 그러나 니컬스와 가드너가 각각 드루이드교와 위카를 발전시키기 시작할 때 그 두 종교 사이에는 자이나교의 두 분파, 백의파白衣派와 하늘을 입는 공의파처럼 결정적인 차이가 있었다. 드루이드교는 사회적 전통이나 기독교 사이의 관계를 유지하려는 경향이 있었으니 '백의파'의 후계자라 할 수 있었다. 드루이드교는 마녀들이 공공연히 마법을 숭배하는 이교도의 지지자라고 생각했다. 반면에 가드너는 대담하게도 마녀들에게 나체로 회합을 가지라고 권하여 위카 지지자들이 사회적 전통과 교회의 속박에서 자연히 멀어지게 만들었다. 그러나 니컬스는 비주류파 대안 종교와 경향을 같이하면서도 역설적으로 영국적인 것의 핵심에서 벗어나지 않는 길을 택했다. 드루이드교도들은 런던 타워의 호위병들과 비슷했다. 약간 우스꽝스럽기는 하지만 영국 전통의 일부라는 점에서 말이다.

1930년대부터 1950년대까지 슈필플라츠가 연주의 잡지에 게재한 광고.

지금처럼 드루이드교가 부흥기를 맞게 된 것은 18세기부터 영국의 기독교 이전 시대에 관심을 가지면서였다. 이 시기, 고고학의 시조 윌리엄 스터클리 같은 사람들이 흰옷 입은 현인들이 스톤헨지에서 회합을 여는 낭만적인 모습을 널리 퍼뜨렸다. 니컬스가 1950년대에 드루이드교를 접하기 수백 년 전부터 드루이드교는 나체와는 전혀 관련이 없는 관습과 가르침에 따르며 전통을 이어오고 있었다. 하지만 니컬스의 선배 조지 왓슨 맥그리거 리드가 고전적 드루이드 교단의 창설자로서, 20세기 초 자연주의적 이상을 비롯해 소박한 자연 회귀적 생활 태도를 제안했다. 그는 그런 태도에 '소박주의simplicitarianism'라는 이름을 붙였다. 애덤 스타우트의 전기傳記 연구에 따르면, 리드는 나체주의가 건강에 좋다고 믿어서 일찍이 멀리 떨어진 어딘가에 저렴한 땅을 사 "모든 사람이 가능한 한 싼값에 일정한 기간 자연으로 돌아가는 경험을 하기를" 바랐다고 한다. 리드는 어렸을 때와 달리 해변에서 벌거벗을 수가 없었는데, "그것이 다시 찾아야 할, 잃어버린 무엇"이라고 했다.[27]

스필플라츠의 창설자 도러시 매캐스키가 전쟁 중에 전소한 클럽 바깥에서 점심 식사를 알리는 모습으로, 지역신문에 '나체주의자들이 수시간 동안 대화재와 싸우다'라는 머리기사가 실렸다.

리드가 혼자서 벌거벗고 일광욕을 했을 수 있고 전쟁 직전 서식스 블랙보이에서 잠깐 운영했던 건강관리 시설에서(안내 책자에 '일광욕장에서는 일광욕 의상을 이용한다'라고 쓰여 있지만 지역신문들이 나체 일광욕을 한다고 보도했던 곳) 나체로 일광욕을 했을 수도 있지만[28] 그는 나체 드루이드교 의식을 결코 용납하지 않았다. 니컬스도 마찬가지였다. 그는 1964년 리드의 운동 조직에서 이탈하여 바드, 오베이트, 드루이드 승려의 체계를 갖춘 조직을 형성했다. 그 교단(OBOD)은 현재 세계 최대의 드루이드 교단이다. 니컬스는 자연주의 클럽이나 옥스퍼드셔에 조성한 삼림지의 성소에서는 즐겨 하늘을 입었던 것이 분명하지만 드루이드교의 집단 예식은 결코 나체로 행하지 않았다. 반면에 가드너는 나체주의 생활 방식을 종교와 결합해 뉴바넷의 애비 민속박물관이 문을 닫을 때 사들인 '마녀들의 집'을 파이브에이커스에 다시 세우고 마녀 집회를 열었다. 지금도 그곳 바닥에는 마법의 원이 그대로 남아 있다.

니컬스와 리드는 1910년경부터 니컬스가 사망한 1975년까지 드루이드 교단을 지배했다. 그들은 나체주의에 찬성했지만 그 관습을 드루이드교 의식과 결합시키지는 않았다. 그러면 그들 이전과 이후의 드루이드교도들은 어떨까?

드루이드교에 대한 최근 문헌들을 살펴보면 드루이드교도 대다수가 옷을 입는 것을 더 선호하기는 하지만 그들 중 얼마는 하늘을 입는다. 나는 2001년 니컬스의 생애를 연구하다가 그의 유언장에서 스필플라츠를 알게 됐고 그가 자연주의에 관심이 있었다는 것, 그리고 제럴드 가드너와 친분이 있었다는 사실을 그의 전기 『드루이드교도의 숲 속에서In the Grove of the Druids』와 웹 사이트 the Order of Bards Ovates and Druids에 남겼다.[20] 몇 년 뒤 드루이드교 조직의 수장, 에마 리스톨 오어는 『현대의 드루이드교Living Druidry』에 이렇게 썼다.

> 이교도가 등장하는 상투적인 장면이 있다. 주로 알몸에 진흙을 바른 여자들이 불 가에서 제멋대로 춤을 춘다. 서양 이교도 의식에 참가한 사람들 중에 그런 일이 일어나지 않는다며 그것이 미디어가 만들어낸 환상에 불과하다고 주장하는 이들도 있다. 하지만 그런 거친 표현은 이교도인 드루이드교의 중요한 관습이었는데 거기에는 여러 이유가 있다. 진심 어린 경외심이라는 점에서 나체가 되면 미풍, 바람, 대기, 빛과 어둠, 발아래의 땅, 태양이나 불꽃의 열기, 눈송이나 빗방울의 감촉, 자연계의 충만함을 더 예민하게 느낄 수 있어 그것들과 더 풍부

하고 진실한 상호작용을 할 수 있다. 또 나체는 우리가 주변의 것들, 나무, 바위, 달빛, 사람들, 비와 어떤 관계인가 하는 것뿐만 아니라 우리 자신과 어떤 관계인가 하는 점에서 몸의 나약함과 영혼의 순수함을 환기시켜 신체적인 장벽에 지나지 않는 것에서 벗어나도록 한다. 옷은 진실을 숨기게 한다. 심지어 자기 자신에게조차도.

11년 전 나는 사우스다운스에서 드루이드식으로 걸었던 경험을 책에 쓴 적이 있었다. 하지만 그때는 나체로 경험한 완벽한 자유에 대해서는 차마 쓰지 못했다. 시대가 바뀌었다니 용기를 얻어 개정판에서 '실토'한다.

얼마 뒤 나는 캐번 산 바깥쪽 성벽에 도달했다. 언덕과 해자에 있는 입구로 들어간 다음, 높고 중요한 이 장소의 중앙에 이르렀다. 한여름이었는데도 불구하고 그곳에는 아무도 없었다. 이 오래되고 아름다운 곳에 한 사람도 없었다. 그때 나는 곧바로 본능에 따라 옷을 벗고 햇살 속에서 빙빙 돌며 춤을 추고 드러누워서 등으로 풀의 부드러운 감촉을 느꼈다. 몸 앞쪽에서는 태양과 부드러운 바람이 느껴졌다. 일어나 앉았을 때 나는 소박하고 완전한 기쁨에 가득 차 있었다. 영국 작가 호러스 월폴처럼 옷을 벗어던질 때 걱정도 벗어던진 것 같았다. 잠시 내가 미친 것이 아닌지, 과연 법적으로 문제는 없는지 생각했다. 내가 여기서 자유롭게 행동했다는 이유로 체포되는 것은 아닐까? 몸을 가렸다면 어떻게든 합법적일 수 있을까? 그 순간 옷을 벗는 것이 왜 그렇게 기뻤을까? 그것이 왜 그렇게 중요했을까?

나는 자연주의의 거대한 전통을 떠올렸다. 태양, 맑은 공기, 자연 그 자체에 대한 사랑에서 태어난 것, 그리고 청교도주의의 우울한 억압과 체면에 투쟁하여 탄생한 것 말이다. 태양이 내리쬐는 산허리에서 팬티 바람으로 춤을 추는 것과 팬티를 벗고 춤을 추는 것이 별로 다르지 않다고 생각하겠지만, 사실은 전혀 다른 일이다. 나체가 자유를 의미하기 때문이다. 마치 옷이 온갖 걱정과 근심의 무게를 더하기라도 했다는 듯이 말이다. 옷은 세상에 대한 방어에 형체를 부여한다. 그러므로 스스로 자신감이 있고 안전하다면, 옷을 벗음으로써 해방감과 기쁨과 자유를 강렬하게 느낄 수 있을 것이다. 아니 그것이 전부가 아니다. 순결한 느낌, 세상에 대해 열린 느낌……

이것이 자연을 사랑하는 많은 작가들이 야외에서 옷을 벗는 기쁨에 열광하는 이유였다. 리처드 제프리스, 프랜시스 킬버트, 조지 버나드 쇼, 에드워드 카펜터, 헨리 데이비드 소로, 월트 휘트먼 같은 이들. 그들 모두는 아무것도 필요 없다는 행복의 '비결'을 발견한 것이다.[30]

2002년부터 나는 드루이드교도들을 많이 만났는데 그들은 『현대의 드루이드교』, 『드루이드의 길 The Druid Way』, 크리스토퍼 휴스의 『자연 그대로의 드루이드교 Natural Druidry』 같은 책을 읽고 난 뒤 나체를 관습으로 실천한다고 했다. 그런데 브르타뉴에서 온 사람들을 비롯해 다른 드루이드교도들은 책이나 웹 사이트를 통해서가 아니라 자신들의 내적 충동에 따라 나체로 예배를 드리기로 결심했다고 했다. 오늘날 드루이드교를 추종하는 사람 대부분은 신성한 자연에 더 가까이 가려는 이들이다. 드루이드교는 '대지나 자연 종교'로 불리는데, 자연을 더 가까이서 느끼는 최상의 방법이 그저 자연스러운 상태로 자연 안에 있는 것이라는 사실을 깨달았기 때문이다.

고대의 드루이드교도들이 자이나교도들처럼 나체로 예배를 드렸는지는 알 수 없지만 고대 작가들의 기록에 따르면 켈트족 전사들이 나체로 전장에 돌격한 경우가 있었다고 한다. 기랄두스 캄브렌시스는 기원전 아일랜드에서 드루이드 승려들이 왕의 고문역을 맡고 있을 때, 왕이 될 사람은 벗은 몸으로 천천히 빙 돌아서 아무런 결함이 없다는 것을 백성들에게 보여줌으로써 자신이 진실하고 아무것도 숨기지 않는다는 것을 상징적으로 보여주곤 했다고 기록했다. 에마 리스톨 오어의 말대로 옷이 진실을 숨기므로, 왕은 곧 백성이 될 사람들에게 자신을 글자 그대로 보여주려고 했던 것이다.

나는 어느 1월 슈롭셔 삼림지의 드루이드교 야영장에서 그런 일이 벌어지는 것을 눈앞에서 보았다. 원형 텐트 안에 커다란 원을 이루고 앉아 있던 50여 명이 세 사람의 '원로'를 선출했다. 선출된 첫 번째 원로는 일어서서 옷을 벗고 천천히 돌면서 자신이 아무것도 감추지 않을 것이며 가능한 한 솔직하고 숨김없이 행동하겠다고 말하고 원 가운데로 걸어나갔다. 사람들은 모두 침묵했다. 다른 원로들도 말은 똑같이 했지만 옷은 벗지 않았다. 그래서 첫 번째 원로의 겸손과 정직이 더 돋보였다.

현대 드루이드교도들은 자연과 몸의 신성함을 믿기 때문에 우리가 몸이나 성욕을 부끄러워해서는 안 된다고 생각한다. 고대 드루이드교도들이 나체로 의식을 치렀는지는 논란의 여지가 있지만 본질적으로 중요한 문제가 아니다. 현대 드루이드교가 과거의 전통과 민속의 영향을 바탕으로 불과 몇백 년 전에 생겨난 것이지, 과거에 얽매여 수 세기 동안 변치 않는 관습을 지켜온 것이 아니기 때문이다. 살아 있는 종교로서 드루이드교는 끊임없이 성장하고 진화하고 있으며, 자연주의 이상이 현대 드루이드교의 이상과 완전히 일치하기 때문에 시간이 흐를수록 나체 풍습은 더 발전할 것이다.

역사적 기록을 보자면 나체와 드루이드교 사이의 관계는 허위일 가능성이 많다. 윌리엄 블레이크가 드루이드교도라고 주장하는 사람들이 몇 있지만 증거가 없다. 피터 애크로이드처럼 최근에 그의 전기를 쓴 작가들은 블레이크가 아내와 정원에 벌거벗고 앉아 있기를 좋아했다는 내용이 자주 나오게 된 것은 믿을 수 없는 정보라고 지적했다. 나체와 드루이드교를 연관짓는 또 다른 이야기는 괴벽스러운 웨일스 드루이드교도이자 19세기 재능 있는 치료사인 윌리엄 프라이스에 관한 것으로, 그가 환자를 치료하러 가는 길에 옷을 안 입고 웨일스의 언덕들을 건너다녔다는 이야기가 자주 인용된다. 새로 조사된 바로는 그런 행동을 했던 것은 정신착란을 일으킨 그의 아버지였던 것이 거의 확실하다.[31]

이런 잘못된 정보들이 있지만 고대 드루이드교도들과 나체 사이의 연관을 보여주는 증거도 하나 있다. 그 증거를 통해 우리는 그 수수께끼 같은 인물들, 즉 하늘을 입은 자이나교 승려들과 고대 인도의 수많은 경이를 다시 만나게 된다. 3세기의 저술가 디오게네스 라에르티오스는 드루이드교도와 인도의 '나체 현인들' 사이의 유사성을 암시한다.

> 어떤 이들은 철학 연구가 이교도들에게서 시작되었다고 한다. 페르시아인들에게는 마기라는 사제 집단이 있었고, 바빌로니아인들이나 아시리아인들에게는 칼데아인들이 있었고, 인도인들에게는 나체 현인들이 있고, 켈트족과 갈라디아인들에게는 드루이드 승려와 셈노테오이Semnotheoi라는 선각자들이 있었다. 아니, 아리스토텔레스가 '마법Magic'에서 그렇게 말했고 소티온이 '철학자의 후예들Succession of Philosophers'의 23권에서 그렇게 말했다.
> …… 철학이 이방인의 창안물이라고 생각하는 사람들은 그들의 철학 체계가 유사하다는 것을 근거로 든다. 그들은 나체 현인들과 드루이드 승려들이 수수께끼와 신비로운 말을 통해 자신들의 뜻을 전달하고, 신을 숭배하고 악을 행하지 말고, 남자다운 행동을 지속할 것을 가르쳤다고 한다.[32]

서로 수천 킬로 떨어진 곳에 있는 인도의 나체 현인들과 켈트족 사제들이 관계가 있다고 하면 이상하게 들리겠지만, 18세기가 되자 학자들이 켈트어와 인도어의 신화와 문화가 놀랄 만큼 유사하다는 것을 밝혀내어 인도유럽 공통 기원설이 등장했다. 그러나 디오게네스 라에르티오스는 산스크리트어와 고대 아일랜드어 사이의 유사성을 전혀 몰랐다. 그저 알렉산드로스 대왕의 인도 침략으로 유사성이 생겨났다고 믿었다.

인도의 고대 경전에 관한 문헌들에
나체 성자들과 힌두교 고행자들에 대한 언급이 있다.
…… 이 나체 고행자들은 인도에
브라만교가 유입되기 오래전 번성했던
아리안 이전의 종교에 속해 있었다.
이들의 경전은 아가마Agamas라고 하며
이후 탄트라Tantras에도 똑같은 교리가 기록되었다.
…… 아가마는 세상의 어떤 것도 탐내지 않는 사람은
옷도 필요 없다는 최고의 금욕을 표현한
나체의 산야신sannyasins에 대해 기록하고 있다.

—슈리 구루데브 마헨드라나트Shri Gurudev Mahendranath,
『인도의 나체 성자들The Naked Saints of India』[1]

젤룸 강과 요르단 강가

최초로 나체와 종교를 결합한 것은 4,000여 년 전 브라만교 이전, 인더스 강 유역에 나타난 현인들로, 이들은 옷을 거부했다.[2]

2,300여 년 전 인더스 강 지류인 젤룸 강가에서 이 현인들이 세상에서 가장 힘센 사람인 알렉산드로스 대왕과, 최초의 회의론자가 될 엘리스의 피론을 만났다.

그리스인들은 이 나체 현인들을 짐노소피스트gymnosophists라고 불렀다. 짐노스gymnos는 나체, 소피아sophia는 지혜를 뜻한다. 이들은 피론과 만나면서 그리스 철학 사상에 영향을 끼쳤다. 일각에서는 피론의 불가지론이 붓다, 마하비라와 같은 시대를 살았던 나체 철학자 산자야의 영향을 받은 것이라고 한다. 또 어떤 이들은 그들의 사상에 유사성이 있지만 단순히 우연하게 동시 발생한 것이라고 한다. 둘 사이의 언어 장벽이 사상의 교류를 막았을 것이라는 생각이다.[3]

알렉산드로스와 나체 현인들의 만남에 알려진 이야기가 더 있지만 다 확실하지는 않다. 『알렉산드로스 로망스』에 설명이 꽤 나와 있지만 그 자체가 과장된 영웅담이므로 이야기가 실제 만남에 바탕을 둔 것이라고 해도 상세한 내용은 허구일 것이다.

알렉산드로스는 정복욕에 사로잡힌 사람이었다. 스물한 살 때부터 10년에 걸쳐 페르시아 제국 전체, 현재의 그리스, 터키, 이집트와 아프가니스탄에 해당하는 곳을 모두 정복했다. 그의 군대는 세계 최강이었다. 그는 적들을 무자비하게 살해했으니 이후 폭군들이라면 모두 그를 존경하고 모범으로 삼았다. 그러나 러시아가 나폴레옹과 히틀러를 패배시켰듯, 결국 알렉산드로스가 무릎 꿇은 것도 한 나라의 크기와 기후였다.

기원전 326년, 10년간 전쟁을 계속하고도 정복 과대망상증으로 분별력을 잃은 알렉산드로스는 제국의 동쪽 국경을 최대한 넓히기 시작했다. 그는 3만 5,000여 명의 병사를 이끌고 중앙아시아 남부 힌두쿠시 산맥을 넘어서 펀자브로 내려갔다. 바로 여기가 자이나교가 출현한 곳이며, 알렉산드로스가 나체 고행 전통을 접한 곳이다. 알렉산드로스는 군인이기는 했지만 그리스 크세노폰이 쓴 대로 "심오한 철학도 아주 모르지는 않았다".[4] 어린 시절 그는 아리스토텔레스에게서 배웠고, 어디를 정복하든 그 지역 전통의 종교 예식을 장려했다. 그러니 그가 탁실라 지역에서 나체 성자들을 만났을 때 그들에게 큰 관심을 가졌던 것은 당연했다. 자존심이 강한 사람들은 자신에게 굽히지 않는 상대를 만났을 때 관심을 갖는 법인데 이 나체 성자들은 세속적 집착에 경멸을 보이며 용기를 드러냈다.

알렉산드로스와 나체 성인들의 첫 만남은 『플루타르코스 영웅전』과 『알렉산드로스 로망스』에 묘사되어 있다. 이 이야기는 어쩌면 거짓일 수도 있다. 알렉산드로스가 냈던 문제들이 탈무드를 비롯해 수많은 관계없는 문헌에서 발견되기 때문이다. 그러나 이 이야기들은 이미 나체 현인 신화의 중요한 부분이 되어버렸다.

불신의 씨가 된 일부 문헌을 믿어보자면, 알렉산드로스는 성자 포로 열 명을 뽑아 가장 연장자에게 나머지 성자들의 대답을 평가하라고 시키고 계속 어려운 문제를 냈다. 제대로 대답하지 못한 사람은 죽일 것이었다. 플루타르코스는 이렇게 쓰고 있다.

> 첫 번째 성자는, 죽은 사람이 많은가 산 사람이 많은가 하는 질문에 이렇게 답했다. "산 사람이 많다. 죽은 사람은 없어져버렸으므로." 두 번째 사람에게는 가장 거대한 괴물은 땅에서 나오는지 바다에서 나오는지를 물었다. 대답은 이랬다. "땅이다. 바다도 땅의 일부일 뿐이다." 세 번째 성자에게는 "짐승들 중 가장 교활한 것은 무엇인가?"라고 물었다. 그는 "인간이 아직 못 찾아낸 짐승이다"라고 대답했다.[5]

그런 식의 궤변이 아홉 번째 성자까지 계속됐다. 알렉산드로스는 열 번째 성자에게 평가하라고 했다. 그 나체 현자는 희생자를 뽑아야 하는 상황에서 답을 교묘하게 회피했다. "저로서는 이들 모두가 각각 다른 사람보다 더 나쁜 대답을 했다고밖에 볼 수 없습니다."

이 대답에 알렉산드로스는 화가 나 펄펄 뛰며 말했다. "그래, 그러면 너를 제일 먼저 죽이겠다. 그런 판결을 내리다니." 성자는 당황하지 않고 대답했다. "그럴 수 없습니다. 왕이시여. 가장 나쁜 대답을 한 사람을 먼저 죽이겠다는 말씀이 거짓이 아니라면 말입니다."

세상에서 가장 힘센 통치자 앞에 나체로 서서 동료들의 목숨을 구하기 위해 노련한 판결을 내릴 수 있었던 것은 진정한 용기가 있었기 때문이다.

결과는 어떻게 됐을까? 알렉산드로스는 성자들에게 상을 주고 풀어주었다. 사실 알렉산드로스는 이 성자들에게 깊은 감명을 받아 직접 나체 현자를 거느리고 싶어 했다. 크세노폰은 알렉산드로스가 "그들의 인내심에 너무도 감명받아 한 사람을 자신의 수행원으로 만들고 싶은 생각이 들었다"[6]라고 썼다. 현자들에게 문제를 냈다는 일화가 거짓이라고 해도 이 내용은 사실일 것이다.

알렉산드로스는 사자를 보내 그들 중 가장 훌륭한 사람을 데려오라고 했지만 플루타르코스에 따르면 현자는 순순히 명령에 따르기는커녕 그 사자가 옷을 벗을 때까지는 말을 하지 않겠다고 버텼다. "알렉산드로스가 디오게네스의 견유학파 철학자 오네시크리투스를 보내, 자기들끼리 조용히 사는 그 평판 높은 사람들을 데려오라고 했다. 그리고 오네시크리투스가 전해준 이야기는 이렇다. 칼라누스가 사자더러 튜닉을 벗고 나체로 자기 말을 들으라고 아주 무례하고 거칠게 명

령하며, 옷을 벗지 않으면 설령 제우스의 사자라도 이야기를 나누지 않겠다고 했다."[7]

마침내 알렉산드로스가 칼라누스를 만났는데, 자신의 사자를 무례하게 대우한 일은 벌하지 않고 오히려 자신의 수행원이 돼달라고 설득했다. 그래서 칼라누스가 알렉산드로스에게 제국을 다스리는 것이 얼마나 어려운 일인지를 가르쳐주었다. 덕분에 이 마케도니아 침략자는 병사들이 동방 원정을 그만두자고 했을 때 그 말을 따랐다고 전한다. 칼라누스는 동물의 마른 가죽을 바닥에 던져 놓고 여기저기 가죽의 가장자리에 섰다. 매번 가죽의 나머지 부분이 들려 올라왔다. 그런 다음 가죽의 가운데에 서자 가죽이 평평해졌다. 알렉산드로스에게 하고

자 한 말은 명확했다. 제국의 가장자리가 아니라 중심에서 다스리라는 것.[8]

알렉산드로스는 나체 철학자와 함께 남쪽으로 향했다. 군대는 인더스 강을 따라 수로와 육로로 질주하며 수많은 사람을 학살했다. 그는 강의 삼각주에 항구와 선착장을 건설하여 배 100여 척을 페르시아만으로 출항시키고 군대와 함께 육로를 통해 서쪽으로 향했다. 결국 파멸을 맞을 원정이었다. 몬순 홍수로 여자와 아이들이 많이 죽었다. 살아남은 사람들은 부족한 물과 식량으로 버티며 척박한 땅을 지나야 했다.

칼라누스는 페르시아에 도착하자마자 병에 걸렸는데, 치료를 하느니 죽는 것이 더 낫다고 생각했다. 알렉산드로스는 만류했지만 결국 그 뜻을 받아들여 그의 말대로 장작더미를 쌓아 올리라고 명령했다. 말, 병사, 불 속에 던질 기름과 향료, 조문객들의 장엄한 행렬이 준비됐다. 칼라누스는 들것에 실려 장작더미 위에 올랐다. 알렉산드로스가 신호하자 군대가 한목소리로 고함을 쳤고 나팔이 울리더니 불이 붙었다. 완전한 평정 상태로 앉아 있는 그 노인에게 불꽃이 달려들자 군대의 코끼리조차 날카로운 비명을 질렀다.[9]

그로부터 2년이 채 안 돼 알렉산드로스가 죽었고 그의 제국은 무덤 속에서 그의 시체가 썩듯 빨리 붕괴했다.

자이나교도들

자이나교에서는 수녀나 수도승이 되기로 결정하면 전통에 따라
그 징표로 가족과 교단으로부터 허가를 얻고, 재산을 나누어주고, 머리를 깎고,
보석과 옷을 버린다. 그리고 서임식에서 단순한 흰색 옷으로 갈아입는다.
공의파, 즉 '하늘을 입는' 이들은 시를 그대로 따라
옷을 전부 버리고 완전한 금욕을 극적으로 표현한다.
'이승에서 계율에 따라 나의 종교를 따르는 자는 나체가 되어야 한다.'
(아카랑가 수트라Akaranga Sutra, I, 6, 2 (3)).
— 엘로이즈 하트Eloise Hart, 「참된 빛의 등불A Lamp of the True Light」

스스로 삶을 끝내기로 한 칼라누스의 선택은 살레카나sallekhana라는 자이나교 전통으로 오늘날에도 허용된다.[10] 서양에서는 안락사의 도덕성 문제로 골머리를 썩고 있지만 자이나교도들은 적절하다고 판단된다면 스스로 죽음을 선택하는 것을 부도덕하게 여기지 않는다.

오늘날 500만여 명의 자이나교도는 대부분 인도에 있으며 나머지는 미국, 영국, 캐나다, 아프리카, 아시아에 사는데 이들 대부분은 옷을 입고 산다. 그러나 승려 중에는 초기 인더스 강 문명에 뿌리를 둔 나체 수행의 전통을 지키는 이들도 있다. 기원전 1,500년경 북쪽에서 아리안족이 내려오면서 자신들의 신을 그대로 모시고 왔다. 그렇게 해서 인도의 종교는 두 방향으로 전개되었다. 하나는 아리안 브라마나 사상으로 힌두교에 많은 영향을 끼쳤고, 또 하나는 토착 시라마나 전통으로 기원전 500년경에 다섯 분파로 발전했다. 불교Buddhist, 아지비카Ajivika, 자이나Jain, 로카야타Lokayata, 그리고 오늘날 나체 현자들로 알려진 아그냐니카스Agañikas라 칭하던 사람들이었다.[11]

로카야타는 합리주의적 유물론 철학자들이었고 아지비카, 자이나, 나체 현자들은 옷을 거부하는 종교 수행자들이었다. 붓다도 처음에는 나체 수행자였다. 붓다가 평생 나체로 지냈다고 믿는 사람들이 있기는

하지만[12] 다른 시라마나 분파들과 자신의 분파를 구분 짓고, 남들의 비위를 덜 건드려야 시주를 더 받을 수 있다는 현실적인 이유 때문에 옷을 입고 지냈을 가능성이 크다.

나체 현자들, 아지비카, 로카야타는 모두 사라졌다. 1996년 한 웹

2006년 인도 마하마스타카비셰카 Mahamastakabhisheka 축제(머리에 기름을 붓는 큰 의식)에서 슈라바나벨라골라에 있는 '바후발리'의 상에 코코넛 밀크를 붓고 있다. 축제는 12년에 한 번씩 열리며 수백만 명의 순례자들이 찾아온다.

사이트에서 아지비카를 무신론자들과 나체주의자들을 위한 현대적 종교로 부활시키려는 시도가 있기는 했다.[13] 한편 자이나교는 지금도 계속 번성하고 있다.

자이나교도들은 티르탕카라 Tirthankara[14]라는 해탈한 스승 스물네 명이 자이나교를 일으켰다고 생각한다. 스물네 번째로 가장 나중에 나타난 것이 붓다와 같은 시대를 산 마하비라였다. 자이나교 사원에는 마

하비라와 나머지 스승들의 나체상이 세워져 있다.

그런데 자이나교에서 가장 주목할 만한 상은 티르탕카라상이 아니며, 사원 안에 있지도 않다. 한때 마이소르 왕국이라고 알려진 인도 남서부 카르나타카의 거대한 바위 꼭대기에 있다. 10세기에 세운 이 상은 자이나교 성인 바후발리상으로, 높이가 18미터나 되어 614계단을 올라가야 꼭대기에 이를 수 있고 30킬로미터 떨어진 곳에서도 보일 만큼 크다. 12년에 한 번씩 그 주위에서 축제가 열리는데 의식에 따라 우유, 응유(凝乳), 액체 버터, 사프란, 꽃잎, 금화를 상에 붓는다.

우유나 사프란을 바르는 바후발리상이 인간 형상의 아름다움을 표현하는 것처럼 보이지만, 자이나 승려들의 나체는 찬양이라기보다 육체적 집착과 쾌락을 버렸다는 사실을 증명하는 것이다. 바후발리는 자신의 왕국을 버리고 산속에 들어가 해탈에 이를 때까지 선 자세로 완전히 침묵하며 명상했다고 전해지는 왕이다. 덩굴이 팔다리를 감은 것은 숲 속에서 완벽한 부동의 상태로 지냈다는 것을 나타낸다.

자이나교 전설에 따르면 마지막 티르탕카라, 즉 마하비라가 자이나교 수도회를 설립했으며 그가 죽을 때가 되자 그 수도회에는 1만 4,000명의 수도사와 3만 6,000명의 수녀가 소속되어 있었다고 한다. 수도사들은 옷을 입지 않았지만 수녀들은 소박한 흰색 옷을 입어야 했다. 여자들이 옷을 벗으면 희롱을 당할 수도 있고 때에 따라서는 더 나쁜 일이 생길 수 있다고 생각했기 때문이었다.

마하비라가 죽고 약 한 세기 뒤 수도승들이 계속 옷을 입지 않아야 하는가 하는 문제를 중심으로 분란이 있었다. 전설에 따르면 기원전 4세기 자이나교단의 지도자 아차랴 바드라바후가 계속되는 심각한 기근을 피해 수천 명의 고행자들을 이끌고 북부 마가다 왕국에서 인도 남부로 떠난 일이 그 분란의 시작이었다. 12년 뒤 그들이 다시 돌아왔을 때, 또 다른 지도자 아차랴 스툴라바드라가 의복 규칙을 완화해버려서 수도승들이 흰옷을 입고 있었다. 게다가 경전을 고치기 위해 회

2006년 자이나교 공의파 승려들이 바후발리상의 발 앞 경의를 표하고 있다.

의도 소집했다고 했다. 돌아온 수도승들은 이런 변화를 받아들일 수 없었다. 이후 수 세기 동안 이 의견 차이로 인해 불화가 계속되었고 결국 서기 1세기, 두 개의 분파로 분리되었다. 나체 수도승의 전통에 속한 공의파[15]와 옷을 입은 수도사들인 백의파다.

다시 기원전 4세기로 돌아가보면, 돌아온 수도승들은 동료들이 의복을 소유함으로써 독신, 거짓말과 도둑질 금지, 불상해, 무소유라는

다섯 가지 서원 중 한 가지를 어겼다고 생각했다. 서원을 깨뜨리고 옷을 소유했는데 어떻게 그들이 목표인 모크샤, 곧 해탈에 이를 수 있겠는가? 하지만 옷 입은 수도승들은 무소유의 마음가짐이 더 중요하다고 했다.

그러나 공의파 수도사들은 계속 옷을 거부했다. 세속의 집착을 버리고 싶었기 때문만이 아니라 세탁을 통해 미생물을 죽이고 싶지 않았기 때문이었다. 자이나교의 중심에 아파리그라하Aparigraha, 즉 소유물에 대한 집착을 버리는 무소유의 교리와 함께, 간디와 마틴 루서 킹에

게 영향을 준 불상해의 교리 아힘사Ahimsa가 있다. 대부분의 자이나교도들은 평화주의자이자 채식주의자로서 불상해를 실천한다. 수도승과 수녀들은 훨씬 더 엄격하게 교리를 적용하며 교통수단도 거부한다. 차, 기차, 자전거 바퀴가 곤충을 죽일 수 있기 때문이다. 요즘 백의파 자이나교 승려 중에는 우연히 생물을 흡입하지 않도록 마스크를 쓰며, 미생물에게 해를 끼칠까봐 항생제와 소독제를 피하는 사람들도 있다.

공의파에서 여성은 옷을 입어야 하기 때문에 무소유와 불상해의 계율을 완벽하게 지킬 수 없으므로 해탈할 수 없다고 생각한다. 해탈에 이르려면 여자는 나체가 될 수 있는 남자의 몸으로 환생해야만 한다. 이 문제를 해결하기 위해 13세기 공의파 저술가 아사다라는 여성에게 임종 때 나체의 계율을 행하게 하자고 했다. 안됐지만 여성의 해탈을 돕는 이 방법에 찬성한 사람은 그밖에 없었다.[16]

4세기에서 5세기에 두 분파를 절충하려는 시도가 시작되었으며 600년에서 1,000년에 이르는 기간 카르나타카 지방에서 계속되었다. 야파니야스라는 절충가들의 주장은 오늘날의 관점으로 보면 현명해 보인다. 여성도 해탈에 이를 수 있다는 백의파의 믿음과 수도승이 나체로 지내야 한다는 공의파의 신념을 수용하고, 거기에 사회 상황에 적응하기 위해 나체 규율도 완화했다. 야파니야는 수도승들이 숲 속이나 사원 안에서는 나체로 지내지만 신성한 장소에서 벗어날 때는 간단한 옷을 입도록 했다.

오늘날 공의파 자이나교도 대부분이 평신도이며 옷을 거부하지 않지만 사마이카 명상('평정 상태'로 자주 번역됨)을 하는 동안에만 규율에 따라 일시적으로 장신구와 옷을 모두 벗기도 한다. 캘리포니아 대학교 불교학과 P. 자이니 교수는 이렇게 썼다. "오늘날에도 집에서 사마이카를 행하는 공의파는 명상을 하기 전 옷을 전부 혹은 거의 벗는다. 이렇게 명상을 했던 자이나교도들은 모든 관계와 소유물을 거부하고 몸이 움직이지도 않고 마음이 흐트러지지도 않은 채 48분 동안 앉아 있기로 했다."[17]

옷을 입지 않고 아무것도 소유하지 않고 아무것에도 집착하지 않고 정기적으로 명상을 하는 것은, 해탈이라는 궁극적인 자유의 경지에 이르기 위해서다. 초기 불교 문헌에도 언급이 있는 것을 보면 오래된 관습이다. 하지만 그 문헌은 교도들이 그렇게 짧은 시간에 수도자의 서원을 행한다는 것이 우스꽝스러운 생각이라고 말한다. "니간타[자이나교 승려의 초기 명칭]는 단식 기간에 평신도들을 불러서 이렇게 말한다. '이쪽으로 오시오. 옷을 모두 벗고 이렇게 말하시오. 나는 아무에게도 속하지 않는다. 나는 아무와도 관계가 없다. 나는 아무것도 소유하지 않는다. 아무것도 나를 소유하지 않는다.' 그렇게 말한 뒤 가진 것을 모두 버리지만 [그 평신도는] 나중에 다시 가서 '버린 것'을 전부 돌려달라고 한다. 이런 식의 금욕은 속임수에 지나지 않는다!"[18]

하지만 자이니 교수가 지적한 대로 이를 우스꽝스럽게 보는 것은 그 수행의 참뜻을 무시하는 것이다. 이러한 단기간의 금욕 서원은 티베트 불교 족첸 수행에서 '벌거벗었다'고 부르는 깨달음의 경지에 이르기 위해 상징적으로 모든 집착을 버리는 것을 의미한다.[19] 신지학 저술가 엘로이즈 하트는 자이나교에서 나체가 갖는 심오한 의미에 대해 이렇게 쓰고 있다.

'공기를 입는 것', 즉 나체가 된다는 것은 고대 자이나교의 순수성을 의미한다. 그래서 신자들을 니르그란타, 즉 '묶이지 않은 사람'이라고 불렀다. 니르그란타는 '매듭이 없다'는 뜻이므로 개인적인 집착에 얽매이지 않은 사람을 말한다. 또 나체는 마하비라가 자이나교의 전통에 되찾아준 명료함을 의미한다. 그는 [브라만 전통이 가진] 미신적이고 모호하며 형식적인 의식을 버리고 '있는 그대로 등불을 밝힌 듯' 명료하게 '계율을 이해시켰다'.
"고뇌는 미망이 없을 때 사라지며, 미망은 욕망이 없을 때 사라지며,

욕망은 탐욕이 없을 때 사라지며, 탐욕은 소유가 없을 때 사라진다."[20] 더 전문적으로 말하자면 현세적 사고와 감정이라는 '미망의 옷'을 벗고 정신에 천상의 옷, 즉 '바람의 띠'를 입는 것은 자아가 일시적으로든 영속적으로든 세 개의 비천한 몸을 버리는 순간을 의미한다. 그런 뒤 자아는 두 개의 고귀하고 '신비로운 몸'을 가지고 의식에서 무의식까지 가는 것이다. 신들의 세계까지 가서 그곳에서 "본연의 형태가 되고 완전함, 깨달음, 해방, 최후의 지복至福을 얻는다."[21] (자이나교에서는 몸을 다섯 개로 본다. 세속적인 몸 세 개[육신 그 자체, 업을 짓는 몸, 생각하는 몸]와 영적인 몸 두 개[영혼을 먼 곳으로 옮겨주는 몸, 의지대로 바뀌는 신비로운 몸]다―옮긴이)

'미망의 옷'을 벗기 위한 영적인 길에는 항상 추종자들이 있을 것이다. 최근에는 무니 타룬 사가르 같은 수많은 공의파 스승들이 자이나교 전통에 새로운 관심을 불러일으키고 있다. 그는 방랑하는 수도승으로 엄청난 수의 군중에게 설법을 한다. 인터넷에서 그의 설교 영상을 볼 수도 있는데 가냘픈 나체로 제복을 입은 인도 군인들에게 불쌍해의 미덕을 설파하는 모습도 있다.[22]

이런 수행자들 덕분에 빠르게 변화하는 인도에서 다른 어느 때보다 자이나교 철학이 더 절실히 필요한 것으로 여겨지지만 나체의 금욕적 수도 생활에 대해서는 극소수만이 찬성하고 있다. 하늘을 입은 승려들은 200명도 채 되지 않는 반면 백의의 수도사들과 수녀들은 수천 명에 이른다.[23]

힌두교의 벌거벗은 수행자들

나는 잠깐 침례 의식을 치르려고 샘에 갔다가 어두운 예식실로 돌아왔다.
그곳에서 옷을 벗고 다섯 스승 앞에 서 있어야 했다.
"이슬람교도 같군. 이슬람교도처럼 포경수술을 했어."
머리가 벗겨진 망갈 바르티가 집게손가락이 수술용 칼이라는 듯
다른 쪽 손가락에 올리고 베는 시늉을 하며 농담했다. 모두가 웃었다.
"너무 웃기십니다!"라고 하리 푸리 바바가 말했다. 그는 배를 쥐고 심하게 웃었다.
"큰 아기 같군! 봐, 손에 아무것도 들지 않고, 몸에 아무것도 걸치지 않고,
자네는 아무것도 가지지 않았어, 그렇지? 짐도 없군!
세상 모든 광인들이 내게 준 권위로 자네의 모든 죄를 사하노라!"
— 바바 람푸리Baba Rampuri, 『푸른 눈의 요기 자서전Autobiography of a Blue-Eyed Yogi』

현재 인도에 있는 나체 자이나교 승려들은 200명이 채 되지 않지만, 나체 힌두교 성자들은 수가 감소하고 있기는 해도 아직도 수천 명이다. 로런스 마일스는 영국인으로, 1953년 빈털터리로 인도에 와 나체 힌두교 성자가 된 뒤 슈리 구루데브 마헨드라나트라는 구루(종교 지도자)가 되었다. 그는 「인도의 나체 성자들The Naked Saints of India」에 이렇게 썼다.

현대 인도에서도 나체 수행자의 모습은 꽤 흔하다. 하지만 외국에서 온 관광객들은 나체 수행자를 잘 볼 수가 없다. 수행자들은 관광객들이 찾는 번화가에 가는 일이 거의 없기 때문이다. 몇 해 전 미국 시인 앨런 긴즈버그가 인도에 왔을 때 나체 수행자를 한 사람도 보지 못했다며 시티라이트 출판사에서 출간된 서간집에 실망감을 표했다. 그가 방문했던 위대한 시바의 도시 바라나시에 나체 수행자가 없다면, 아니 상당히 많은 수가 돌아다니지 않는다면 이상한 일이기 때문에 놀라는 것이 당연했다.
바라나시는 인도에서 여전히 남의 주목을 받지 않고 나체로 걸어 다닐

수 있는 도시다. 심지어 거지들조차 금욕 성향을 보이기 위해 불구로 만든 성기를 드러내고 있다. 성기를 불구로 만드는 대단한 희생 덕분에 육체적인 죄를 지을 수가 없다. 요즘 대부분의 나체 수행자들이 대중 앞이나 여행 중에는 옷을 입는다. 자신들에게 불필요한 관심이 집중되거나 현대식 교육을 받은 사내아이들의 불쌍한 놀림감이 되고 싶지 않은 것이다. 힌두교 공의파 수행자들이 나체 자이나교 승려들보다 수천 배 더 많았고 지금도 그렇다. 많은 시 의회가 수행자들조차도 공

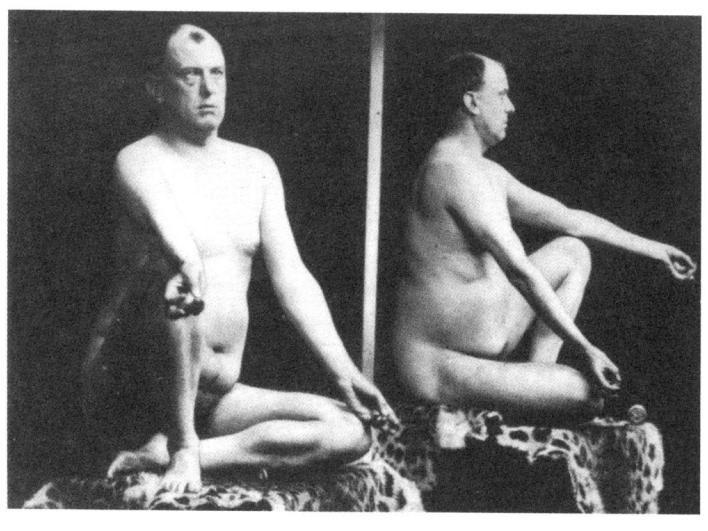

마법사 알레이스터 크롤리가 요가 호흡법 프라나야마를 실행해 보이고 있다. 크롤리는 1934년 로런스 마일스를 만나 인도에서 지혜를 구하라고 격려했다.

공장소에서 나체로 있지 못하도록 하는 규칙을 시행했다. 서양이 청교도주의를 버린 바로 그때, 서양의 체면이라는 새로운 관념이 인도에 온 것이다.[24]

구루데브 마헨드라나트가 얘기한 힌두교 나체 성자들 대부분은 유나 아카라파이며 '나가 바바스' 나체의 성자들로 불린다. 자이나교도들과 마찬가지로 남자들만 나체다. 일부 여성 성자들은 '나가 마이스', 즉 나가 어머니들이라고 불리며 옷을 입고 있다. 그 유명한 쿰브멜라 축제가 열리는 날을 정하는 것이 바로 이 유나 아카라파 나체 성자들이

영국인 로런스 마일스. 1953년 인도를 방문했다가 구루가 되고
1978년 국제 나트 교단International Nath Order을 설립했다.
1980년대에 메마다바드에서 촬영.

다. 축제는 12년마다 네 개 지역에서 열린다.

자이나교 수행자들은 처음부터 불상해의 교리를 따랐지만 나가 바바스는 이들과 달리 푸른 칠을 한 고대 켈트족 전사들처럼 벌거벗고 싸우는 용병이었다. 영주와 왕들이 적국과 이슬람 침입자들에게서 영토를 지키기 위해 그들을 고용했다. 영국인 구루데브 마헨드라나트가 인도에 갔을 시기에 용병 노동자를 고용하는 것은 불법이었고, 일자리가 없어진 병사들은 시바를 숭배하는 수도승이 되어 수련장Arcuddas에서 살고 있었다. 이 시기부터 나가 바바스들은 평소에는 무기를 벽에 걸어두었다가 쿰브멜라나 마하시바라트리 같은 축제 때 가지고 나갔다. 나가 바바스들은 이런 큰 축제에서 해시시를 피우거나 온갖 육체적 고행을 행했고, 머리부터 발끝까지 재로 덮는 이들도 많았다.

2006년 2,000명의 나가 바바스가 네팔에서 열리는 마하시바라트리 축제에 참가하기 위해 인도에서 네팔까지 걸어서 갔으며[25] 인도에서도 수천 명이 그 축제에 참여했다. 서양 사람들은 나체 수도승의 수와 그 기행에 놀라곤 하지만, 실제로 전체 수도승의 수에 비하면 나가 바바스의 수는 많지 않으며 인도에 있는 나가 바바스는 400만에서 500만 명 정도라고 한다. 탁발 고행의 전통은 생계비를 벌지 않는, 아니 벌 수 없는 이들을 돌보는 일종의 복지 제도가 되었다. 수행자들은 시주를 받고 나서 축복을 내려주고 존경을 받기 때문에 거지들이 욕을 들을까 두려워서 수행자인 척하기도 한다. 다른 나라에서라면 정신병원에 끌려갔을 것이다. K. 나라얀은 전 세계에 퍼져 있는 인도 수도승들의 다양성과 무질서에 대해 이렇게 설명한다. "모든 종류의 수행자를 포함하는 체계는 없다. 같은 분파나 같은 수도원 내에서도 개성이 확연히 드러나기도 한다. 나체 수도승이 있는가 하면 황토색 옷을 입는 수도승도 있고, 헝클어진 머리를 한 수도승이 있는가 하면 반짝반짝 빛날 만큼 머리를 깎은 수도승도 있다. 가난하고 떠돌아다니는 수도승이 있는가 하면 제트기와 롤스로이스를 타는 수도승도 있다. 인도

힌두교 축제 쿰브멜라에서 갠지스 강에 몸을 씻는 나가 바바스.

에서 시골 사람들과 교류하는 수도승이 있는 반면 뉴욕이나 스위스에서 수천 명을 모아놓고 설교하는 수도승도 있다."[26]

인도인들은 신과 교류하는 방법이 수없이 많다고 믿기 때문에 새로운 것과 이질적인 것을 잘 받아들이고 거기에 쉽게 동화된다. 수도승이 되려는 외국인들을 대체로 잘 받아들이기 때문에 외국인 수도승도 나중에 존경받는 인물이 될 수 있다. 나체든 아니든 수도 생활에 매

료된 외국인이 로런스 마일스만은 아니었다. 수많은 외국인이 관심을 가지기에 오늘날 인도에는 미국, 일본, 유럽 출신의 수도승들이 살고 있다. 바바 람푸리라는 미국인 나체 수도승은 최근 자서전을 출간하고 외국인 방문자들을 피해 은둔하고 있다.[27]

인도의 나체 수도승 전통에 대해 연구해보면 두 가지 중요한 사실이 드러난다. 하나는 확연한 성 편견이다. 남성만 옷을 벗을 수 있기 때문이다.[28] 또 한 가지는 이들이 나체가 되려는 동기가 몸을 보여주려는

욕구, 심지어 몸의 존재나 형태를 찬양하려는 욕구가 아니라는 사실이다. 나체가 되는 것은 자제와 금욕의 행위이지, 관능이나 호색의 행위가 아니다.

성적 편견은 나체의 역사 내내 발견될 것이다. 전반적으로 남자들이 여자들보다 나체가 되고자 하고, 나체를 보이고 싶은 충동이 더 강한 것 같다.[20] 이것이 문화적으로 결정되는 것이라고 주장할 사람도 있을 것이다. 억압받은 여성들은 자신들이 원하는 방식으로 행동할 자유를 박탈당했고 수 세기에 걸쳐 억압을 내면화하여 옷을 벗고 싶은 타고난 욕구를 깨달을 수가 없다는 것이다. 게다가 남자가 여자보다 더 공격적이기 때문에 여성의 노출은 더 위험할 수 있다는 것이다. 또 다른 이들은 인간이 동물과 유사한 행동 양식을 가지는 경우가 많은데 여러 종의 짝짓기 행동 연구를 보면 수컷이 나체를 보이고자 하는 것은 노출 본능에 따른 것이라고 주장한다. 본질적으로, 미래의 짝을 유혹하기 위해 자신의 '물건'을 과시하는 것이다.

나체 수도승들도 무의식적으로 이런 욕구에 사로잡혔을 수 있지만 의식적인 수준에서는 너무도 다른 목표를 이루려고 한다. 만약 그들이 짝을 유혹하려 한다면 그 짝은 신이다. 인간이 아니라 신과 짝이 되려 하는 것이다. 그리고 이 과정에서 그들은 물질계의 유혹을 거부하고 있다고 믿는다.

자유의 노래

> 공기만 입고 춤추라. 랄라.
> 하늘을 입고 노래하라. 랄라.
> 이렇게 맑은 날!
> 어떤 옷이 이보다 더 아름다울 수 있을까,
> 이보다 더 신성할 수 있을까?
> ─ 랄라Lalla[30]

알몸으로 햇빛이나 바람 속에 서 있거나 헤엄치거나 부드러운 풀밭에 누워보면 옷을 입었을 때보다 세상과 교감이 더 커진다는 것을 알게 될 것이다. 많은 나체 고행자가 자신들이 세상을 버렸다고 주장하겠지만 적어도 일부는 사실상 세상을 포용하고 있다. '4방위의 하늘을 입은 것'으로 번역되기도 하는 공의파라는 단어 자체가 공간적 세계, 바람의 물리적 실체, 맑고 푸른 하늘의 아름다움과의 역동적인 관계를 암시한다.

이런 감각적이면서도 정신적인 태도, 즉 이원론의 덫을 물리치고 세상을 거부하지도 않으며 정신을 위해 물질을 경멸하지 않는 태도가 바로 드루이드교와 위카의 '새로운' 나체주의자들이 이루려는 목표다. 인도의 신비주의자들 중에서도 그런 태도를 견지하는 사람들이 있었다. 역사상 아주 드문 여성 나체 수도인인 아카 마하데비와 랄라가 특히 그러했다.

아카 마하데비는 12세기 인도 남부 카르나타카에서 태어났다. 그녀의 삶은 거의 알려지지 않았지만 '자유의 노래'라고 부르는 그녀의 시 350편이 남아 있다. 어린 시절 독실한 시바 신도로 교육받았지만 뛰어난 미모 때문에 한 자이나교도 왕과 강제로 결혼했다. 하지만 곧 왕의 성적 강요에 진절머리가 나 결혼을 파기하고 궁을 떠나 옷을 벗고 정글을 방랑하다가 급진적이고 민주적인 시바교 스승, 알라마와 바사반나가 가르치는 도량으로 향했다.

아카 마하데비가 그 도량에 도착했을 때 머리가 너무 길어서 몸을 덮고 있었다. 알라마가 "음탕한 세속인들이 너의 나체에 대해 시끄럽게 굴지 않겠는가?"라고 물었더니 그녀는 이렇게 대답했다. "그렇겠지요. 하지만 제가 온몸을 머리카락으로 덮은 것은 사람들을 불쾌하게 하려는 것이 아닙니다. 하물며 남자들의 욕정을 불러일으키려는 것도 아닙니다."[31] 도량의 신도들은 곧 그녀를 자유로운 영혼의 소유자로 인정했다. 그녀는 오늘날에 인도의 성자로 존경받으며 머리카락으로 전신을 감싼 형상으로 표현된다.

자신의 나체에 대해 진정성을 의심받으면 그녀는 시바를 진심으로 찬양하는 노래로 대답을 대신했다.

오 시바시여, 제가 언제
푸른 언덕을 오르며
월장석月長石을 껴안으며
뿔피리를 불면서 당신에게 빌어야 합니까?
제가 언제
몸과 마음의 수치심을 버리고
재스민처럼 순결한, 사랑의 주,
당신과 함께해야 합니까?[32]

아카 마하데비는 25세에 죽었다. 사후 한 자연주의 잡지에서 그녀의 삶을 조명했는데 그 글을 쓴 마크 스토리는 "그녀의 삶과 아름다운 시, 그리고 말과 행동을 통해 몸을 수치스러워하는 문화 규범에 대담히 저항한 일은 자연주의자들의 훌륭한 모범이 된다"[33]라고 평가했다.

두 세기 후 인도의 먼 북쪽에서는 또 한 명의 여성 나체 신비주의자 랄라가 명징한 경구시를 통해 카슈미르의 유명 시인이 되었다. 랄라의 삶은 거의 알려진 바가 없으며 그나마 알려진 것도 진위가 의심스럽다. 그녀는 1320년경 스리나가르 근처 어떤 마을에서 태어나 1391년 죽었다고 한다. 남편과 가족들의 학대에도 불평하지 않고 할 수 있을 때마다 신전에서 명상을 했다. 어느 날 그녀가 물을 길어 집에 오자 그녀가 놀러 다닌다고 생각한 남편이 막대기로 물동이를 깨뜨렸다. 물동이는 박살이 났지만 물은 머리 위에 그대로 남아 있었는데, 나중에 그 물은 신성한 호수가 되었다.

24세 때 랄라는 결혼 생활에 신물이 나서 힌두 스승인 세드 바유를 따르려고 집을 나왔다. 얼마 지나지 않아 그녀는 황홀경에 빠져 옷을 벗고 무아 상태로 헤매고 다니며 춤을 추기 시작했다. 그녀는 한 시에서 나체에 대해 이렇게 표현했다.

> 성급하게 나의 나체를 비난하지 마라.
> 사람은 나체 앞에서 벌벌 떤다.
> 나체인 사람은 아주 극소수다.
> 왜 옷을 벗지 않는가?
> 희생 제물로 바칠 경험의 숫양을 키우고
> 성숙시켜야 한다.
> 나중에 이 모든 관습이 옷처럼
> 사라질 것이다. 정신만이 남는다.[34]

14세기에 여러 종교가 카슈미르에 영향을 끼쳤기 때문에 랄라도 시바파 힌두교뿐만 아니라 수피교의 영향도 받았다. 수피교는 두 세기 뒤 카슈미르 남쪽 펀자브 지방에서 시크교를 탄생시킨 종교다. 랄라는 수피교 지도자 알리 하마다니뿐만 아니라 진정한 신비주의자들과도 함께 연구했기 때문에 그녀의 통찰력은 종교의 경계를 뛰어넘었다. 그래서 그녀는 "실체는 없으나 신은 있다"고 주장했다. 그녀의 시를 번역

한 콜먼 바크스의 말대로 "무아지경은 랄라의 심리 상태 중 하나일 뿐 제일 중요한 것이라고 할 수는 없다. 정치에 관한 혐오도 마찬가지다. 그러므로 호피족처럼 예언자 투로 말하면 '너무도 왜곡되는 시대가 올 것이다'."

그는 랄라의 "변치 않는 생명력 속에, 재스민 정원에서 [시바와 샤크티의] 성교에 녹아드는 그녀의 관능 속에, 의심과 방황을 비롯해 변화하는 진리에 대한 집중 속에"[35] 본질적으로 여성적인 속성이 있었다고 강조한다.

또 다른 번역자 자이시리 카크는 랄라의 노래가 카슈미르 문화에 얼마나 뿌리 깊게 박혔는지 설명해준다.

> 카슈미르에서 자란 나는 웅장한 히말라야 산맥, 장대한 호수들, 계곡 사이로 흐르는 수없이 많은 강을 기억한다. 그 모든 것과 함께 기억나는 것은 축제 때 주로 랄라의 유명한 경구시들에 곡을 붙여 부르던 일이다. 랄라의 작품은 시간을 초월했고 어떤 종교를 가진 사람이든 모두 마음에 간직할 수 있었다. 랄라의 시가 수 세기 동안 구전된 것을 보면 민족의 공동 기억에 얼마큼 자리 잡고 있는지 보여준다. 카슈미르에서 자란 고모님은 여자들이 물레로 고운 숄을 만들면서 랄라의 시를 읊었다고 기억한다. 랄라는 수 세기 동안 카슈미르 문화의 현명한 여성상이었다. 사람들은 개인적으로 힘든 일이 있는 때뿐만 아니라 사회적 연대의 순간에도 랄라를 불러냈다. 나도 어머니가 랄라의 노래를 부르던 것과 대화 중에 한 번씩 랄라의 시를 인용하던 것을 기억한다.[36]

실제 그녀의 삶이 어땠든 랄라는 랄 데드Lal Ded, 즉 마이 랄 디디Mai Lal Diddi, 위대한 여성 랄라로 불리며 전설적인 인물이 되었고, 그녀의 시는 루미와 하피즈의 시만큼 높은 평가를 받았다. 산스크리트어로 그녀를 위대한 요기니Lalleshwari, 즉 요가를 수행하는 예언자라고 부른다.

전하는 말에 따르면 이 '위대한 요기니'는 어느 날 아침 아이들 몇 명이 자신의 벗은 몸을 놀려댔을 때 자신이 칭찬이나 비난에 전혀 영향을 받지 않는 자유로운 상태가 된 것을 알게 됐다고 한다. 랄라는 그 버릇없는 아이들을 꾸짖는 옷감 상인에게 무게가 같은 띠 두 가닥을 달라고 부탁했다. 그리고 그것을 하루 종일 양 어깨에 두르고 다니면서 누가 자신을 비웃을 때면 한쪽 띠를 묶고, 칭찬을 하면 다른 쪽에 매듭을 만들었다. 날이 저물어 상인에게 양쪽 띠의 무게를 달아보라고 부탁했다. 마을 사람들과 아이들이 모두 몰려들어 구경했다. 예상대로 양쪽의 무게가 같아서 그녀의 주장이 관철되었다. 칭찬과 비난은 실체가 없다는 것.

랄라를 읽으면 우리는 집착을 떨치고 영혼을 느낄 수 있으며 자유로워진다.

영혼은 달과 같아,
지금, 그리고 영원히 늘 새롭다.

끊임없이 창조하는
대양을 보았다.

영혼과 육체를
잘 닦았으니, 나, 랄라, 또한
새롭다. 매 순간 새롭다.

스승께서 한 가지를 이르셨다,
영혼 속에서 살라.

그때,

나는 옷을 벗고,

춤을 추기 시작했다.[37]

유대교와 기독교의 나체

마음에서 우러나온 겸손한 나체주의는 신과
진정한 합일에 이르는 중요한 방법이다.

―제임스 도지 신부 Fr James Dodge

나체가 신에게 더 가까이 이르는 데 도움이 된다는 것을 동양에서만 깨달은 것은 아니다. 유대교와 기독교에서도 은밀히 전해진다. 은밀하다는 것은 유대인과 기독교도 대부분이 모르고 있다는 의미에서 하는 말이다. 실제로 신비로운 경험과 나체 사이에 연관이 있다는 증거가 성서에 기록되어 있으며 수많은 초기 기독교 문헌에서도 발견된다. 하지만 이 증거를 진지하게 받아들이는 것은 일부 퀘이커교도들과 소수의 가톨릭 및 프로테스탄트 신도들밖에 없다.

유대교에서 신에게 더 가까이 가기 위해 나체가 되는 것은 세 경우로 세례를 받고, 예언을 하고, 몰아의 춤을 출 때다. 14세기 랄라가 카슈미르에서 영적 몰아의 경지에 빠져 나체로 춤을 춘 것과 마찬가지로 다윗 왕도 계약의 궤 앞에서, 어쩐지 그래야 할 것 같아서 살짝 가리기는 했지만, 옷을 벗고 춤을 추었다. 그러나 그의 아내는 좋아하지 않았다. 사울의 딸 미칼이 다윗을 맞이하러 나와 말했다. "오늘 이스라엘의 왕이 건달패가 알몸을 드러내듯이 자기 신하의 여종들이 보는 앞에서 벗고 나서니 그 모습이 참 볼 만하더군요!"[38]

다윗 왕으로서는 완전한 나체는 아니라며 맞섰는지 모르지만 미칼이 그 사소한 차이에 관심이 있었을지는 의문이다. 그녀에게 중요한 것은 왕이 왕권을 버리고 옷을 거의 다 벗어버려 하인들의 조롱거리가 되었다는 사실이다.

이런 반응을 보인 것이 다른 사람이 아니라 사울의 딸이었다는 사실이 뜻밖이다. 사울은 나체로 춤을 추었을 뿐만 아니라 예언까지 하며, 카슈미르의 랄라와 비슷했으니 말이다. 사무엘서는 이렇게 설명하고 있다. 나욧에 도착하여 "사울도 옷을 벗었고 사무엘 앞에서 황홀경에 빠져 예언하며, 그날 하루 밤낮을 알몸으로 쓰러져 있었다. 그리하여 사람들은 '사울도 예언자들 가운데 하나인가?'라는 말을 하게 되었다."[39]

로마 가톨릭 시토 수도회의 트라피스트회 수도사 제임스 도지 수도원장은 인용문에서 두 번 나온 말에 주의하라고 한다. "'-도'를 그냥 지나치는 경우가 많다. '-도'에 주의하면 사울뿐만 아니라 이전에 사무엘이 보냈던 사람들도 모두 옷을 벗은 적이 있으므로 그날 하루 낮과 밤뿐만 아니라 다른 때에도 그런 일이 있었다는 것이 확실해진다."[40] 글의 초반부에서 도지는, 사울, 이사야, 다윗 같은 구약 인물이 나체로 "절제의 하위 덕목인 겸손을 보여준다. …… 마음에서 우러나온 겸손한 나체주의는 신과 진정한 합체에 이르는 중요한 방법이다. 하지만 본질적인 무를 자각한 상태에서 나체를 행할 때만 그러하다"[41]라고 했다. 이 대목에서 불교도들이 실제 경험의 바탕에 있다고 믿는 공空 또는 무無를 알게 될 때 얻을 수 있다는 '깨달음'의 개념이 떠오른다.

다윗은 신 앞에서 한 시간여 동안 옷을 벗고 춤을 추었고, 사울은 사흘 밤낮 동안 옷을 벗고 예언을 했다지만 이사야는 3년을 나체로 지내야 했다. 이사야서에 이렇게 쓰여 있다.

바로 그때 주님께서는 아모츠의 아들 이사야를 통해 말씀하셨다. 너는 어서 굵은 베옷을 벗고 발에서 신을 벗어라. 이사야는 그 말씀대로 옷을 벗고 맨발로 다녔다.

그 후에 주님께서 말씀하셨다. 나의 종 이사야가 3년 동안 옷을 벗고 맨발로 다니며 이집트와 에티오피아의 운명을 나타내는 상징이 되었다. 이처럼 이집트와 에티오피아에서 사로잡힌 포로들은 젊은이나 늙은이 할 것 없이 알몸과 맨발로 엉덩이까지 드러낸 채 아시리아 왕에게 끌려가 이집트의 치욕이 되리라.[42]

여기서 이사야는 '상징'으로서 나체가 되었다고 했다. 이를 따라 17세기에 퀘이커교도들이 '상징으로서 나체가 되기'로 결심한 것이다. 하지만 그림으로 남아 있지 않으니 나체라는 말이 옷을 모두 벗었다는 것인지는 확실히 알 수 없다. 다윗이 나체로 춤을 추었다고 하지만 간단히 가릴 곳을 가렸다는 설도 있다. 반면 이사야는 완전히 벌거벗었던 것 같다. 퀘이커교도들이 구약의 예언서를 따랐지만 생식기까지 드러내지는 않았을 것이다. 솔로몬 이글이라고도 알려진 솔로몬 에클스는 1667년 7월 29일 영국의 해군 행정가 피프스가 말한 적 있는 '은밀한 부위'를 가리고 왕 앞에서 국회의사당을 가로질렀다. "이례적인 일이 있었다. 한 퀘이커교도 사내가 벌거벗고서 은밀한 부위만 아주 예의 바르게 동여매고 불과 유황이 든 화로를 머리에 얹은 채 국회의사당을 가로지르며 '회개하라! 회개하라!'라고 외쳤다."[43] 그 딱한 남자는 그럴 만큼 심란한 시대를 살고 있었다. 대니얼 디포가 『전염병 연대기 A Journal of the Plague Year』에서 묘사한 대로였다. "퀘이커교도들은 자신들의 묏자리를 따로 사놓고 있었다. …… 그리고 그 유명한 솔로몬 이글은, 심판으로 전염병이 돌 것을 예언하고 벌거벗고 거리를 뛰어다니며 사람들에게 죄를 벌하고자 전염병이 닥쳐온다고 외치고 다녔다. 이듬해 그의 아내가 전염병으로 죽었고 퀘이커교도용 시체 수레에 실려 거의 처음으로 그 묏자리에 실려 갔다."

퀘이커교 교주 조지 폭스가 성서의 선례 때문에 상징으로서 벌거벗는 것을 허가하기는 했지만 그가 직접 옷을 벗었다는 기록은 없다. 그런데도 17세기 말 영국 제국에서부터 아메리카 대륙의 식민지까지 상징으로서의 나체라는 개념이 퍼져서 주창자들이 어떤 때는 베를 두르고 또 어떤 때는 완전히 나체로 나타나 채찍질을 당하거나 차꼬에 갇히는 벌을 받았다. 하지만 이때의 나체는 예언이 아니라 종교 박해

베네치아
산마르코 대성당에 있는
그리스도의 세례.

에 대한 평화적인 저항이었다. 한 퀘이커교도 세라 골드스미스와 추종자들은 이렇게 되었다고 한다. "1655년의 세 번째 달, 세 번째 날에 세라 골드스미스는 …… 머리카락을 늘어뜨리고 옷을 하나도 입지 않고 신발만 신은 채 …… 반 시간가량 서 있었는데 결국 소동이 너무 격렬해져서 그녀와 추종자들은 구경꾼들 때문에 어쩔 수 없이 …… 어떤 가게에 들어갔지만 그곳에 있던 사람들 거의 모두가 그들을 쫓아내라고 소리쳤다."

상징으로서 옷을 벗은 퀘이커교도들은 이런 소동을 일으켰다. 성

서에 선례가 기록되어 있지만 기독교와 유대교에서는 저항이나 예언을 위해 나체를 이용하는 경우가 별로 없었다. 그렇지만 단 하나의 관습에서는 완전한 나체여야 했고 적어도 500년 동안 대부분의 기독교도들이 그 관습에 따랐으며 유대인들은 1,000년씩이나 따랐다.

내가 알몸으로 태어났으니 알몸으로 죽으리라
(욥기 1 : 21)

예수와 구약시대 유대교 세례 의식에서는 강이나 미크바(세례를 위해 지은 돌 웅덩이)에 나체로 들어가야 했다. 그 의식은 일찍이 기원전 1000년부터 치러졌다는 증거가 있다.[45] 그러니까 예수가 요르단 강에서 세례요한에게 세례를 받을 때 나체였을 것이다. 회화나 모자이크 작품에도 그렇게 묘사되어 있다.

그리스정교회에서는 그 순간을 이렇게 찬양한다. "아, 인정 많으신 구세주, 영광의 옷으로 아담의 나체를 입으시고, 당신께서 요르단 강에 몸소 나체로 서실 준비를 하셨네. 아, 경이롭도다!"

기독교가 자체 세례 의식을 만들었지만 그 뿌리는 유대교의 나체 침례 의식이었다. 서기 200년경 로마의 성 히폴리토는 그 의식에 대해 완전한 나체여야 하고 여성들도 장신구까지 모두 벗어야 한다고 했다. 예루살렘의 성 치릴로는 서기 350년경 예비 세례자들에게 침례에 대해 설명하며 이렇게 선언했다. "여러분은 이제 옷을 벗고 나체가 됩니다. 이는 옷을 빼앗긴 십자가의 그리스도를 본받는 것이기도 합니다. 그리스도는 나체가 되면서 왕의 지위와 권력을 빼앗겼지만 십자가 위에서 대담하게 이겨냈습니다." 예비자들은 기도를 하고 성 치릴로에게 교육을 받고 전신에(치릴로의 말대로 '머리 꼭대기에서부터 발 끝까지') 성유를 바르고 물에 들어갔다. 그렇게 해야 물에서 나와 다시 태어나고 흰옷을 입을 수 있었다. 서기 400년경 몹수에스티아의 테오도로는 침례 의식에서 옷을 벗어야 하는 이유를 이렇게 설명했다. "태초에 아

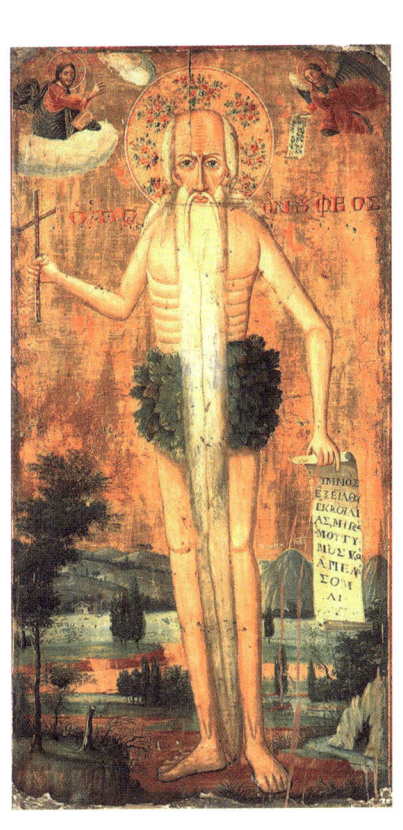

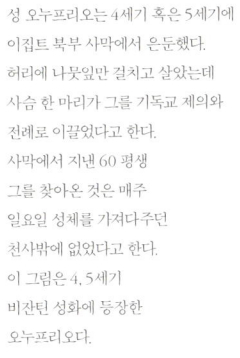

성 오누프리오는 4세기 혹은 5세기에 이집트 북부 사막에서 은둔했다. 허리에 나뭇잎만 걸치고 살았는데 사슴 한 마리가 그를 기독교 제의와 전례로 이끌었다고 한다. 사막에서 지낸 60 평생 그를 찾아온 것은 매주 일요일 성체를 가져다주던 천사밖에 없었다고 한다. 이 그림은 4, 5세기 비잔틴 성화에 등장한 오누프리오다.

담이 나체였고 아담은 나체를 부끄러워하지 않았다. 이는 인간이 옷을 입을 필요가 없다는 증거이니 여러분도 옷을 벗어야 한다."[46]

미국 모르몬교는 세례식에서 세례 준비자들에게 보이지 않는 곳에서 옷을 벗고 헐렁한 옷으로 갈아입게 해서 체면을 지키면서도 살이 일부 보이게 하고, 사제가 특정 부위에 기름을 발라 나체로 기름을 바르는 관습에도 그럭저럭 따르고 있다.

초기 기독교 세례식을 통해 기독교와 유대교, 고대의 이교, 현대의 위카에 서로 공통된 생각이 있다는 것을 알 수 있다. 우리가 알몸으로 세상에 왔으므로 신앙 속에서 다시 태어나는 의식에서 옷으로 상징되는 보호막과 일상의 겉치레를 벗고 본성으로 돌아간다는 것을 표현해야 한다는 생각이다. 오늘날 나체주의 기독교 지지자들은 옷을 벗는 것을 '성찬식의 나체'라고 한다. 나체 의식은 '그리스도 안에서 하느님의 은총을 받을 수 있도록' 돕는 행위였다.

오늘날 대부분의 기독교도들은 에덴동산에서 알몸을 가린 아담과 하와를 떠올리며 나체를 수치심과 연관시키기 때문에 초기 교회에서 나체 풍습을 어떤 식으로 행했는지, 그리고 나체로 세례식을 치르는 영국과 미국의 자연주의 기독교도들이 나체 풍습을 어떤 식으로 옹호하는지를 듣게 되면 굉장히 놀랄 것이다. 그러나 일부 초기 기독교도들은 단순히 세례식 때만 나체였던 것이 아니다. 이집트의 성 마리아와 성 오누프리오 같은 초기 성인들은 인도 자이나교도와 힌두교도들과 마찬가지로 나체를 삶의 방식이자 고행으로 여겼다. 이집트에서 한 기독교 수도사가 수도원 순례 중에 겪은 일을 들어보면 인도 고행자들이 떠오른다. 이 수도사는 가는 길에 세 명의 나체 수도사들을 만났는데 그들의 초연함과 성스러움에 감동했다고 한다.[47]

16세기가 되어서야 모스크바의 성 바실리오 같은 러시아 기독교 고행자들 이야기가 전해졌다. 그들은 겨울에도 옷을 전혀 입지 않는 자칭 '그리스도 광'이었다. 가장 유명한 나체 기독교도는 단연 아시시의 성 프란치스코다.

부유한 옷감 상인의 아들로 태어난 프란치스코가 처음 옷을 벗어 던진 것은 지방 주교 앞에서 아버지와 다툴 때였다. 아버지가 그의 유산을 법적으로 박탈하려고 하는데도 프란치스코는 상속권을 지키려 하지 않았다. 대신 옷을 벗어 아버지에게 주며 말했다. "지금까지 당신을 아버지라고 불렀지만 지금부터는 '하늘에 계신 우리 아버지'만을 부

프란치스코의 재산 포기 장면. 조반니 디 파올리가 1450년경 토스카나에 그린 단테의 신곡 삽화. 아시시와 페루자가 원경에 보인다.

르겠습니다."⁴⁸ 그 순간 단테가 쓴 대로 프란치스코는 가난과 결혼했다. 그는 근처 수도원까지 눈을 헤치고 걸어갔다.

이후 그의 전기 작가 첼라노가 쓰기를, 프란치스코는 '육체적 욕망' 때문에 마음이 산란해 또다시 눈 속에 나체로 서 있었다. "그러나 그 은 총을 입은 신부는 욕망이 느껴지자마자 옷을 벗고 채찍으로 자기 몸을 세게 내리치며 이렇게 말했다. '그래, 이 멍청한 수사, 이렇게 채찍질을 견뎌야 해!'" '다리 전체에 멍이 들었는데도' 욕망이 사라지지 않자 그는 "방문을 열고 정원에 나가 벌거벗고 깊은 눈 속에 뛰어들었다. 눈을

집어 눈덩이를 만들더니 눈사람 일곱 개를 만들었다". 그 눈사람을 자신의 아내와 아이들, 하인들이라고 하더니 악마에게 눈사람에 옷을 입히라고 명령했다. 아니면 그들이 얼어 죽을 테니 말이다. "하지만 만약 그들을 돌보는 것이 성가시면 한 주인을 잘 섬겨라!"라고 악마에게 소리쳤다. 그는 사탄을 섬기는 것보다 가족과 하인들을 건사하는 것이 더 지긋지긋하다고 생각했던 것이다.⁴⁹

앞서 상징으로 옷을 벗은 퀘이커교도들의 이야기에서 나체와 분노, 저항의 상관관계를 보았다. 기독교도들이 나체를 저항의 목적으

로 이용하는 일은 1930년대와 1960년대 사이 캐나다에서 절정에 달했다. 톨스토이에게서 영감을 받은 급진적 기독교 분파인 자유의 아들들과 퀘이커교도들은 집단 나체 시위를 벌이고 자신의 집에 불을 질렀다. 이런 행동에는 정치적 의도가 있었으니, 3장 '나체 혁명'에서 더 상세히 논의하겠다.

저항적이든 아니든 모든 경우를 자세히 검토하여, 중세 신학자들은 나체를 네 종류로 분류했다. 자연적 나체Nuditus naturalis – 원죄로 타락하기 이전 인간의 자연적인 상태. 그리고 천국, 최후의 심판, 부활 때와 같은 상태. 일시적 나체Nuditus temporalis – 가난해서, 혹은 사도, 고행자, 수도사, 수녀처럼 자발적 거부로 세속적 물건이 없는 상태. 상징적 나체Nuditus virtualis – 고해할 때처럼 영혼이 신 앞에 그대로 드러난 상태로 순결함을 상징한다. 죄악의 나체Nuditus criminalis – 허영과 육욕이 지배하는 상태.[50]

자연주의 기독교도들은 자신들의 나체가 처음 세 종류에 해당한다고 주장하며 성 바오로 메이드스톤 영국국교회의 캐런 고럼 목사와 옥스퍼드대 리젠트파크 칼리지에서 철학과 도덕 신학을 가르치는 데이브 틸은 "기독교와 자연주의는 본질적으로 서로 모순되지 않으며, 나체의 몸에는 원죄가 없으니, 나체의 실천은 자신을 편안하게 마주 보고 치유하며 완전해지는 것을 의미한다"[51]라고 단언했다. 그들은 전공 논문 「자연주의와 기독교: 둘은 양립할 수 있는가?Naturism and Christianity: Are They Compatible?」를 끝맺으면서 C. S. 루이스의 『천국과 지옥의 이혼The Great Divorce』을 인용했다. 루이스는 천국을 이렇게 상상했다. "한참 후에 사람들이 우리를 만나러 오고 있었다. …… 어떤 사람은 옷을 벗고 있었고 어떤 사람은 입고 있었다. 하지만 벗은 이라고 해서 덜 꾸민 듯 보이지 않았으며, 입은 이라고 해서 우람하고 건장한 근육과 광채 나는 매끄러운 피부를 가리지도 않았다."[52]

가톨릭 저술가 짐 커닝엄은 『노출과 기독교Nudity and Christianity』에서

1970년 8월 10일
오핑턴 북부 켄트 선 클럽.
국제 자연주의 연맹의
열두 번째 회의에서 설교하는
도널드 셰리프 신부.

나체 예배를 열렬히 지지했다. "신이 창조한 것 중 인간의 몸보다 더 아름답고 고귀한 것은 없다. 인간의 형상은 특별히 신의 형상에 따라 만들었다. 신만이 지닌 절대미가 인간의 영혼뿐만 아니라 몸에도 나타나 있다. 다른 피조물들이 아무리 아름답더라도 완벽한 아름다움은 인간의 나체에 있다. 순수하게 나체를 사랑하고 찬미하는 것은 신을 응시하는 것과 같은 행위다. '마음이 깨끗한 사람은 행복하다. 그들은 하느님을 뵙게 될 것이다.'"[53]

커닝엄은 당뇨병으로 시력, 한쪽 다리, 신장을 잃고 나서 1973년 가톨릭으로 개종한 뒤 이렇게 썼다. "형식에 얽매인 기독교에 환멸을 느끼게 되었다. 그것이 기독교답지 않고 인습적이기 때문이다." 그런 뒤 "기존의 가치관을 전부 심각하게 재검토하여 그리스도를 만족시키려고 노력했다. 초대 교회 교부들을 연구하고, 뒤섞여 무리를 짓고 나체로 침례를 하는 그들의 일상을 조사하면서 나는 엉뚱한 의문이 생겼다. '왜 옷을 입는가?' 인습이 몸을 본질적으로 사악하다고 보지는 않지만, 그래도 역시 부정적으로 여기기 때문에 늘 몸을 가리도록 강요당한다. 그것은 그리스도의 생각이 아니었다. 그래서 나는 교사로서 내 일(신학 교사, 생활지도 교사, 교장)을 그만두고 자연주의 출판에 몰두했다."[54]

교황 비오 11세는 1930년대에 자연주의가 "이교도처럼 음란하다"고 비난했지만 1981년 교황 요한 바오로 2세는 이렇게 선언했다. "나체 자체는 음란하지 않다. …… 음란함은 나체가 인간의 가치에 부정적인 역할을 할 때, 옷을 벗는 목적이 정욕을 일으키는 것일 때, 그 결과 인간이 향락의 대상이 될 때에만 존재한다."[55] 커닝엄을 비롯한 여러 사람이 노력한 덕분에 1980년대에는 자연주의가 기독교 내에서 확고히 자리를 잡았다. 모든 사람이 전적으로 나체를 용인한 것은 아니었지만 웹 사이트, 토론회, 서적, 잡지도 갖추게 되었다. 미국에서는 수많은 자연주의 리조트에 예배당이 지어졌고 기독교도들은 매년 기독

홀컴 성서 그림책에 나오는 그리스도,
1320~1330년. 두 명의 도둑 사이에
나체로 십자가에 매달려 있다.

교 나체주의자 회의에 참석할 수도 있었으며, 영국에서는 기독교 자연주의회Christian Naturist Fellowship가 자연주의 리조트에서 회의를 열고 회보도 간행했고, 켄트에서는 '야영자들의 오두막'이라는 작은 목조 예배당에서 나체 예배도 봤다. 위키피디아에는 '기독교 자연주의Christian naturism'라는 항목이 있는데 이런 내용이 있다. "기독교 자연주의자들은 에덴동산의 아담과 하와 이야기를 신앙의 모범으로 본다. 신이 아담과 하와를 창조하여 에덴동산에서 서로 짝으로 살게 했을 때 이들은 둘 다 벌거벗고 있었으며 '수치심을 느끼지 않았다.'" 기독교 저술가들은 상당히 관대한 시대적 분위기 덕분에 책을 출판할 때 진부함을 없애고 독자를 유인하기 위해 '나체'라는 단어를 비유적으로 사용하게 되었다. 에릭 샌드라스의 『알몸의 신앙: 위축된 기독교에 대한 대담한 고찰Buck-Naked Faith: A Brutally Honest Look at Stunted Christianity』, 크레이그 볼레이즈의 『나체의 기독교: 진정한 관계를 찾기 위해 종교 벗기The Naked Christian: Taking Off Religion To Find True Relationship』와 더그 브렌델의 『나체의 기독교: 나를 통해 신이 보는 것The Naked Christian: What God Sees When He Looks Right Through Me』 같은 책들이다.

켄트에 있는 야영자들의 오두막에 앉아서 성서 낭독에 귀를 기울이는 영국 자연주의자들은, 자신들이 4세기 에스파냐 이교도들이 하던 일을 하고 있다는 사실을 전혀 몰랐을 것이다. 서기 380년 사라고사 종교회의가 프리실리아누스파를 비난했을 때, 그 이유는 무엇보다 그 종파에서 나체로 성서를 읽고 해석한다는 데 있었다. 살라미스의 주교이자 정통파로서 성 에피파니오는 이단 종파의 목록을 작성하느라 애썼다. 목록에 포함된 바르벨로파 그노시스 분파는 입회자들이 '완전한 나체로' 의식을 치렀다. 동료 주교 히폴리토도 불을 피워놓고 나체로 의식을 치르는 다른 그노시스파를 비난했으며, 또 다른 그노시스 아담니파도 나체로 생활하고 예배를 드린다고 알려졌다.[56]

켄트 자연주의자들의 나체 예배는 텔레비전 다큐멘터리를 통해 잘

15세기 미켈란젤로가 만든 나무 십자가상.
이탈리아 정부가 한 미술상에게서
325만 유로(약 50억 원)에 사들였다.
전문가에 따르면 이 십자가상은
미켈란젤로가 20세인
1495년경에 만든 것이라고 한다.

알려졌지만 다른 4세기 예배는 확실하지 않다. 그들을 비난한 사람들이 그들에게 오명을 씌우고 싶어 했거나 그들을 제대로 알지 못했을 수도 있기 때문이다.

이후 약 1,000년 동안 기독교가 나체 예배를 비난한 적이 없다가 다시 문제가 일었다. 이번에는 빈털터리Turlupins라는 프랑스 분파였고, 한 사람이 1375년 화형당하기도 했다. 네덜란드에서는 1411년 '지혜로운 사람들Men of Intelligence'이라는 단체가 나체를 실행하여 비난받았고 같은 세기말 보헤미아의 아담파들도 마찬가지였다.

로널드 허턴은 논문 「나체 제의에 대한 신중한 조사」에서 대중들이 4세기에 사실보다는 환상에 바탕을 두고 이교를 비판했을 때처럼 15세기에도 마찬가지로 근거 없이 나체 예배를 비난했을 것이라고 지적한다. 자연주의 분파들은 무력에 의해 거의 전멸했는데 "그럼에도 불구하고 이후 네 세기 동안 아담파는 유럽인의 상상 속에서 나체 숭배자로 남아 있으며, 보수적 기독교도들이 종교적 자유가 가져올 끔찍한 결과를 보여주고 싶을 때마다 자랑스럽게 꺼내놓는 예다"[57]라고 했다. 17세기에는 아담파가 런던에 왔다면서 그들이 복장뿐만 아니라 모든 계율과 관습을 무너뜨리려 한다며 공포심을 조장했다.

아담파들은 진짜 나체였을까, 아니면 그저 적당한 희생양이었을까? 결코 알 수 없겠지만 기독교적 관점으로 성서에 따르면 한 가지는 확신할 수 있다. 예수가 일생의 마지막 순간 십자가에 매달릴 때 나체였다는 사실이다. 요한복음에 이렇게 기술되어 있다. "예수를 십자가에 못 박아 매단 병사들은 예수의 옷가지를 가져다가 4등분해 한몫씩 차지했다. 그러나 속옷은 위에서 아래까지 솔기 없이 통으로 짠 것이었으므로 그들은 의논 끝에 '이것은 찢지 말고 누구든 제비를 뽑아 차지하기로 하자' 하여 그렇게 했다. 이리하여 '그들은 내 겉옷을 나누어 가지며 내 속옷을 놓고는 제비를 뽑았다' 하신 성서의 말씀이 이루어졌다."[58]

십자가형은 심한 신체적 고통과 함께 모욕감을 주기 위한 것이었으며 옷을 벗기는 것도 마찬가지 이유였을 것이다. 대부분의 십자가상에서 예수는 이유는 모르겠지만 천을 두른 모습으로 묘사되고 있으나 예외도 존재한다. 미켈란젤로 박물관Casa Buonarotti이 오랫동안 보관하

엘 그레코의
〈부활한 그리스도The Resurrected Christ〉,
1595년에서 1598년 사이
에스파냐 톨레도의 타베라 병원
성당 제단에 설치하기 위해 조각되었다.

던 피렌체 산토스피리토 수도원의 십자가상을 수도원에 반환했다. 이 작품은 원래 산토스피리토 수도원장이 선물로 받아 예배당 제단 뒤에 걸었다가 한동안 사라졌는데, 나중에 박물관에 있다는 것이 발견되자 아우구스티노 수도회 신부들과 산토스피리토 성당 주임 사제가 원래 소유자에게 반환하도록 했다.

르네상스 예술가 벤베누토 첼리니도 나체 십자가상을 조각했다.

대리석에 실물 크기였다. 작품의 모델은 그의 잠자리 상대이자 조수인 페르난도였다고 하며 첼리니는 원래 자기 무덤에 세울 십자가상을 만들려고 했다고 전한다. 그러다가 그 작품을 메디치 가문에 팔았고 메디치 가문은 그것을 에스파냐에 주었다. 현재는 마드리드의 에스코리알 수도원에서 볼 수 있는데 천으로 허리 부분을 가리고 머리에는 왕관을 쓴 모습이다.

    에스파냐에는 나체 예수가 두 점 더 있다. 1598년 엘 그레코가 부활한 예수를 조각했는데 이 조각상은 옷이 꼭 필요했을 것 같다. 성기에 고환이 하나밖에 없는 모습으로 묘사됐기 때문이다. 예수가 거세당한 남자라는 이단의 주장에 대체로 따른 것으로 보인다. 엘 그레코는 성서에 묘사된 부활 장면에 따라 부활한 예수를 나체로 표현하기로 했다. 성서에서 빌라도는 요셉과 니코데모더러 예수의 몸을 십자가에서 내리도록 했다. 그들은 예수의 몸을 고운 베로 감싸 무덤에 넣고 '거대한 돌'로 막아놓았다. 나중에 마리아 막달레나를 비롯해 네 여인이 무덤 옆을 지나다가 돌이 밀려나 있어 살펴보니 안에 시체는 없고 시신을 감쌌던 천만 있었다. "예수의 머리를 싸맸던 수건은 수의와 함께 흐트러져 있지 않고 따로 한곳에 잘 개켜 있었다."[59] 로마 산타마리아 소프라 미네르바 성당에 있는 미켈란젤로의 부활한 예수상은 성서의 이런 설명대로 제작되었다. 하지만 지금은 베로 허리 부분이 가려져 있다.

    더 최근에는 에스파냐 사진작가 몬토야가 1997년 '지성소Sanctorum' 전시회 때문에 제명 위협을 받았다. 그가 십자가에 달린 예수의 사진을 걸었는데 엘 그레코의 작품과 완전히 대조적으로 발기한 예수의 모습이었다.[60] 어린이 책 일러스트레이터 미셸 콕슨도 〈나체의 예수Naked Christ〉라는 작품을 통해 예수의 수난을 새롭게 해석했다. 그 작품은 북웨일스의 영국국교회 성 아사포 대성당에 걸려 있는데 양 뼈로 몸의 뼈대를 표현하여 피부보다 더 많이 벗은 몸이라는 개념을 보여준다.

〈나체의 예수〉처럼 소름끼치지는 않지만 마찬가지로 논란을 일으킨 나체 예수상은 캐나다 예술가 코시모 카발라로가 초콜릿으로 제작한 실물 크기의 작품이다. 2007년 〈나의 달콤한 주님My Sweet Lord〉이라는 제목으로 맨해튼에서 전시가 계획되었는데 갤러리로 살인 협박이 와서 취소됐다. 작품을 보관하는 동안 쥐들이 갉아 먹어버려서 조각가가 작품을 고쳐 새로 〈달콤한 예수Sweet Jesus〉라는 이름을 붙였다. 작품은 작가의 오디오 해설이 딸려 온라인에서 전시되고 있다.[61]

초콜릿으로 만들었든 양 뼈로 만들었든, 대리석이든 나무든, 음경이 발기한 상태든 최소화된 상태든 전라의 예수상은 기독교도들에게, 심지어 비신자들에게도 감동적이다. 그것은 신이 인간의 몸으로 태어난다는 신비를 다시 생각해보게 하고 '우리는 누구인가? 우리는 어떤 존재인가?'라는 존재론적 질문을 불러일으킨다. 어떤 종교들은 이에 대답하기 위해 거의 전적으로 영혼에만 초점을 맞추지만, 기독교는 육체에 대한 영적 이해를 중시한다. 인간의 몸으로 태어나는 신이라는 이야기가 기독교의 핵심이기 때문이다. 교황 요한 바오로 2세는 '몸의 신학Theology of the Body'에서 이렇게 말했다. "몸은 그 자체로 '보이지 않는 것', 즉 성령과 신을 보이게 만들 수 있다. 몸은 태곳적부터 신 안에 감추어진 신비를 세속의 눈에 보이는 실체로 옮기기 위해 창조되었다."[62]

이런 이유로 그리스도를 항상 나체로 표현해야 한다는 주장이 가능하다. 마이클 코발레브스키가 『노출과 기독교』에 쓴 대로 '그리스도'의 나체는 역사적 사실 이상으로 신학적인 중요성을 띤다. 그리스도의 나체는 성찬에 쓰이는 것이다. 성찬은 십자가를 들고 그리스도를 따르는 데 꼭 필요한 마음의 가난과 깨끗함을 나누어준다. 초대 교회 교부, 성 예로니모는 자주 이렇게 말했다. "Nudus nudum Iesum Sequi[내가 나체로서 나체의 예수를 따른다]."[63]

종교를 넘어서
—영적 수단으로서 나체

겨우살이덩굴이 만개할 때면 나는 달빛 아래 바람을 맞으며
벌거벗고 집 뒤 작은 오솔길을 달리는 것이 좋다.
그러면 자유로운 느낌이 들고
신과 자연이 아주 가깝게 느껴진다.
—돌리 파튼Dolly Parton

앞서 살펴본 대로 세계 여러 종교가 나체를 종교적 목적으로 사용하고 있지만, 특정 종교나 단체에 가입하지 않고도 나체를 영적 수단으로 이용할 수도 있다. 지난 몇십 년간 근본주의의 출현으로, 특히 서양에서 자신이 어떤 종교에 얽매이지 않고도 '영적'이라고 생각하는 사람들이 늘어나고 있다. 정보화와 세계화로 많은 사람들이 세계 각국에서 생산된 음식과 옷을 소비할 뿐만 아니라 여러 문화의 영적 개념과 사고방식 또한 배우고 싶어 한다. 그래서 기독교 신비주의자들과 수피파 시인들의 글을 읽고 감명을 받아 요가를 하고 불교 명상법을 수련하는 사람들을 어렵지 않게 만날 수 있다. 그들은 분파주의, 교리, 심지어 종교의 범위를 넘어섬으로써 영적으로 충만해지고자 한다.

어떤 이들은 종교에 대한 이런 '다종다기한' 접근이 피상적이라고 주장하지만 그것이 진화적 발전이라고 생각하는 사람들도 있다. 철학자 켄 윌버 같은 사람이다. 그의 사상은 '인티그럴 연구소Naked Integral'라는 웹 사이트에 잘 나타나 있다. 많은 뉴에이지식 접근법들에는 표면적인 소비자중심주의 이면에 모든 종교의 핵심과 본질에 접근하려는 충동, 극도로 명쾌한 이해, 즉 깨달음을 얻기 위해 모든 종교의 앎을 통합하려는 충동이 내재되어 있다.

자이나교 승려들, 힌두교 고행자들, 초기 기독교 성자들은 모두 나체를 본질로 돌아가는 방법, '신 앞에 아무것도 숨기지 않고 서기' 위해

집착과 가림막을 버리는 방법으로 이용했다. 성 예로니모와 기독교 신비주의자와 나가르주나 같은 불교 신비주의자들은 신도들이 아무것에도 집착하지 않고 아무것도 숨기지 않는, 본질에만 의지하는 '깨달음'을 얻도록 하기 위해 나체의 개념을 비유적 의미로 사용하고 있다. 만약 인테그랄 연구소의 켄 윌버와 동료들이 옳다면 점점 더 많은 사람들이 교리의 제한에서 벗어나기를 원하면서도 영적 생활을 추구하게 될 것이며, 그들 중 상당수가 육체적 혹은 비유적 의미의 나체, 또는 그 둘 모두가 영적 생활에 도움이 된다는 것을 알게 될 것이다. 가수 돌리 파튼과 루시어스 잭슨에게 도움이 되었듯이 말이다. 잭슨은 〈네이키드 아이Naked Eye〉에서 이렇게 노래한다. "아무것도 입지 않은 것은 신성하다. 나체는 마음의 상태다. 나는 머리를 맑게 하고 내가 말한 적 없는 것을 말하기 위해 옷을 벗는다……."[64]

나체가 혁명적인 것에 가까운 반면,
맨발은 포퓰리즘에 지나지 않는다.

—존 업다이크 John Updike

나체 혁명

옷을 벗는 것은 누구에게는 종교적인 행위일 수 있고 누구에게는 정치적일 수 있다. 20세기에 위카가 등장할 때까지 종교에서 남성을 중심으로 나체 활동이 이루어졌는데, 정치 영역에서는 반대로 여성이 더 빈번하게 옷을 벗었다. 이것은 남성이 실체가 없는 '정신적인' 분야와 이성적인 것에 쉽게 끌리는 반면 여성은 구체적이고 현실적인 것에 더 관심이 많다는 주장을 확인해준다.

'정치적 나체'를 이해하려면 어떻게 옷을 벗는지, 어떻게 옷을 벗기는지부터 알아보아야겠다. 나체가 되는 법은 능동적일 수도 수동적일 수도 있다. 수동적인 상황에서 누가 나의 옷을 벗길 때 전율이 넘치거나, 무시무시하거나, 성욕을 자극받거나, 굴욕적일 수 있다. 의도와 맥락이 중요하다. 애인이 나를 원해서 옷을 벗길 때는 흥분되며 심지어 황홀하기까지 하다. 이라크 아부그라이브 교도소에서 미군이 죄수들의 옷을 벗길 때는 굴욕적이고 가학적이었다.

능동적으로 옷을 벗는 것은 약 여섯 가지 욕구 때문이다. 알몸으로 수영하는 사람들은 피부로 물의 감촉을 경험하기 위해 옷을 벗으

해방된 코르시카의 애국자들이
피사아텔로에서
한 여성의 옷을 벗기고
머리카락을 자르는 벌을 주고 있다.
여자가 1943년 점령기 동안
독일군 장교들에게
매춘을 하려 했다는 혐의로
재판했다.

1944년 미국의 전함 뉴저지호의
수병들 앞에서
벌거벗고 목욕해야 하는
굴욕을 당하는
일본군 포로.

며, 연인들은 가능한 한 서로를 더 많이 느끼고 흥분하기 위해 옷을 벗는다. 고행자들은 육욕을 억제하고 묵시하기 위해 옷을 벗으며, 신비주의자들은 신과 또 온 우주 만물과 소통하기 위해 옷을 벗는다. 감각적이거나 관능적인, 혹은 고행을 위한, 또 신비주의적 동기들뿐만 아니라 단순한 기능적 동기도 있다. 잠자리에 들거나 목욕을 할 때 혹은 의사

에게 진찰 받을 때 옷을 벗는 것처럼 말이다. 대부분의 자연주의자들은, 나체주의가 감각적이기도 하고 어쩌면 신비할 수도 있지만 본질적으로 기능적이라고 생각한다. 아무것도 입지 않았을 때 더 편하고 덜 덥고 덜 갑갑한데 왜 옷을 입는단 말인가? 일광욕이나 수영을 할 때 옷을 입지 않는 것은 정말로 실용적이다.[1]

여섯 번째 이유는 주목을 끄는 것이다. 이는 꽤 복잡한 현상이다. 노출증 환자들은 심층적 욕구를 충족하려고 옷을 벗는다. 또 스트리커나 용기를 시험하려는 사람들은 더 피상적인 동기로 일탈의 쾌감을 즐기고자 옷을 벗는다. 하지만 신경증적 충동이나 재미를 위해서가 아닌,

정치적인 동기도 있다. 악습에 저항하고 변화를 유발하는 강력하고 자극적인 수단으로 옷을 벗을 수도 있고, 정치인들이 숨길 것이 없다는 인상을 주려고 나체로 사진을 찍을 때도 있다.

고다이바 부인의 전설

영국 역사상 최초의 나체 시위는 아마 허구일 것이다. 13세기 웬도버의 로저가 쓴 『역사의 꽃들Flowers of History』에 11세기 고다이바 부인과 남편인 머시아의 레오프릭 이야기가 실려 있다. 고다이바는 남편이 코번트리 주민에게 부과한 혹독한 세금을 줄여달라고 부탁했지만 남편은 들으려고 하지 않았다. 부인이 계속해서 부탁하자 마침내 참을 수가 없어진 남편은 그녀가 나체로 말을 타고 마을을 돌면 세금을 줄여주겠다고 약속했다. 고다이바는 그러겠다고 하면서 조건을 달았다. 자신이 긴 머리 말고는 벗은 몸을 가릴 것이 없는 상태로 말을 타고 마을을 지날 때, 주민들은 모두 문을 닫고 집안에 있어야 하며 창으로 내다보지도 말아야 한다는 것이다. 이 전설의 17세기 판에는 새로운 인물이 등장한다. 보지 말라는 명령을 어긴 엿보는 톰(Peeping Tom, 현재 관음증 환자를 뜻하는 단어-옮긴이)이다. 이 사건은 코미디언 토니 핸콕에게 더할 나위 없이 좋은 소재가 됐다. "의심 많은 토머스(Doubting Thomas, 톰의 별칭으로 12사도 중 한 명인 성 토마스가 예수의 부활을 믿지 못해 옆구리 못 자국에 손을 넣어봤다는 이야기에서 유래된 별명-옮긴이)라면 어땠을까요? 열쇠 구멍으로 고다이바 부인을 훔쳐보러 코번트리에 왔죠. 토머스가 그녀를 봤는지 누가 증명해주죠? '부인, 머리 좀 자르시지!'라고 소리 지른 게 그였다는 걸 누가 아느냐고요?"[2]

사학자들은 이 이야기가 전설에 불과하다고 믿는다. 그렇게 충격적인 사건이 실제로 일어났다면 마땅히 당대 역사서에 기록됐을 것이기 때문이다. 게다가 기록상으로 코번트리의 세금은 말에게 부과된 것밖에 없으며, 11세기에야 코번트리가 마을로 형성됐기 때문에 그런 일이 일어날 만큼 컸을 리가 없다. 모두 불리한 증거들밖에 없다. 하지만

존 콜리어가 라파엘전파 양식으로 그린 고다이바 부인, 1898.

잘 짜인 이야기들이 으레 그렇듯 고다이바 부인 전설도 사실이 아니라고 해도 있을 법한 이야기이므로 사람들은 그 이야기를 듣는 순간 영감을 얻게 된다.

마스카니의 오페라 〈이자보Isabeau〉는 고다이바 전설에 바탕을 두고 있으며, 어사 키트와 피터 게이브리얼을 포함한 수많은 가수들이 고다이바에 대한 노래를 녹음했고 벨벳 언더그라운드, 퀸, 심플리 레드, 에어로스미스도 고다이바 부인의 노래를 불렀다. 1974년 현대판 고다이바 부인은 나체로 오토바이를 타고 코번트리 무대를 달렸고, 더 최근에는 배경을 현대 영국으로 바꾼 두 편의 영화가 출시됐다(그리고 거의 흔적 없이 사라졌다). 〈말 타고 돌아온 고다이바 부인Lady Godiva Back

1969년
〈코번트리에 바침
A Tribute to Coventry〉에서
고다이바 부인으로
분장한
배우 대니 라 루.

비키 주슨 감독이
2008년 자신의 영화
〈레이디 고다이바Lady Godiva〉의
DVD 출시를 홍보하기 위해
런던 하이드파크에서
자선 나체 말타기 행사를
열었다. 그해 초
감독의 여동생이
영화 개봉일에 벌거벗고
말을 타기도 했다.

in the Saddle〉이 2007년에 출시되었는데 '〈풀 몬티〉류 블록버스터 코미디'로 기획된 것이었다. 〈레이디 고다이바Lady Godiva〉은 2008년 출시된 로맨틱 코미디다. 유튜브에서 검색해보면 1995년 애리조나 주 피닉스에서 재산세에 항의하는 동영상이 있는데 나체의 고다이바 부인이 등장한다. 또 미국 텔레비전 시리즈 〈참드: 마법의 미녀삼총사Charmed〉에는 마법으로 고다이바 부인을 불러내 공공장소에서 여성의 모유 수유권을 옹호한다. 영국영화협회에 보관된 필름 중에서 1902년 몹시 긴

2004년 7월 15일 여성 40명이 인도 임팔 군 병영을 나체로 행진했다. 아삼 소총 부대 군인들이 자행한 강간과 살인에 항의하기 위해서였다

장한 모습의 고다이바 부인이 천을 두른 채 코번트리 퍼레이드에서 말을 타는 모습도 발견할 수 있다.

사회적 분위기가 더 관대해진 최근에 한 여성이 코번트리 카니발에서 나체인 듯한 모습으로 말을 타 고다이바 부인의 이름을 사람들의 뇌리에 되새겼다. 물론 실제로는 나체가 아니라 피부색 비키니를 입고 머리카락도 이어 붙인 것이었다. 1982년 코번트리 시가 불경기를 맞았다. 브리티시릴런드 공장이 문을 닫아 700명의 노동자가 일자리를 잃었다. 코번트리에 사는 프루 포레타라는 여자는 불황인 시를 돕고자

연례 카니발에서 고다이바 부인처럼 꾸미고 말을 타는 풍습을 부활시키려 했다. 단 과거와 달리 옷을 벗지는 않고 벗은 것처럼 보이도록 했다. 포레타는 25년 동안 이 일을 계속하고 있다. 또 코번트리 시의 인지도를 높이기 위해 많은 일을 했다. 독서 장려를 위해 학교 상상 카페를 열었고, 다양한 배경의 여성들과 함께 예술 활동을 함으로써 사회 통합을 촉진하는 고다이바 자매 프로젝트 같은 것들도 있었다. 2000년에는 매년 일주일간 열리는 '코번트리 여성 축제'도 기획했다. 그 축제에서는 여성들의 업적과, 가난과 착취에 저항한 전 세계 여성의 성공적 투쟁을 기린다. 수천 파운드의 자선기금을 모금하자, 그 도시의 대학은 그녀의 공을 인정하여 명예 석사학위를 수여했다.

프루 포레타는 고다이바 전설의 힘을 잘 알고 있었다. 그것은 가난하고 착취당하는 사람들 편인 귀족 여성의 이야기이기 때문에 힘이 있었다. 고다이바는 로빈 후드처럼 핍박받는 사람들을 위해 싸워 민중의 영웅이 되었다. 남편은 반은 시험 삼아 반은 배짱으로 제안했지만, 그 제안에는 그녀가 자신에게 대들면 벗은 몸을 보이게 되는 굴욕을 당한다는 위협도 포함되어 있었다. 이 이야기는 한 여자에게 굴욕이 될 뻔한 일이 도시 전체의 존엄과 자부심으로 바뀌는 마법 같은 일이 일어나는 순간 힘을 얻는다. 그녀는 아무도 보지 말라고 했고 엿보는 톰 외에는 모두 그녀를 존중하여 따랐다. 스스로를 지킬 무기가 없는 여성은 불의에 맞서기 위해 나체로 나설 수밖에 없었다.

여성들이 나체로 시위하는 일은 특히 현대에 끊임없이 일어난다. 2004년 인도 북동부 마니푸르의 주도州都 임팔에서 총 32개 여성 권익 단체가 연합해 아삼 소총 부대 군인들이 저지른 강간과 살인에 항의했다. 7월 15일에 여성 40명이 "인도 군대가 우리를 강간한다"와 "인도 군대가 우리 동족을 죽인다"라고 쓴 현수막을 들고 나체로 병영을 행진했다. 그럼으로써 자신들의 주장에 이목을 집중시키려는 목적을 달성했다. 그러나 영국의 시사 일간지 『뉴 인터내셔널리스트New

Internationalist』는 나체 시위 사진이 인도 신문에 거의 실리지 않았다는 점을 지적했다.

> 인도에서 여성들이 나체로 떼를 지어 강간에 항의하는 현수막을 들고 도로를 행진하는 것은 드문 일이다. 그러나 그런 일이 최근 북동부 마니푸르 주에서 일어났다. 군인들이 한 여성을 강간하고 살인한 데 격노한 마니푸르 여성들이 사리와 블라우스를 벗고 머리를 풀어헤친 채 임팔을 지나 가장 인상적인 시위 무대가 될 군사령부를 향해 걸어갔다. "그날 우리의 분노가 금기를 벗어던지게 했다"라고 한 시위 참여자가 말했다. …… 여성들이 여체의 상품화에 대해 항의할 때, 설령 그들의 주장에 공감하지 않는다고 해도 세상 사람들은 시위의 이유를 알고 있다. 그러나 여성이 스스로 몸을 상품화할 때 사람들은 어떤 반응을 보여야 할지 모른다. 이와 같은 반응이 마니푸르 여성 시위에 대한 언론 보도에서도 확연히 눈에 띄었다. 많은 신문들이 사건을 보도했지만 이 특별한 시위 사진을 게재한 신문은 거의 없었다. 가능성은 작지만 사진을 확보하지 못했을 수 있고, 중년 인도 여성의 나체를 보여주는 것이 거북했을 수도 있다! 그런데 사실상 모든 신문에 여성이 거의 걸친 것이 없이 등장하는 나라에서는 1면 한쪽 가장자리, 제호와 거슬릴 만큼 가까운 곳에 그 사진이 실려 있었다![3]

최초로 여성에게 선거권을 부여한 나라이자, 훨씬 자유로운 분위기의 뉴질랜드에서는 여성들이 자신의 몸을 시위에, 심지어 자기 자신에 대한 시위에 사용할 권리가 있다고 생각한다. 일례로 강간당한 여성이 공개적 미술 행사를 열어 나체로 등장해 그림을 그렸다. 성범죄가 만연해 있는데 피해자가 죄책감을 느끼고 피해 사실을 은폐하는 환경 때문에 문제가 한층 더 심각해진다는 것을 널리 알리기 위해서였다. 잠재적 범죄자들과의 관계를 역전시켜 오히려 욕망의 대상을 공개적인 자리에서 보여줌으로써 남성들이 이성을 잃는 환상에서 벗어나

진짜 나체의 결점과 나약함을 경험하도록 한 것이다.

실물로 환상에 맞선 예가 또 있다. 이번에도 뉴질랜드로, 2008년 5월의 일이었다. 한 이스라엘 관광객이 도로 노동자들에게 희롱을 받자 옷을 다 벗어버렸다. AP는 이렇게 보도했다.

> 북부의 작은 농촌 케리케리에서 도로 보수공사를 하던 일꾼들이 한 젊은 여자에게 관심을 보이자 여자는 화를 냈다. 상쾌한 늦가을 어느 날 그녀는 태연히 옷을 모두 벗고 현금인출기를 이용했다. 휘파람도 도로 공사도 갑자기 중단되었는데 그녀는 조용히 옷을 입고 가버렸다. 피터 매스터스 경사에 따르면 여자는 인부들이 자신에게 휘파람을 부는 것을 선의로 받아들일 수 없었다고 진술했다.[4]

유방에 대한 공포

다른 나라였다면 그녀의 행동으로 폭행이나 추행을 당하거나 체포될 수도 있었다. 하지만 이런 뉴질랜드에도 여자의 가슴이 보이기만 해도 문제라고 생각하는 사람들이 있다. 2005년 뉴질랜드 방송표준위원회 앞으로 저녁 6시 뉴스에 대한 불만이 접수되었다. 찰스 왕세자가 웰링턴을 방문하는 장면에서 가슴을 드러낸 여자 두 명의 모습이 6초 동안 방송되었다는 이유였다. 와츠라는 사람은 그 장면이 건전한 미적 관념과 품위의 기준에 위배되며 어린이들에게도 충격적이고 부적절하다고 주장했다. 뉴스를 방영한 TV채널은 이렇게 반박했다. "테러리스트의 가장 끔찍한 잔혹 행위(쌍둥이 빌딩의 공격, 바그다드의 유혈 사태)와 가장 끔찍한 범죄(학교 총기 사건, 살인과 강간)는 보여주고 아이들에게 인종주의와 편견 같은 혐오스러운 개념들을 가르치면서, 여성이 아무런 해가 없는 가슴을 드러내고 평화 시위에 참여하는 당면한 현실에서 눈을 돌리라고 요구하는 것과 마찬가지다." 방송표준위원회는 와츠가 접수한 불만을 인정하지 않았다.⁵

사람들을 가슴으로부터 보호하려는 노력은 부시 정부 때 절정에 달했다. 들리는 바로는 워싱턴 법무부에 있는 높이 5.5미터 알루미늄 정의의 여신상에 천을 두르느라 8,000달러가 들었다고 한다. 미국 법무장관 존 애슈크로프트는 법무부 기자회견 때마다 자신과 여신상의 가슴을 일부러 한 사진에 담는 기자들에게 질렸다고 주장했다. 하지만 시기가 좋지 않았고 그의 행동은 터무니없는 낭비에 아무런 가치도 없는 것처럼 보였다. 극작가 겸 언론인 클레어 브라스밸런타인이 존 애슈크로프트에게 보낸 공개 항의서가 인터넷에 돌았다.

> 우리가 생물전, 핵전쟁, 멸망의 두려움에 떠는 동안 당신은 형편없고 놀랍고 혐오스러운 알루미늄합금 악마, 10피트짜리 주석 젖꼭지로부터 미국인을 보호하기 위해 천을 사러 가고 있습니다. …… 우리가 감사를 모르는 사람이어서 이러는 것이 아닙니다. 그러나 우리가 아프가니스탄 여성들에게 얼굴을 가리지 말라고 부탁하는 동안 당신은 직원들에게 젖꼭지를 가리라고 부탁하고 있습니다. 거대한 금속 유방으로부터 미국인들을 보호하기 위해서 말입니다. 그러니 어떻게 감사할 수 있겠습니까? 미국 여성이 6초마다 한 명씩 성폭행을 당하는 동안, 탄저균이 우체국 주변을 떠돌다 노인들의 가슴 속에 머무는 동안, 당신은 매일 아침 사무실에서 그리고 비밀 기도회에서 다른 가슴을 생각하고 있었던 것입니다.⁶

가슴에 대한 공포는 미국 해변에 만연해 있다. 유럽과 오스트레일리아의 여러 해변에서 가슴을 드러내고 해수욕하는 것이 허용되는 것

2009년 1월 체코 프라하에서 소셜 네트워크 사이트
페이스북이 수유 중인 어머니의 사진을
삭제했다고 한다.
페이스북에 항의하며
68명의 어머니가 아기들에게
모유를 먹이는 모습.

과 확연한 대조를 이룬다. 일부 국가에서는 공공장소에서 수유를 하려고 가슴을 드러내는 것조차 비난을 사기도 한다. 2007년 에스파냐 안달루시아에서 한 식당 경비원이 수유 중인 여성을 내쫓았다. 그에 대한 보복으로 50명의 여성이 단체로 그 식당이 입점한 쇼핑센터에서 각자 아이들에게 젖을 먹이며 '젖 물리기' 시위를 했다. 관리자 측이 저지

2005년 반전 시위 중 '브레스트 낫 밤'의 모습.

하려 하자 시위자들이 수유는 신체의 자연스러운 활동이라고 버텼고, 관리자 측은 방뇨도 자연스럽기는 마찬가지지만 거리에서 해서는 안 된다고 맞받아쳤다.

여성들은 가슴을 드러낸 채 일광욕하고 대중 앞에서 수유할 권리를 주장했다. 그들은 사람들에게 충격을 주어 자신들의 주장에 주의를 집중시키기 위해 가슴의 힘을 이용했다. 2005년 캘리포니아 멘도시노 카운티에서 자칭 '유방은 폭탄이 아니다'라는 '브레스트 낫 밤Breasts not Bombs' 정치 운동이 일어났다. 그 운동의 소임은 여성들에게 '신성한 것을 기억하고 모성을 존중하라고 세상에 대고 말할 권한을 주는 것'이

었다. "정치적 거리 공연과 대중 앞에 가슴을 드러내는 행위는 인간과 지구가 얼마나 상처받기 쉬운지를 이야기할 가장 좋은 장이 된다." 지난 4년여 동안 이 활동가들은 가슴을 드러내고 '가슴은 폭탄이 아니다, 유방은 탱크가 아니다, 젖꼭지는 네이팜탄이 아니다. 유방은 미사일이 아니다'라는 구호를 외쳤다.

나라가 어려운 때에 존 애슈크로프트가 여신상의 가슴에나 관심을 가지는 것이 도저히 믿을 수 없는 사실인 것과 마찬가지로, 브레스트 낫 밤 활동가들도 신체 일부를 시위에 이용하는 본질적으로 부조리하고 낯선 활동을 통해 폭력은 용납하면서 갓난아이를 살리는 여성의 가슴 노출은 추잡하고 용인할 수 없는 것으로 보는 더 큰 부조리에 이목을 집중시키려고 했다. 그들의 구호와 일부러 언론의 주목을 끄는 행위 이면에는 이런 메시지가 담겨 있다. '참전을 위해 정보를 왜곡하는 것이 추잡하다. 핼리버튼과 벡텔에게 무경쟁 입찰을 하게 한 것이 추잡하다. 전쟁 부당이득이 추잡하다. 이라크에서 열화우라늄탄과 화학 무기를 사용하는 것이 추잡하다. 전쟁 포로들을 고문하는 것이 추잡하다. 미국 대중에게 참전에 대해 거짓말하는 것이 추잡하다. 9·11테러를 전쟁과 공격을 위한 온갖 행동의 정당화에 이용하는 것이 추잡하다. CIA 비밀첩보원의 신분을 누설한 칼 로브가 추잡하다. 허리케인 카트리나 직후 며칠 동안 멕시코 만 연안 사람들을 그대로 내버려둔 것이 추잡하다.'

그들은 블로그에도 정말로 저속한 것은 나체나 가슴이 아니라는 메시지를 전하고 있다. "사망한 미군이 얼마인가? 우리가 국회의사당에 갔을 때 2,000명 정도였으며 지금은 2,100명이 넘는다. 추하다! 이제 사람들이 라마디에서 탈출하고 있으며 또다시 미국의 공격이 시작됐다. 추잡하다! 미국은 지구온난화 억제를 위한 몬트리올 의정서를 거부했다! 저속하다. 세상에! 부시 정부는 우리 모두를 죽이려는 것 같다. 그들이 무모하게 우리를 위험에 빠뜨렸다고 고소할 수 있는가? 살

2002년 캘리포니아 주 북부
포인트러에스스테이션 러브필드에서 촬영한
첫 번째 베어링 위트니스 사진.
이 사진은 인터넷과 여러 매체로 급속히 전파되어
전 세계적인 운동을 일으켰다.
저항 단체들이 주장을 내세우며
수백 명의 모델들과 나체 '만다라'를 만들었다.

인미수죄로? 미국 대중은 언제 들고일어날까? 모두가 크리스마스 쇼핑에 너무도 바쁘지 않은가?"[8]

이런 반전운동을 남자가 아니라 여자가 시작했다는 사실이 의미심장하다. 대부분의 문화에서 여자는 남자보다 나체를 보여주는 것을 더 꺼린다. 여자는 남자보다 성적 대상이 되는 데 더 익숙하다. 이상적인 신체상에 맞추어야 한다는 압박감도 더 크다. 남자보다 성적 학대와 강간을 더 많이 당하고, 강간을 당하면 임신할 수도 있기 때문에 잃을 것도 더 많다. 따라서 뜻을 전달하기 위해 옷을 벗는 행위는 남성보다 여성이 할 때 더 영향력이 크다. 옷으로 스스로를 보호하려는 본능보다 주장을 더 앞세운 것은 주장에 전념하겠다는 의미니 말이다. 수많은 남자들이 오래전부터 나체 시위에 참가해도 유독 고다이바 부인이 하나의 상징이 된 것도 그런 이유다.

몸으로 주장하는 사람들

캘리포니아 마린 카운티 서부의 여성 50명은 나체의 힘을 잘 알았던 모양이다. 2002년 11월, 임박한 이라크전에 반대하며 포인트러예스스테이션에 있는 러브필드의 잔디밭에서 몸으로 평화를 뜻하는 'PEACE'라는 글자를 만든 것을 보면 말이다. 주최자 도나 시핸은 여성의 말에 '대단히 심각하게 귀 기울이도록' 만드는 법을 4년 동안 궁리했다고 설명했다. 2002년 그녀는 한 나이지리아 여성에 대한 기사를 접했다. 그 여성은 셰브런텍사코가 지역을 착취한다는 것을 알리기 위해 옷을 벗겠다고 위협해, 다른 어떤 과격한 시위로도 하지 못했던 일을 해냈다. 회사를 협상 테이블로 끌어낸 것이다.[9] 시핸은 '비이성적인 여자들의 베어링 위트니스Unreasonable Women Baring Witness'라는 지역 여성 단체의 사진 촬영을 준비했다. 시핸은 이렇게 썼다. "온갖 연령과 직업의 여성들이 옷을 벗었다. 노출증이 있어서가 아니다. 그렇게 해야만 한다고 느꼈기 때문이다. 전쟁의 참상을 폭로하고, 나체가 됨으로써 무고한 이라크인들의 취약함에 공감하고, 냉담한 부시 정부에 충격을 주어 주의를 집중시키고 싶었다."[10]

인터넷 덕분에 전 세계인이 이 캘리포니아 여성들의 사진을 보았다. 아마도 스펜서 튜닉의 사진의 치솟는 평가 덕분에 더 빠르게 유포됐던 것 같다. 스펜서 튜닉 사진에 대한 나체 활동에 정치적 근거뿐만 아니라 예술적 근거도 제공하여 많은 사람들이 모델이 되어 포즈를 취했다. 대부분 나체였지만 옷을 입고 찍을 때도 있었다. 그해 말 단체는 명칭에서 '비이성적인 여자들'을 뺐다. 유혈 참사에 반대하는 일은 결코 비이성적이지 않으며 남성들도 운동에 동참하고 있었기 때문이다. 시핸은 폴 르펠과 함께 '베어링 위트니스 2004년 국제 평화 달력'의 소개말을 썼다. "여성들이 평화와 정의를 위해 옷을 벗기로 한 것은 우연이 아닙니다. 베어링 위트니스는 인간의 나약성에 대한 인식을 높이고자 여성의 힘과 아름다움, 그리고 나체의 힘을 이용했습니다. 우리가 힘을 합쳐 여성의 힘을 되찾고 공격성을 억제함으로써 서로의 관계, 즉 여성과 남성, 국가와 국가 간의 관계, 그리고 지구 상의 생명들과의 관계를 평화로운 공존으로 바꿀 수 있습니다. 지도자의 아내들이여, 생명을 키우는 사람으로서, 양육자로서, 가정의 수호자로서, 그리고 이성의 대변자로서 남편의 폭력을 멈추십시오."[11]

시핸과 르펠은 기원전 5세기 그리스에서 사용한 방법에서 착안했다. 아리스토파네스의 희곡 『리시스트라테Lysistrate』에서 주인공 리시스트라타는 펠로폰네소스 전쟁을 끝내기 위해 그리스 여성들에게 평화조약을 맺을 때까지 남편과 성교를 거부하라고 한다. 시핸과 르펠은 이 전략에 찬성하지는 않았지만 이성 간의 성적 관계를 평화 증진에 의식적으로 이용할 수 있다는 것을 알았다. 그래서 이런 책도 썼다. 『유혹의 재정의: 섹스, 구애, 연대, 평화를 시작하는 여성들Redefining Seduction: Women Initiating Sex, Courtship, Partnership and Peace』. 이 책은 진화론적 관점에서 여성이 짝 선택 과정을 책임져야 한다고 주장한다.[12]

그들은 평화를 위해 성행위를 거부하는 대신, 정반대의 방법을 권했다. 1960년대 반전운동에서 나온 '전쟁이 아니라 성교를 하자' 원칙을 더 구체화한 것이다. 좌절된 성욕에서 공격성이 나올 수 있다는 사실을 논리적으로 확대 적용한 결과, 르펠과 시행 그리고 1960년대 운동가들은 성교를 권장해야 한다는 결론을 내렸다. 최근에 팝스타 오지 오즈번은 더 나아가 '평화를 위한 자위' 팔찌와 한정판 신발을 제작했다. 자선단체 피스 다이렉트Peace Direct도 같은 생각으로 2008년 연례 '평화 시대를 위한 자위Wank 4 Peace day' 대회를 개최했다. 개최자는 "정치인들은 평화를 위해 아무것도 하지 않고 둘러앉아 빈둥거리고 있다(원문의 jerk off는 빈둥거리며 시간을 낭비한다는 뜻 외에 속어로 자위행위를 한다는 뜻도 있다—옮긴이). 하지만 이제 우리가 둘러앉아서 자위를 하면 평화를 위한 일을 할 수 있다!"고 주장했다.[13]

40년 전 평화 운동은 더 낭만적이어서, 인류 멸망의 대안으로 성교를 부추기는 것에 그쳤다. 자유분방한 1960년대가 끝나갈 즈음, 존 레넌과 오노 요코는 임박한 자신들의 결혼에 언론의 관심이 집중되어 있다는 것을 알고 그것을 이용하기로 마음먹었다. 1969년 3월, 암스테르담 힐튼 호텔에서 일주일 동안 '침대에 머물기 시위Bed-in'를 시작한 것이다. 그 전 해에 출시한 앨범 〈투 버진스Two Virgins〉의 표지에 두 사람의 나체를 실었기 때문에 '침대에 머물기 시위'가 계속되는 베트남전에 반대하며 '전쟁이 아닌 성교를' 한다는 의미를 전할 것을 알고 있었다.

〈투 버진스〉의 사진이 시위운동의 일환은 아니었다. 그러나 오노 요코는 이미 나체가 이목을 끄는 수단이 된다는 것을 알고 있었기 때문에 몇 년 전인 1964년 일본에서 개최된 평화 운동인 행위 예술 '컷피스Cut Piece'의 무대에 올랐다. 관객들이 무대로 나와 그녀의 옷을 조금씩 잘라가도록 한 것이 공연의 전부였다. 공연의 마지막에 그녀는 나체가 되었다. 2003년 70세의 나이로 파리에서 다시 그 공연을 하게 된 그녀는 이렇게 말했다. "올라와서 제 옷을 아무 곳이나 잘라 가세요. 엽서보다 작게요. 그리고 그걸 사랑하는 사람에게 보내세요. …… 1964년 처음 이 공연을 할 땐 제 마음속에 분노와 혼란이 있었죠. 지금은 여러분을 위한, 나와 세상을 위한 사랑으로 하고 있어요."[14]

2009년 미술학과 교수인 켄 리틀은 '오노 요코, 평화를 꿈꾸다: 존과 요코의 평화의 해 특집Yoko Ono Imagine Peace: Featuring John and Yoko's Year of Peace' 전시회에서 샌안토니오의 텍사스 대학과 함께 '오노 요코 컷피스'를 공연했다.

동물권리 보호와 나체

'나체는 자연스러운 것, 자연의 것이다'라고 말할 때 그 의미가 무엇인지
제대로 생각해본 적이 있는가? 아주 간단하다. 인간은 자연의 일부로서,
해를 끼치지 않는다는 의미다. 문명이 나체로 편안함을 느끼는
보편적 성격을 왜곡시켰다. 다른 동물들은 털에 순응하는데,
인간은 나체가 되는 것을 받아들이지 않고 있다.
—루스 버나드Ruth Bernhard

나체 시위 모습으로 보자면 고다이바 부인, 오노 요코, 베어링 위트니스와 브레스트 낫 밤 같은 것들이 남성 시위보다 훨씬 오랫동안 기억된다. 역사적으로 보자면 아시시의 젊은 프란치스코가 성인이 되기 위해 수행하면서 나체로 반항했던 유명한 일화가 고다이바 전설보다 100년 먼저다. 가난한 생활을 엄격하게 지키는 그 남자에게 건물은 옷

과 마찬가지로 수도회 생활의 적일 수 있었다. 그는 썩은 부의 힘이 수도사들을 오염시켜서는 안 된다고 생각해 자신의 수도회에 주어졌다는 건물의 지붕에 올라가서 기와를 마구 내던지기 시작했다. 그러나 곧 코미디에나 어울리는 상황이 연출됐다. 그 건물이 수도회가 아니라 다른 사람의 소유라는 것이 밝혀진 것이다. 이후에 그가 그 기와들을 다시 올려놓았는지는 알려지지 않았다.

    너무 열심히 하다 보니 어쩌다 그런 일도 생겼지만 프란치스코회

동물권리 보호 단체 페타(동물을 윤리적으로 대하는 사람들)는 주장에 이목을 집중시키기 위해 나체를 자주 이용한다. '모피를 입느니 벌거벗겠다'와 '벌거벗은 진실' 운동은 크게 주목을 받았다.

수도사들은 훌륭했다. 착취당하는 사람들의 편에 서고 가난한 사람들뿐만 아니라 동물들에게도 관심을 기울인 것으로 잘 알려졌다. 오늘날 프란치스코는 가톨릭교회에서 동물의 수호성인이며 동물들을 '형제자매'라고 불렀던 것으로 유명하다.[15]

    우리에게는 피부밖에 없지만 짐승과 새는 털과 깃털을 가졌다. 요즘 우리가 고급 패션에 쓰는 것들이다. 모피 산업 및 동물권 침해에 반대하는 운동가들은, 인간은 피부를 그대로 가지고 편안히 지내면서 동물의 것을 빼앗는 일이 불공평하다는 것을 강조하기 위해 나체를 곧잘 이용한다.

    최대의 동물권리 보호 단체는 전 세계적으로 200만 명이 넘는 지지자들을 거느리고 연간 2,800만 달러(약 290억원)를 쓰는 페타(PETA,

2007년 에스파냐 바르셀로나에서
페타의 동물권리 보호 시위를 촬영한 사진.
사진에서 보이듯, 시위가
스펜서 튜닉의 설치 예술과
집단 나체 사진의 영향을
받은 것이 확실하다.

동물을 윤리적으로 대우하자는 사람들)다. 페타는 팝 스타, 패션모델을 비롯해 많은 유명 인사들의 지지를 받아 나체를 내세운 광고를 많이 선보인다. 주로 이런 문구들이 붙는다. '모피를 입느니 차라리 벗겠다' '피부만으로 만족하고 동물들을 그냥 두라' '충격적 사실: 버버리가 토끼들을 학살한다' 같은 것들이다. 예를 들면 영국 왕실 근위대가 곰 가죽을 쓰는 데에 반대하기 위해 연예인 이모젠 베일리가 곰 인형을 안고 나온 사진에는 이런 문구가 따라붙었다. '벗어라, 곰 가죽을 입지 말고!(Bare skin, not bear skin! 벗다의 bare와 곰의 bear가 발음이 같은 데 착안한 문구—옮긴이)'

    페타는 투우에도 반대하며 2002년부터 에스파냐 팜플로나에서 매년 열리는 투우 경기에 항의하는 시위를 시작했다. '누드 달리기 대회'라고 알려진 그 시위에는 매년 30여 개국에서 1,000여 명이 참가해 옷을 벗고 플라스틱 소뿔을 쓰거나 붉은 스카프를 매고 거리를 달린다. 축제 분위기를 내고 언론의 관심을 끌어 도시 주민들에게 '관광객을 끌어들이려고 동물을 괴롭히지 않아도 된다'는 것을 증명해 보이는 게 시위의 목적이다. 그러나 불행하게도 누드 달리기 대회가 너무도 성공적이어서 팜플로나에 많은 관광객이 몰려왔기 때문에 오히려 투우가 계속 열리게 되었다.

    2008년 이런 실상을 알게 된 페타는 유럽의 여러 도시에서 '누드 기자회견'을 열어 관광객들이 에스파냐로 가지 않도록 새로운 전략을 발표했다. "우리는 팜플로나가 아닌 곳에서 누드 달리기 대회를 열기로 했습니다. 첫째, 우리는 점점 더 많은 사람이 달리기 대회에 참여함에 따라 구시대적이고 야만적이며 잔인한 오락을 계속하는 도시가 더 많은 관광 수입을 올리기 바라지 않습니다. 둘째, 우리는 누드 달리기 대회를 각국의 수도에서 개최하고자 합니다. 관광객들은 그곳에서 에스파냐를 여행하는 기분을 낼 수 있을 것입니다. 그러니까 오스트레일리아, 프랑스, 독일, 영국, 미국 같은 나라들에서 미니 누드 달리기 대회를 열겠다는 뜻입니다."[16]

이 나체 시위의 배후 지휘자인 페타의 선임 부사장 댄 매슈스는 사회의 관심을 이끌어내는 데 놀라운 재능을 보였다. 한 평론가는 이렇게 말했다. "매슈스가 사회운동을 재정의했다. 매슈스의 시위는 현수막을 내걸고, 구호를 외치고, 주먹을 휘두르며 반항적으로 분노를 표출

하는 틀에 박힌 형식이 아니다. 장난스럽지만 멋진 시위로 페타에 대한 친근감을 높이고 언론의 주목을 받는다. 냉정한 대치는 원하는 것과 반대의 결과를 낳을 수도 있다. 하지만 이렇게 재치를 가미한 진지한 주장, 여성의 아름다움과 유명 인사들을 이용한 캠페인은 대중의 공감을 얻는 경우가 많다."[17]

곰 가죽 사용에 반대하여 페타의 여성 회원 70명이 곰 인형 가면을 쓰고 나체로 런던에 있는 영국국교회 세인트폴 성당 근처 인도에 드러누웠다. 그뿐 아니라 패션 디자이너들에게 압력을 행사했고 패션쇼 무대에도 뛰어올랐다. 매슈스는 2004년 밀라노에서 열린 잔프랑코 페레

의 패션쇼 무대에 사제복을 입고 뛰어올라가 현수막을 펼쳤다. '죽이지 말라.' 매슈스가 들려주는 뒷일은 이렇다. 보안 요원들이 와서 그를 끌어내리려고 하자 "약간 나이 든 부인 관객들이 모두 이렇게 소리를 지르기 시작했다. '그 신부를 내버려둬!'"[18]

페타의 운동은 모든 종류의 동물권리 보호 운동으로 확대됐다. 2009년 3월 런던에서는 '네이키드 셰프' 제이미 올리버가 운영하는 식당 밖에서 제이미 올리버의 자국 돼지 판촉 활동에 반대하는 시위를 벌였다. 두 명의 임신부가 피부색 속옷을 입고는 식당 앞에 돼지우리를 놓고 그 속을 기어 다녔다. 임신한 암퇘지를 거의 몸집 크기 정도밖에 되지 않는 금속 우리에 넣어 키우는 영국 농장의 잔인한 실태를 적나라하게 보여주기 위해서였다.

순수주의자들은 피부색 속옷을 입는 것조차 반대했을 수 있다. 일부 채식주의자들이 식물성 단백질로 만든 '가짜 고기'에 반대하는 것과 마찬가지다. 그러나 그런 속임수 덕분에 시위자들은 경찰에게 나체가 아니라고 주장하면서도 자신들이 원하는 홍보 효과는 그대로 얻을 수 있었다.

지구를 위한 나체

시선을 끌고 주장을 내세우기 위해 대중 앞에서 옷을 벗는 것은 동물의 권리뿐만 아니라 일반적인 권리를 옹호하는 데도 아주 적절하다. 무언가를 알리고자 나체를 이용한 것 중 가장 창조적인 예는 미국 사진작가 잭 게샤이트의 작품이다. 그는 2003년 나무 영혼 프로젝트 Tree-Spirit Project를 시작했다. 게샤이트의 의도는 벌채나 환경 파괴를

잭 게샤이트가
나무 영혼 프로젝트를 위해 촬영한
〈티트리에 영감Tea Tree Tangle〉.

반대하는 것이라기보다는 나무를 더 잘 이해하자는 뜻이었다. 더 많은 사람이 나무를 이해할수록 사람들이 환경을 덜 파괴할 거라는 믿음에 서였다. "나는 더 많은 사람이 나무가 생태계뿐만 아니라 우리에게 아름다움과 그늘을 제공한다는 것을 알고 나무의 중요성을 이해할 때 지구 상의 모든 종에게 이득이 될 것이라고 믿는다. 우리에게는 다른 생명을 파괴할 만한 힘이 있지만, 생물 종들의 운명이 서로 얽혀 있으므로 다른 종이 없으면 인류는 멸망할 것이다. 인간은 우주 전체로 보자면 아주 짧은 기간 이곳에 살고 있는 것이지만 우리는 세상의 모습을 바꿀 수 있는 자유의지라는 막대한 힘을 지니고 있다. 기술적으로 진보된 문화에 사는 우리 대부분은 고대의 생명나무들을 비롯한 여러 종의 생물들이 얼마나 참을성 있게 견디고 있는지 잊고 있다."[19]

나무 영혼 프로젝트는 두 부분으로 구성된다. 게샤이트가 나무 속, 옆, 주변에서 포즈를 취한 나체의 모델들을 촬영해 웹 사이트(www.treespiritproject.com)에 전시하는 사진과, 촬영에 참가했던 사람들의 경험담이다. 사이트의 자주 묻는 질문 코너에 "왜 항상 나체 사진만 찍습니까? 사실은 관심을 끌려는 것 아닌가요?"라는 물음에 게샤이트는 이렇게 답했다.

나체일 때 사람들은 더 '현재적'이 됩니다. 과거(걱정)나 미래(계획)에 대해 생각하기보다는 현재의 순간에 의미를 둔다는 뜻입니다. 그래서 더 상처받기 쉽고 의식적으로 더 자주 더 많이 자각하게 되고 더 많이 느끼게 되며, 그래서 더 자유롭고 더 진실하게 움직이고 행동합니다. 나무를 비롯한 다른 종들에게도 해를 덜 끼칩니다. 집단으로서 인간은 해롭지만 우리의 습관이 된 옷, 도구, 기술의 보호막을 벗었을 때는 그렇지 않습니다. 옷이 제공하는 많은 문화적 역사적 지시가 없으므로 시간을 초월할 수 있습니다. 우리는 그토록 소중한 개인이 아니라 인간 전체로서 하나가 됩니다. 물론, 나체 사진은 더 주목을 받을 수도 있습니다. 나무 영혼 프로젝트의 목적에는 자연과 인간의 상호 의존이라는 메시지를 전달하는 것도 포함되어 있습니다. 많은 사람이 이를 마음에 새길수록 더 좋겠습니다.[20]

나체를 자극적으로 이용하는 경우가 너무도 잦은 현실에서 정치적 목적뿐만 아니라 미학적이고 정신적 가치들을 담는 데 나체를 순수하게 이용하는 것은 참으로 다행스러운 일이다.

나무 영혼 프로젝트가 샌프란시스코 만에 사는 사진작가 한 사람

2009년 런던
세계 나체 자전거 타기 대회.

의 작품을 바탕으로 한 매우 국지적인 일인 반면, 세계 나체 자전거 타기 대회World Naked Bike Ride는 2003년부터 매년 열리는 국제적인 행사다. 원래 캐나다 정치 운동가 콘래드 슈밋이 생각해낸 것이었는데 20세기에는 70여 개 지역에서 열리는 큰 행사가 되었다. 슈밋은 브리티시컬럼비아 주의 덜 일하기 당Work Less Party 창당자다. 당의 슬로건은 '덜 일하고 덜 쓰고 더 살자'이며, 목표는 사람들이 소비를 줄이고 환경과 사회에 대해 더 관심을 기울이게 하는 것이다. 사람들이 소비보다 창조적인 일, 정신적 탐구, 신체 활동에 시간을 투자하고 가족, 친구, 지역공동체에 더 많은 시간을 할애하자는 취지다.

덜 일하기 당은 의석 확보에 실패했지만 같은 해에 시작한 세계 나체 자전거 타기 대회는 곧바로 유명세를 탔다. 6월에는 북반구, 3월에는 남반구까지 시드니, 파리, 뉴욕, 런던, 뮌헨과 수십 개 도시의 자전거 족이 '무분별한 자동차 이용'과 석유 의존에 반대하는 운동을 시작하자 축제 같은 분위기가 조성되었다. 이 행사가 엄청나게 성공한 비결은 목표와 활동이 시너지를 일으킨 데 있다. 나체 자전거 타기는 하나의 시위인 동시에 '우리 몸의 힘과 개성, 그리고 차 없는 생활의 많은 이점을 찬양할'[21] 기회로 알려져서, 저항과 반항 정신으로 '바리케이드를 치는' 시위라기보다는 일종의 장난이자 파티 같은 분위기가 조성되었다. 또한 이 행사는 자동차를 타는 행위 자체에 대한 반대일 뿐만 아니라 사람들에게 건설적인 행동과 개념을 장려하고 촉진할 기회로 알려졌다. 참여자들은 자전거 타기, 재생에너지, 오락, 걷기 좋은 마을, 21세기의 삶에 대한 분별력 있고 지속 가능한 해법들을 권장했다.

행사는 분권화된 구조로 인터넷을 활용했고, 누구나 자전거 타기 대회를 열거나 참가할 수 있게 하여 다양한 사람들의 참여를 유도했다. 예를 들면 친환경적 삶, 정치적 시위, 거리 공연, 스트리킹, 옷을 안 입어도 되는 오락에 관심 있는 사람들이었다. '벗을 수 있으면 벗어라'라는 모토로 복장 규칙은 일부러 정하지 않았으며 자전거 타기 대회 시작 전 공원에서 벌어지는 라이브 공연, 보디페인팅, 설치미술전도 인기를 끌었다.

나체를 이렇게 언론과 정치인들의 주목을 끌기 위한 방편으로 쓰는 것은 40여 년 전 러시아 출신 '두호보르'가 처음으로 나체 시위를 한 이후 크게 발전한 형태다.

자유의 아들들

크라운 측 심문관 : 자, 애니, 당신은 어디에 삽니까?
애니 : 감옥에요.
심문관 : 아, 그렇군요. 얼마 전에 나체 혐의로 형을 받았죠.
애니 : 예.
심문관 : 그전에는 어디 있었습니까?
애니 : 십자가에 매달려 있었습니다.
심문관: 아, 그렇죠. 십자가에 있었던 건 건너뛰겠습니다.
수감되기 전에 어디 살고 있었습니까?
—1950년 6월 14일 캐나다 법정 소송. 미하일 '대천사' 베리긴과
요예 엘리 포도비니코프Michael 'The Archangel' Verigin and Joe Eli Podovinikoff 대 크라운Crown.
이들은 나체 분파 결성 모의와 방화 교사 혐의를 받았다.[22]

18세기 말 우크라이나에서 한 기독교 급진 분파가 생겨났다. 실반 콜레스니코프는 분파의 지도자로, 칼 폰 에카르트하우젠과 루이 클로드 드 생마르탱 같은 서구 신비주의자들에 대한 저술로 잘 알려진 사람이었다. 그 분파는 처음에 '신의 백성'이라고 이름 붙였다가 이후 두호보르(Doukhobors, 영의 투사들)라고 부르기 시작했다. 정교회에서 그들이 성령과 싸운다고 생각해 붙인 이름이었다. 두호보르파는 그 새로운 이름을 영에 반대하여 싸우는 투사가 아니라 영을 위해 싸우는 투사라는 뜻으로 택했다.

정교회로서는 그들이 이단이라고 생각할 만했다. 그들이 정교회의 권위를 거부했고, 성상과 교회 의식을 거부했고, 성서를 최고의 계시로 인정하지도 않았고, 예수의 신성도 부정했기 때문이다. 정교회와 갈등을 빚은 데다, 군국주의와 전쟁이 부도덕하다는 확고한 신념 때문에 러시아 정부와도 충돌하면서 분파의 상황은 더 나빠졌다.

1897년이 되자 두호보르파는 러시아 각지에서 수천 명을 거느린 단체로 성장했으며, 러시아 정부는 강제징집, 박해, 동화정책 그리고

다양한 재정착 프로그램을 시도한 끝에 결국 이 성가신 평화주의자들에게서 손을 떼기로 했다. 캐나다 정부가 1899년 새로운 이민자들에게 남자 1인당 약 65만 제곱미터(약 20만 평)의 토지를 지급하기로 하고, 두호보르파의 삼분의 일과 다른 이민자 7,400명을 받아들였다. 이

1962년 타오르는 집을 보고 있는 캐나다의 두호보르 여인.

민자 대부분이 톨스토이주의와 인정 많은 퀘이커교도의 후원을 받은 이들이었다. 톨스토이 자신도 한 소설책의 인세를 기부해 이 대량 이주비의 절반을 냈다.

캐나다 영토에 왔지만 두호보르파의 파란만장한 역사는 끝나지 않았다. 얼음으로 뒤덮인 노스웨스트 준주로 이주했지만 문제가 생기자 많은 이들이 이번에도 단체로 브리티시컬럼비아 주로 이사했다. 1903년, 그러잖아도 과격한 단체 안에서 과격주의 소수파가 생겨났다. 자칭

자유의 아들들Sons of Freedom로, 지속적으로 반정부 운동을 전개하기로 결의한 이들이었다. 그들은 정부가 토지권에 대한 약속을 어겼고 공립학교 교육을 강요했다고 했다. 그해 5월 14일, 남자 28명, 여자 17명과 아이들이 자신들이 사는 마을에서 요크턴까지 나체로 행진을 했다. 음식을 가지고 오지 않았기 때문에 가는 길에 풀과 어린 나뭇잎을 뜯어 먹었다. 이민국 국장은 그들을 체포해 입국 심사실에 몰아넣으라고 명령했다. 그리고 그들에게 옷을 입으라고 했다. 그들이 거부하자 문에 못질을 하고 밝은 등을 켜 모기가 몰려들게 했다. 아침이 되자 모두 옷을 입고 있었고, 남자들은 모두 나체 생활 혐의로 기소되어 3개월 금고형을 선고받았다. 1924년 자유의 아들들 지도자 한 명이 캐나다 퍼시픽 철도사의 차량 폭발로 죽자 저항은 더 격해졌다. 정부가 그를 암살했다고 믿은 것이다. 경찰은 처음에 두호보르 경쟁 분파의 짓이라고 했다가 결국 미제 사건으로 남겼다.

죽은 지도자의 광신적인 아들 페테르 베리긴(아버지의 열차 폭발 사고 계획을 세운 혐의로 고발당하기도 했다)이 그 조직을 맡았고, 1931년 2월 그랜드포크스 근처 보자야돌리나라는 마을에서 회의를 소집했다. 1,000명의 나체 시위대를 모집하기 위해서였다. 이듬해 베리긴이 위증죄로 투옥되자 시위대가 동원되었다. 5월 5일 420명이 나체로 투옥 반대 시위를 벌였고 5월 13일에는 51명의 어린이를 포함한 133명이, 6월 4일에는 69명이 행진을 했다. 매 행진마다 참가자들이 체포되었기 때문에 회를 거듭할수록 인원이 줄었다. 캐나다 역사상 가장 많은 사람이 한꺼번에 체포되어, 아이들까지 포함해 총 725명을 수감하기 위해 어쩔 수 없이 조지아 해협의 피어스 아일랜드에 별도로 죄수 유형지를 지어야 했다.

이듬해 정부는 시위를 막고자 공공장소 노출죄의 최대 형량을 3년까지 늘렸다. 하지만 이후 40여 년 동안 300명 이상의 두호보르파가 이 죄목으로 체포되었다.[23]

시위는 1970년대 직전까지 계속되었고 자유의 아들들은 영국의 IRA처럼 캐나다의 골칫거리가 되었다. 대규모 나체 시위에다 방화와 폭파까지 있었고 이런 활동 때문에 2,000만 달러 이상의 손실을 입은 것으로 추산되었다.

주류 두호보르파조차도 자유의 아들들의 폭력 시위가 자신들의 평화 원칙을 위반했다고 생각했다. 하지만 자유의 아들들에는 많은 투사가 있었고 수십 년 동안 맹렬하게 활동을 전개했다. 결국 그 싸움은 노련한 협상으로 해결되었다. 캐나다가 경험한 유일한 테러리즘이 이렇게 성공적으로 해결되자 그레고리 크랜은 『나체 청년들과의 협상: 두호보르파, 공공 정책, 갈등 해결책Negotiating Buck Naked: Doukhobors, Public Policy, and Conflict Resolution』을 통해 그 과정을 분석하기도 했다.

최후의 수단

자유의 아들들은 나체 시위대 중 유일하게, 시위 과정에서 볼거리를 만들기 위해 방화를 저질렀다. 너무도 충격적인 일이다. 그에 비한다면 나체 자전거족과 캘리포니아의 트리허거tree-hugger들은 현 상태에 거의 저항하지 않는 것과 같다. 2007년 바르셀로나의 '문화를 위한 전략' 발표회 때 연단에 네 명의 아나키스트 무단 점거자들이 뛰어들어 옷을 벗고 '투기와 대중문화에 대한 검열'에 대한 비판 성명을 낭독했을 때도 혐오감이 들기보다는 재미있었던 것 같다.[24]

그러나 멕시코와 베네수엘라 같은 곳에서는 심각한 악습에 대한 시위자들의 분노가 확실히 느껴졌다. 나체는 최후의 수단이었다. 1992년 멕시코의 베라크루스 주지사는 14개 마을에서 1억 2,000만

제곱미터(약 3,600만 평)의 토지를 전유하고 아무런 혐의도 없는 농민 100여 명을 감옥에 보냈다. 농민들이 10년 동안 사건의 진상을 알리려고 온갖 노력을 다했지만 소용이 없자 관련자들은 400명의 베라크루스 푸에블로족 운동El Movimiento de los 400 Pueblos de Veracruz이라는 조직을 꾸려 멕시코시티에서 나체 시위를 벌였다. 45세의 농민 아구스틴 모랄레스는 취재를 나온 영국공영방송 BBC에 이렇게 설명했다. "옷을 벗는 것이 우리 말에 귀를 기울이게 하는 유일한 방법입니다. 우리는 신문에 광고할 돈이 없습니다."[25] 또 다른 농민은 이렇게 설명했다. "우

리는 그저 농민일 뿐입니다. 다른 무기는 없습니다. 우리가 가진 것은 몸뿐입니다."[26]

　　6년 동안 600여 명의 남자, 여자, 어린이가 전라로 혹은 끈팬티나 팬티만 입은 채 멕시코시티에서 매일 시위를 벌였다. 하루에 세 차례 시위를 하는 날도 많았다. 러시아워에 멕시코시티에서 가장 넓은 길인 파세오 데 라 레포르마에서 현수막을 흔들며 요구 사항을 외치거나 아베니다 인수르겐테스 센트로 길에 있는 모성母性 기념비 앞에서 춤을

쳤다.

빅터 앨런은 『400명의 베라크루스 푸에블로족 운동: 몸이 유일한 무기다The Movement of the 400 Pueblos of Veracruz: When Your Body is Your Only Weapon』에서 '다른 사람들이라면 시도조차 하지 않을 상황에서 그들이 물러서지 않고 완고한 정부 관료들에 맞선 과정을' 설명해준다. "차

가운 비와 낯선 이들의 미심쩍은 눈길에 굴하지 않고 역사상 가장 극단적이고 집요한 대규모 나체 시위를 몇 년에 걸쳐 매일 벌였다. 그리고 마침내 목표를 이루었다. 그들은 더 잃을 것도 숨길 것도 없다는 것을 보여주고 정부를 귀 기울이게 하기 위해 이 거리에서 벌거벗고 춤을 추었다."[27] 2008년 마침내 정부가 태도를 누그러뜨리고 요구 사항을 들어주었다.

2004년 베네수엘라에서는 반정부 시위에서 보안군이 13명을 사

살하고 1,700명에게 부상을 입힌 데 항의하여 야권 운동가 50명이 마라카이 거리를 나체 혹은 반나체로 행진했다. 그들의 대변인은 이렇게 말했다. "우리는 벌거벗겨진 것처럼 느끼기 때문에 나체로 걷는 것입니다. 우리는 정부의 통제를 받는 기관들 앞에 무방비로 노출되어 방어할 수 없는 상태입니다."[28]

나체 시위는 최근 몇 년 사이 중앙아메리카와 남아메리카에서 더 잦아졌다. 2007년 브라질에서는 전직 석유회사 노동자로 연금을 받는 이들이 리우데자네이루 국영 석유 회사 페트로브라스 본사 앞에서 연금제도에 항의하여 옷을 벗었다. 2008년에는 어떤 모델이 아르헨티나 부에노스아이레스에서 열린 무역전시회의 우루과이 부스 앞에서 가슴을 드러냈다. 우루과이 소재 핀란드계 회사인 보트니아 펄프 공장의 환경오염에 항의하기 위해서였다. 그녀는 '환경과 미래 세대, 미래의 삶을 지키고 싶어'[29] 옷을 벗었다고 말했다. 2009년 3월에는 휴머니스트당 여성 당원 100명이 파라과이 아순시온 섬 핵무기에 반대하여 상의를 벗고 시위했다. 가슴에는 평화의 기호, 방사능 기호, 지구가 그려져 있었으며 대변인의 말대로 '대중과 언론이 가슴과 엉덩이에 너무 관심이 많다'는 사실을 이용했다. 그들은 우리 모두가 '걸어 다니는 광고판'이며, 우리 피부가 최고의 광고 공간이라는 사실을 잘 알고 있었다. 공짜로 전 세계에 자기 생각을 퍼뜨리고 싶다면 맨살 위에 하고 싶은 말을 쓰고 거리를 돌아다니며 AP통신에 전화를 걸면 된다.

이번에도 몸을 홍보 수단으로 가장 잘 이용하는 것은 여성인 것 같다. 확실히 몸이 대상화되고 상품화되는 데 익숙하기 때문이다. 몸의 소유자는 몸의 힘을 저항의 수단으로 사용한다. 상업적 관심에 이용당하지 않고 사회적 이목을 집중시키려는 방법이다. 몸을 보여주는 일을 생업으로 삼는 여성들이 나체 시위에 자주 참여하기는 하지만 이는 경제적 이익이 아니라 순수하게 이념을 위해서다. 2008년 12월 아르헨티나 『플레이보이』의 전 '플레이메이트' 바네사 카르보네는 일본의 포경업에 반대해 상의를 벗고 시위했다. 2009년 포르노 스타 라우라 페레고는 검은색 코트를 입고 밀라노 증권거래소에 들어가 코트를 벗어 이탈리아 국기를 칠한 몸을 보여주었다. 몸에는 달랑 손바닥만 한 속옷만 걸치고 있었다. 증권업자들이 옷을 입으라고 설득했지만 스물두 살의 시칠리아 섬 여인은 이렇게 소리쳤다. "우리 이탈리아인들의 저축을 잘못 관리해 속옷만 남기고 모두 다 앗아간 사람들에게 항의한다."[30]

이라크전과 이스라엘의 팔레스타인 점령에 반대하는 의미로 2005년 8월의 어느 무더운 날 시리아 미술가 할라 파이살이 뉴욕 그리니치빌리지의 워싱턴스퀘어파크에서 옷을 벗었다. 아랍 여성 최초의 나체 시위는 5분도 채 되지 않아 그녀가 체포되면서 끝나버렸다. 시위 군중이 '경찰국가 반대'를 외쳤

나체 시위는 눈에 띄려고 하는 쇼로 치부되기 쉽다. 이런 시위가 재치 있게 주장을 내세우는 것 같지만, 여성 나체 시위자들의 진정한 힘은 재치가 아니라 분노를 바탕으로 할 때 나온다. 2005년 8월 시리아 미술가 파이살이 아주 용감하게 아랍 여성으로서는 처음으로 벌거벗고 뉴욕 워싱턴스퀘어 분수를 돌며 시위했다. 등과 다리, 엉덩이에 영어와 아랍어로 '전쟁을 중지하라'라고 쓴 채였다. 그녀는 미국의 이라크 전쟁과 이스라엘의 팔레스타인 점령에 항의하다가 바로 체포되었다. 그 사건을 보고 그리니치빌리지의 『빌리저The Villager』 기고가 론다 케이슨은 수백만 명의 행진이 정치적 결정에 아무런 영향력을 행사하지 못하는데, 과연 한 개인이 힘을 발휘할 수 있는지 물었다. "내가 처음 부시의 목장 앞에 천막을 친 시핸이라는, 아들을 잃은 한 어머니에

대해 읽었을 때 다른 미국 군인 어머니, 아내, 누이들이 들고일어나 그녀의 용감한 행동을 하나의 운동으로 발전시킬 것이라고 예상했다. 그러나 지금껏 아무도 그녀의 주장에 동참하지 않았다. 분수에서 혼자 옷을 벗은 파이살처럼 시핸도 크로퍼드 흙먼지 속에서 혼자 8월을 보낼 것이다. 그녀와 함께 있는 것은 뉴스에 굶주린 기자들밖에 없을 것이다. 정말이지 천만 시위자의 말에 귀를 기울이지 않는 정부가 과연 한 사람의 말에 귀를 기울이겠는가?" 파이살의 변호사가 대답했다. "어제 대통령 목장 앞에 한 사람이 앉아 있었고 오늘 워싱턴스퀘어파크에서 한 여성이 옷을 벗었으며 내일은 또 다른 누가 있을 것입니다. 결국은 부시 정부가 손을 떼고 중동에서 꺼져버리게 할 겁니다."[31]

중동에는 나체 시위가 없을 것 같다. 이슬람교와 유대교의 도덕적 엄격성을 생각해보면 당연한 일일 것이다.[32] 그러나 아프리카 지역에서는 여성이 나체를 '저주'로 이용해 겁을 주는 오래된 전통이 있어서 나체 시위가 효과가 있다고들 생각한다. 2001년 감비아에서 30명의 여성이 야당 조직원들이 개를 희생시키는 역겨운 의식을 행한 데에 항의하고자 나체로 거리에 나섰다. 여성들은 행진에서 소리를 지르고 박수치며 야당 당원들에게 저주를 퍼부었다. 2006년 남아프리카 케이프타운에서는 움타타 교도소의 여성 수감자 약 50명이 이감 계획에 반대하여 옷을 벗었다. 그리고 2008년 4월 영국 베드퍼드에 있는 얄스우드 이민 센터에서 어머니들이 옷을 벗었다. 한 나이지리아 임신부가 이전에 아이들이 이민 센터에 억류된 데 항의하여 평범한 시위를 주도한 대가로 이제 여섯 살 난 아들과 떨어져 독신자 동으로 옮겨진 데 필사적으로 저항한 것이다. 적어도 열다섯 명이 그 나이지리아 여성을 어디로 옮겼는지 알려달라고 요구했으며, 다른 사람들은 아동 '감금'에 혐오감을 표현하기 위해 옷을 벗었다. 『인디펜던트The Independent』는 이렇게 보도했다. "얄스우드를 운영하는 기업 서코의 대변인은 거주자와 직원들 사이에 회의가 열린 적은 있지만 '눈에 띄는 항의 행위는 없었다'고 했다. 스물두 살의 나이지리아 여성 머시 구오바티아도 이민 센터의 비인간적인 대우를 알리기 위해 나체로 나선 어머니 중 한 명 이었다. '짐승 취급을 당하고 있기 때문에 옷을 벗었습니다. 보호가 필 요합니다. 우리는 짐승이 아닙니다. 우리는 마치 끔찍한 짓을 저지른 사람처럼 취급당하고 있습니다.'"[33]

이들과 비교해보면 2008년 12월 어느 추운 날 파리에 있는 문화부 건물 앞에서 시위를 벌인 누드모델들의 사연은 평범해 보이지만 그들 의 주장은 나체 시위에 꼭 적합했다. 『가디언The Guardian』은 "닭살이 돋

2008년 12월 누드모델들이 프랑스 문화부 앞에서 시위하며 영하에 가까운 날씨에 옷을 벗었다.

은 나체 모델들이 들라크루아의 민중을 이끄는 자유의 여신 같은 포즈 로 노조 깃발을 휘두르며, 임금 인상, 정식 계약, 그리고 무엇보다도 직 업에 대한 존중을 요구했다." 보도는 크리스토프 르메라는 52세 모델 의 말을 인용했다. "저는 배우로 30년 동안 일했으며 이제 직접 연극 기획을 하는 데 도움이 될까 해서 누드모델을 시작했습니다. 모델 일 은 아주 훌륭하며 육체적으로 몹시 힘든 일입니다. 자신을 잊어버리고 체형의 한계를 극복해야 합니다. 미술가들이 표현하고자 하는 것은 제 몸이 아니라 인간의 본성, 존재, 그리고 존재의 모든 신비입니다. ……

우리는 사람들이 가득한 공간에서 옷을 벗고 무방비 상태가 되지만 우리의 알몸은 현대 사회에 널려 있는 경박하고 뻔뻔스러운 알몸과는 다릅니다. 더 정신적인 것이지요. 옷을 벗은 것은 나지만, 나를 보는 사람들의 옷 속도 나와 다르지 않다는 것을 알고 있습니다."[34]

나체 시위에 싫증을 내지 않을까?

나체 시위가 너무 많이 일어나면 식상해져 효과가 사라질 위험은 없을까? 대중들이 '나체 시위에 싫증'을 내지 않을까? 몇몇 나라에서 나체 시위는 전혀 새로운 현상이다. 중국에서는 최근 들어서야 나체가 시위의 수단이 되었다. 2008년 한 여학생이 의문스러운 정황에서 사망한 사건이 있었다. 경찰은 그 여학생이 자살했으며 얼굴의 상처는 죽기 전 수차례 팔굽혀펴기를 했기 때문이라고 주장했다(우리나라 신문에 보도된 내용과 차이가 있다. 그 남자들이 팔굽혀펴기를 하는 사이에 여학생이 강에 뛰어들어 자살했다고 보도됐다―옮긴이). 지역신문에서 경찰이 그녀의 강간 살해 용의자 두 명을 감싸고 있다고 비난하자 시위가 일어났다. 그리고 사건을 은폐하려 한 정부에 대한 항의로, 믿을 수 없을 만큼 '인터넷 밈'이 유포되기 시작했다. 수많은 블로거와 인터넷 사용자들이 그 사건에 대해 이야기할 때 '팔굽혀펴기'라는 말을 암호처럼 사용했고 TV의 유명 인사들을 비롯한 여러 사람이 나체로 팔굽혀펴기 하는 사진이 여기저기 유포됐다.[35]

중국의 티베트 정책에 대한 저항에도 나체가 효과적으로 이용되었다. 2009년 4월, 티베트족 두 사람이 2008년 라싸에서 발생한 시위에 참가한 혐의로 사형을 선고받자, 닷새 뒤 티베트족 학생 열 명이 뉴델

03 나체 혁명 | 145

그린피스 기후변화 운동에
동참하여 스펜서 튜닉이
2007년 촬영한 사진.
스위스의 알레치 빙하에서
600명이 알몸으로
포즈를 취했다.

1999년 10월 통찰력 있는 의사이자 사회운동가인
패치 애덤스와 헬렌 캘디콧 박사를 비롯한 여러 사람이
샌프란시스코에서 열린 반핵 시위에 참여했다.
헬렌 캘디콧은 『당신이 지구를 사랑한다면If You Love this Planet』의 저자다.

2003년 12월, 학생들이 베를린 알렉산더 광장에 들어선
크리스마스 시장을 가로질러 알몸으로 달리고 있다.
'우리는 교육을 위해 셔츠를 팔았다'는 문구를 새긴
30여 명의 학생들이 교육예산 삭감 계획에 반대하는 시위를 벌였다.

2001년 4월 캐나다 퀘벡에서 열린
제3차 미주 정상회담에
반대하는 시위를 하는 동안
물대포를 맞는 한 시위자.

리의 경비가 삼엄한 중국 대사관 앞에서 나체로 시위를 했다. 그들은 대사관 철조망에 몸을 묶고 '티베트의 인권'을 외쳤다. 그중 빌라쿠페 티베트족 어린이 마을 학교 학생인 도르지 체탄은 체포될 때 이렇게 밝혔다. "티베트에서 사람들이 어떤 일을 겪고 있는지 숨기려고 아무리 노력해도 중국의 억압 정책은 나체와 마찬가지로 숨길 수 없는 진

타이완 무소속 국회의원 리 아오가 2006년 11월 타이베이 의회에서 무기 구입비에 항의하며 약 50년 전 자신의 군인 시절 나체 사진을 보여주고 있다.

실이라는 것을 중국 지도부에 보여주기 위해 이렇게 시위한다."[36] 이 뉴스는 곧바로 전 세계에 전해졌다.

아시아의 다른 나라들에서도 나체 시위는 새로운 현상이며 당장은 그 충격과 홍보 효과를 잃을 위험이 없다. 그런 시위가 아직 너무 드물다. 2008년 말레이시아 활동가들이 옷을 벗겠다고 위협해 이목을 끌었다. 정부가 저소득자용 주택값을 두 배 이상 올리자 말레이시아 국민개혁운동당이 셀랑고르 주 정부 지사의 집무실 앞에서 옷을 벗겠다고 선언한 것이다. 정당의 대변인은 이렇게 밝혔다. "이번 가격 상승을 통해 주 정부가 말 그대로 우리의 옷을 벗기고 있으므로, 나체 시위는 절망에 빠진 우리의 마지막 수단이다."[37] 모두가 나체 시위를 좋게 본

것은 아니었다. 또 다른 야당인 범말레이시아 이슬람당의 정신적 지도자 닉 압둘 아지즈는 '야만' 인들만 그런 행동에 호소하며 "신은 완전히 알몸으로 사는 소 같은 짐승에게도 생식기를 가릴 수 있게 꼬리를 만들어주셨다. 그런데 정신을 부여받은 인간은 어떠한가"[38]라고 말했다.

2007년 타이 방콕의 한 의류 공장에서 해고된 300명의 노동자들도 비슷한 행동을 했다. 임금을 주지 않으면 총독 관저 앞에서 알몸으

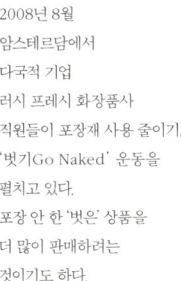

2008년 8월 암스테르담에서 다국적 기업 러시 프레시 화장품사 직원들이 포장재 사용 줄이기, '벗기Go Naked' 운동을 펼치고 있다. 포장 안 한 '벗은' 상품을 더 많이 판매하려는 것이기도 하다.

로 시위하겠다고 협박한 것이다. 2005년 필리핀 마닐라 거리에서 열다섯 명의 학생들이 교실 5만 개, 책상과 책 350만 개가 부족하다고 주장하며 '정부가 교육을 기본권으로 여기지 않는다는 숨길 수 없는 사실'에 대해 나체로 시위했다.[39]

영어권 국가에서는 나체 시위가 힘을 잃을 위험이 있기는 하지만 또 반드시 그런 것만도 아니다. 뻔한 상업적 '시위'조차 언론이 너무도 확실하게 반응을 보여주기 때문이다. 화장품 회사 러시는 포장에 반대하며 전 세계 매장 직원들에게 앞치마 하나만 달랑 두르고 시위를 벌이도록 했다. 앞치마에는 이렇게 쓰여 있었다. "제가 왜 알몸인지 물어보세요." 엄청나게 많은 언론사가 이를 보도했고, 트리허거닷

컴Treehugger.com은 이렇게 밝혔다. "러시 프레시 수제 화장품 회사는 이전에도 혁신적 마케팅으로 소동을 일으킨 적이 있었는데, 이번 주에는 단 1센트의 광고비도 안 들이고 헤드라인에 오르는 새로운 방법을 제시했다. 그래, 괜찮다. 훌륭한 메시지를 교묘하게 잘 전달했다. 하지만 그 캠페인에는 여전히 의문이 남는다. 예를 들면 낭비에 반대하는 캠페인에서 전단은 왜 뿌리는가? 나체가 새로운 마케팅 트렌드인가?"[40]

『오스트레일리안 데일리 텔레그라프Australian Daily Telegraph』는 그 캠

2005년 7월 에든버러 G8 정상회담에서 세계화에 반대하는 한 시위자.

페인을 보도하면서 독자들에게 물었다. "이제 나체 시위를 그만두어야 할 때일까?" 온라인으로 대답한 단 9명 중 찬성은 3명밖에 없었다. 그중 커샌드라라는 잘 어울리는 이름의 독자가 그들의 생각을 가장 잘 대변해주었다(그리스신화의 신녀 카산드라의 영어식 이름. 아폴론의 저주로 그녀의 예언을 아무도 믿지 않게 됐지만 트로이 멸망의 예언은 적중했다. 나체 시위에 대한 독자의 의견이 옳지만 아직까지는 영향력이 없다는 뜻—옮긴이). "옷을 입어라! 그런 시위자들은 이제 질린다. 그런 시위는 쇼에 지나지 않는다. 성을 파는 것이다. 늘 그랬고 늘 그럴 것이다. 온통 변태 천지다."[41]

나체 시위자들이 아직 언론의 주목을 받고 있다고 해서 그들에게 10~20년 전처럼 민감한 반응을 보인다는 뜻은 아니다. 나체 시위가 흔해지기도 했고 전 세계에서 촬영한 스펜서 튜닉의 집단 나체 사진이 유명해졌기 때문에 시위가 결과적으로 이목을 끌었든 아니든 나체 시위의 충격적 효과는 당연히 감소했다.

달렌 엔튼만도 그런 사실을 잘 아는 것 같다. 그녀는 캔서블로그 thecancerblog.com에 「나체 속임수: 유방암을 위한 불가리아 디바들의 '가짜' 나체」라는 글에서 이렇게 썼다.

이번 주 불가리아에서 세계적 화장품 회사 에이번이 나체를 이용했다. 유방암에 대한 인식을 높이기 위한 지속적 노력의 하나로 불가리아의 섹시 연예인 세 명을 내세워 이색적인 캠페인을 벌였다. 세 미녀는 소피아의 국립 미술관 외벽에 걸린 실물보다 더 큰 포스터 속에서 행인들을 바라보고 있었다. 커다란 분홍 리본을 미녀들의 몸에 딱 맞게 덮어놓았는데 리본을 벗기면 여자들의 나체가 드러날 것 같은 모습이었다. 드디어 분홍 리본이 걷히자 포스터 속에서 어깨와 다리를 드러내고 미소 짓고 있던 텔레비전 스타 나탈리아 시메오노바, 팝 음악의 디바 마리아 일리에바, 영화배우 코이나 루세바는 유방암 메시지가 인쇄된 분홍색 티셔츠를 들어 몸을 가리고 있었다.
대중이나 파파라치가 섹시한 것이나 나체를 연상시키는 것, 혹은 실제 나체에 질릴까? 아니다. 그리고 그러라고 권하지도 않겠다. 하지만 이런 종류의 캠페인이 식상해질 위험이 있다는 것은 슬쩍 알려주겠다. 만약 내가 큰 회사의 사장인데 우리 회사의 인지도를 눈이 튀어나올 만큼 높이는 것이 목표라면 광고계에서 제일 똑똑하고 혁신적이고 창의적 인재들을 고용해 지적이고 신선하고 생소한 광고를 만들게 하겠다. 하지만 현재로는 패멀라 앤더슨과 에이번이 어떤 것이 효과가 있는지 잘 알고 있다. 그리고 잘 써먹고 있다.[42]

나체가 인간, 동물, 환경권의 심각한 침해에 대한 도덕적 분노를 표현하는 효과적인 도구로 잘 이용되고 있기는 하다. 그렇지만 영어권 국가에서는 너무 과도하게 이용되어, 이제 나체를 신중하게 이용하지 않으면 진지한 캠페인이 제대로 효과를 발휘하지 못할 수도 있는 시대가 되었다.

스펜서 튜닉이 지구온난화의 심각성을 강조하기 위해 2007년 그린피스와 제휴하여 '신체 풍경화body landscape'를 내놓았다. 그 작품으로 지구온난화에 대한 경각심을 환기하자는 애초의 목적은 달성했지만, 애써 스위스 알레치 빙하에 600명의 자원자를 세워놓고도 앞으로 벌어질 비극의 심각성을 전달하지는 못했다. 그린피스는 그 사진들의 의도가 "녹고 있는 빙하의 약함과 신체 사이의 상징적 관계를 성립시키는 것"[43]이라고 밝히기는 했지만 저항 운동이 설치미술 작품이 되고 나면 미적 감상이 분노를 대체하여 우리는 작품이 전달하고자 하는 내용에 관심을 두기보다 그저 감탄해서 바라보게 된다.

예술 작품이 정치적 영향력을 발휘하는 캠페인이 될 수 없다는 문제뿐만 아니라 시위에 나체를 효과적으로 이용하지 못하게 하는 또 다른 문제가 있다. 정계와 마케팅업계 신조어인 하이재킹과 밴드왜건이다. 최근 기업 광고와 종교계가 그 문제로 비난받은 적이 있다.

항공사가 나체 시위의 힘을 하이재킹하고, 이교가 밴드왜건에 올라타다

러시의 포장 반대 캠페인은 환경을 파괴하지 않는 지속 가능성이라는 비상업적 목적을 내세웠기 때문에 하이재킹이라는 비난을 면할 수 있었지만, 아일랜드 항공Aer Lingus이 2009년 성 패트릭의 날에 저가 요금 운항을 개시하면서 런던 아이London Eye에서 나체 지원자 1,000명을 모집한 것은 나체 시위가 성공하자 이를 상업적으로 이용하면서 순수성을 잃어버린 예다. 나체 시위자들이 '숨길 수 없는 진실'을 지키고 싶다는 의지를 표현하기 위해 상징적으로 나체를 이용한 반면, 광고계는 그럴듯하게 진실을 내세워 '나체'라는 단어가 눈에 띄게 해놓고 실제 참가자들이 옷을 다 벗지도 않는다. 러시 캠페인 직원은 앞치마를 둘렀고 아일랜드 항공 캠페인 참가자들은 클로버 모양 도구로 몸을 가렸다. 실제로는 많은 사람들이 경찰의 눈에 띄지 않을 때 옷을 벗었다고 한다. 마케팅 담당자가 런던의 3월이 별로 따뜻하지 않다는 것을 생각지 못해 문제가 있었는데도 항공사는 그 쇼로 홍보 효과를 올렸다. 400명이나 온 데다 날씨도 좋았다.

밴드왜건에 올라타듯 찜찜하게 시위 방법을 이용한 괴상한 예가 있다. 라엘리안교는 2002년 최초의 복제 인간 '이브'를 만들었다고 주장하는 단체와 연관되면서 세계적으로 유명해졌다. "라엘리안은 누구이며 왜 옷을 벗고 있는가?"라는 2007년의 한 기사는 이렇게 시작한다. "어떤 기자가 언젠가 외쳤다. '라엘리안은 대단한 취재거리다. 섹시하고 아름다운 나체주의자들이며 외계인을 숭배한다!' 이런 말에도 귀가 솔깃하지 않다면 당신은 죽은 사람이다."⁴⁴ 라엘리안교는 분명 기자들과 사람들에게 수많은 이야깃거리를 줄 것이다. 게다가 호의적인 언론 보도를 유도하는 행사 연출에 뛰어나다. 그러나 2008년 이스라엘의 텔아비브야파에서 열리기로 한 그들의 '메가파티Mega-Orgy'는 행사장 소유주가 압박과 위협을 당해 취소되었다. 라엘리안 대변인은 그 행사의 목적이 '전쟁이 아닌 성교를 하라' 라는 말을 '실천하려는 것'이었다고 설명했다. 그들은 '집단 오르가즘으로 세상에 평화를 가져오기를' 원했다. "합의에 의한 성교와 방해받지 않는 자연스러운 쾌락의 경험으로 평화를 이룰 수 있습니다." 그는 전쟁, 폭력, 살인이라는 단어들이 성교, 오르가즘, 쾌락이라는 단어보다 더 합법적이 되었다며 말을 이었다. "거꾸로 되어야 합니다. 몇 년 전 팔다리를 절단한 이라크 소년이 텔레비전에 나왔을 때는 모두 괜찮다고 생각했지만 슈퍼볼에 재닛 잭슨의 가슴이 노출되자 미국 국민들은 난리를 피웠습니다."[45]

라엘리안이 자신들의 취지를 아무리 이성적으로 설명해도 이스라엘에서는 지지를 얻지 못했다. 그 우주 시대 종교는 자신들의 상징이 다윗의 별에서 나온 만자 모양이기 때문에 유대교 국가에서 전적으로 부적절하다는 것을 알지 못했던 것이다. 그 만자가 힌두교, 불교, 자이나교에서도 사용했던 오랜 전통이 있으며 나치의 상징으로 이용하려는 것이 아닌데도, 이스라엘 정부는 라엘파가 외계인을 환영하기 위해 전 세계에 건설 중인 '대사관' 중 하나를 이스라엘에 설립하도록 허가하지 않았다.

라엘리안들은 나체 시위에 찬성하는 사람들에게서도 환영받지 못했다. 2003년 7월 베어 위트니스Bare Witness가 나체로 'No GM'이라는 글자를 만들어 찍은 사진에 대해 300명의 라엘리안이 옷을 벗고 다른 생각을 전달했다. 'We Love GM'.

이런 활동이 다른 단체의 성공적인 캠페인을 본떠 덕을 보려는 비웃음을 살 만한 일이 아니라 진정한 항의 운동이든, 혹은 '인식 제고' 활동이든 아무튼 나체는 여전히 이목을 끌고 세상에 자신을 알리기에 효과적인 도구다. 요즘 영어권은 커샌드라 같은 사람들이 나체 시위에 질려버려 충격을 주기가 더 어렵다. 하지만 왜 그런지 모르겠지만 대중 앞에서 옷을 벗고 메시지가 담긴 현수막을 흔드는 사람들에 대해 계속해서 흥미를 품고 즐거워할 것이다. 왜 그럴까? 얼마나 많은 나체를 보아야 덤덤해질까?

나체의 역설적 본성 때문에 나체 시위자들에게 마음이 끌린다. 인간은 나체일 때 가장 약하지만 시위를 할 때는 이상하게도 강하다. 그들은 대담무쌍, 용기, 숨길 수 없는 진실을 상징하며 갓 태어난 아기이고 연인이고 가진 것 모두를 버린 시체와 같다. 알몸으로 나섬으로써 인간에 대한 모든 것을 말하는 것이다. 정치적 주장에서는 더 적은 것이 정말 더 많은 것이다.

정부는 옷과 마찬가지로
잃어버린 순수의 상징이다.

—토머스 페인Thomas Paine, 『상식Common Sense』

04

영국 수상은 감출 것이 없다

플라톤의 『고르기아스Gorgias』에서 소크라테스는 자신이 진리로 받아들이는 어떤 전설을 들려준다. 옛날에 사람이 죽어갈 때에 크로노스가 영혼을 심판해 착한 영혼은 축복의 섬에 보내고 나쁜 영혼은 타르타로스의 역겨운 감옥에 보냈다. 그런데 그 과정에 문제가 있었다. 사람들이 죽기 직전에 심판을 받으므로 아직 옷을 입고 있는 것이다. 제우스가 사람들이 죽고 나서 나체로 심판을 받게 하여 문제를 해결했다. 따라서 심판관들도 역시 나체가 돼야 했다. 그래서 진실을 가리것은 아무것도 없었다.

  소크라테스는 소신에 따라 행동했다. 소크라테스는 방금 죽은 자의 영혼을 응시하며 옷을 벗어야 하는 재판관처럼, 『변명Apology』에서 아테네 시민들을 불의와 대면시키기 위해 그들 앞에서 옷을 벗는다. 훨씬 더 서쪽에 사는 아일랜드 씨족장과 왕들도 같은 생각을 했다. 이들은 자신이 결함이 없다는 것, 그리고 숨기는 것이 없다는 것을 증명하기 위해 백성들 앞에 옷을 벗고 섰다. 누구의 앞에 나체로 서는 것은 숨기는 것이 없다는 것을 보여주는 가장 간단한 방법이므로 거리낌 없이 나체를 보여주는 정치인은 왠지 믿을 만하고 건전해 보인다.

처칠 수상이 미국을 방문해 백악관에 머무르고 있을 때, 루스벨트 대통령은 처칠이 방에서 완전히 나체로 왔다 갔다 하면서 시가를 뻐끔뻐끔 피우며 남자 비서에게 지시를 내리는 모습을 보게 됐다. 루스벨트가 황급히 돌아가려고 하자 처칠이 그를 부르더니 이렇게 말했다. "영국 수상은 미국 대통령에게 아무것도 숨길 것이 없습니다."[1]

이 멋지고 솔직한 일화는 린든 존슨의 이례적인 행동과 현격한 대조를 이룬다. 그는 몇몇 기자들과 인터뷰를 하면서 왜 미국이 아직도 전쟁 중이며 베트남 공격을 계속하는지 설명하기 위해 바지 지퍼를 내리고 성기를 보여주었다.[2] 마찬가지로 스스로를 자연주의자라고 거리낌 없이 밝히는 영국의 버나드 젱킨 하원 의원이나 자유민주당 의원 헬렌 스웨인 같은 정치인들의 솔직하고 자연스러운 태도는 미국 하원 의원 마크 폴리의 태도와 두드러진 대조를 이룬다. 마크 폴리는 2003년 플로리다에서 청소년을 위한 자연주의 여름 캠프를 폐쇄하자는 캠페인을 이끌면서 캠프에서 청소년들이 소아성애자들에게 노출될 수 있다고 경고했다. 주지사 젭 부시의 법률 자문위원회는 폴리에게, 플로리다가 아이들에게 음란하지 않은 나체를 허용하고 있으며 그 캠프에서 "범죄, 아동 방임 혹은 착취에 대한 보고를 받은 적이 없다"고 설명했다. 이후 폴리는 노골적으로 음란한 이메일을 보내 의회 미성년 급사들을 유혹했다는 사실이 폭로돼 사직했다.[3]

나체에 대한 거부감은 억누를 수 없거나 양심상 인정할 수 없는 충동으로부터 자신을 보호하려는 의식적 혹은 무의식적 요구에서 생겨났을 수 있다. 혹은 자신은 그렇게 생각하지 않는데 대부분 사람들이 나체를 수치스럽고 음란한 것이라고 여기기 때문에 예의를 지키다 보니 어쩔 수 없이 생겨난 것일 수도 있다. 전 영국 수상 토니 블레어가 아내의 나체화를 공개하지 못하도록 한 것도 그런 이유가 분명하다. 그의 아내 셰리 블레어는 수습 변호사 시절 화가 유언 어글로의 작품에서 나체로 포즈를 취한 적이 있었다. 셰리가 클래펌에 있는 어글로의 작업실에서 2년 동안 모델 일을 한 것을 보면 그 일을 즐겼던 것 같다. 그리고 그 화가의 이름을 따 큰 아들의 이름을 지을 만큼 그 화가를 존경했다.

그 그림은 1983년에 단 한 번 전시되었는데, 그때 토니 블레어는 그 그림을 숨기기 위해 갖은 애를 다 썼다. 화랑 운영자 윌 다비의 말은 이렇다.

> 블레어 부부가 공적인 생활을 시작한 이후 유언이 그 그림을 공개하고 싶어 하지 않았기 때문에, 부스 씨(셰리 블레어의 결혼 전 성姓. 일할 때는 이 성을 사용한다—옮긴이)의 초상화가 거의 25년 동안 공개되지 않았다. …… 다들 그녀가 무엇을 했는지 알고 있었고, 전혀 숨기지도 않았다. 토니 블레어만 안절부절못했다. 그는 취임한 후 그 그림이 공개될까봐 크게 걱정했다. 유언은 토니 블레어 아래서 대법관으로 일하는 절친한 친구 데리 어빈을 봐서 그의 재임기에는 그림을 공개하지 않기로 했다. 셰리는 유언이 죽을 때까지 그의 절친한 친구로 남았다. 이제 그 그림이 공개되었으니 그녀는 호탕하게 웃을 것이다. 그녀는 전혀 부끄러워하지 않는다.⁴

셰리는 가톨릭 신자이기 때문에 나체화를 부끄럽게 느낄 이유가 없었다. 뭐니 뭐니 해도 1981년 교황 요한 바오로 2세가 이렇게 선언했으니까 말이다. "신이 인간의 몸을 창조했으므로 아무것도 가리지 않은 채 그 눈부신 아름다움을 손상하지 않고 보존해도 좋다."⁵ 토니 블레어도 이제 공직을 떠났고, 가톨릭 신자가 되었으니 그 그림에 더 관대해졌을지도 모르겠다. 하지만 2007년 로열아카데미 여름 전시회의 주요 작품인 마이클 샌들의 목탄화는 결코 기분 좋게 봐줄 수 없었을 것이다. 그와 셰리를 나체로 묘사한 〈이라크 3부작Iraq Triptych〉이라는 그림은 전시회에서 드로잉 부문 휴 카슨 상을 수상했다. 그림은 에덴동산에서 쫓겨난 아담과 하와를 그린 중세 회화의 패러디로, 세 부분으로 구성되어 가운데에 토니와 셰리가 총리 관저 계단에 나체로 서 있는 모습이 그려져 있고 옆의 두 부분에는 영국 군인들에게 학대받는 이라크 시민들이 있다.

의회에서의 나체

토머스 페인의 논설 『상식Common Sense』은 미국의 독립을 옹호하는 내용으로 1776년 익명 출판되었다. 당시 페인은 미국에 온 지 얼마 되지 않았지만 겨우 50쪽짜리 그 글은 정체성을 찾아 투쟁하는 식민지의 분위기를 잘 포착하여 곧바로 베스트셀러가 되었다. 작품에서 그는 정부의 유해성을 이렇게 요약한다. "정부는 옷과 마찬가지로 잃어버린 순수의 상징이다."

페인의 영향력이 증가하고 그가 1791년 『인간의 권리Right of Man』를 출간하자 이듬해 런던 거리에 그의 사상에 대한 풍자가 등장했다. '알몸 혹은 나체에 대한 논문, 페인의 인권에 대한 패러디Buff, or a dissertation on nakedness, a parody on Paine's Rights of Man'라는 제목의 팸플릿이었다. 익명의 저자는 페인의 자유 개념을 나체 개념으로 바꾸고 '인간의 권리에 대한 웅장한 합창'을 '나체에 대한 칸초네타'로 변형하며 재미있어했다. '알몸'은 역사에서 거의 잊혔지만 『인간의 권리』는 여태껏 가장 영향력 있는 글로 평가받는다.

그러나 비평가 토머스 칼라일은 페인을 지지하지 않아서 페인이 "반항적인 코르셋 제조인에 불과한데……『상식』을 통해 혼자 힘으로

마이클 샌들의 〈이라크 3부작Iraq Triptych〉 중 일부.
이 작품은 2007년 로열아카데미 여름전 드로잉 부문에서 휴 카슨 상을 수상했다.
중세적 상상력과 구조로 그려진 커다란 세 개의 패널은
아담과 하와의 낙원 추방을 묘사한다. 거기에는 셰리 블레어와 토니 블레어가
총리 관저 바깥에 알몸으로 서 있고, 그 한쪽에는 이라크인들의 시체 더미,
다른 쪽에는 영국 군인들이 두건을 쓴 이라크 포로들을 때리는 장면이 표현되어 있다.
2006년 군사법원에서 이라크인들에 대한 비인간적 대우를 인정한
도널드 페인 상사의 증언을 바탕으로 그렸다.

미국을 해방시키고 이 세상을, 어쩌면 저세상까지 해방시킬 수 있다고 생각한다"[6]고 썼다. 그러나 칼라일도 1833년 『의상 철학Sartor Resartus』에서 나체 국회의사당을 상상하며 정치적 맥락에서 나체 개념으로 장난을 쳤다.

알몸의 윈들스트로 공작이 알몸의 상원 의원들 앞에서 연설하는 장면을 상상할 수 있는 사람이 있을까? 아마 매캐한 공기 같은 것에 막혀 제자리로 돌아오고 말 것이니, 더 이상 상상할 수 없을 것이다. 상원 의

2005년 벨기에에서 결성된 정치 저항 운동 단체인 NEE의 타니아 데르보가 2007년 벨기에 총선에서 실업 문제에 대해 정당들이 내세운 비현실적 해결책을 꼬집는 정치 포스터에서 포즈를 취했다.

장석, 여당 의원석, 야당 의원석이 모두 – 말로 표현 못 할 만한 재앙! 재앙이다! 그런데 그런 일이 못 일어날 이유가 무엇인가? 자유로운 권리를 수호코자 하는 모든 영혼, 아니 모든 육신이 지난밤에 알몸이었거나 알몸에 가까운 상태였지 않은가? '머리가 괴상하게 조각돼 있고 가랑이 모양으로 두 갈래로 벌어진 무가 아니었는가?'(셰익스피어 『헨리 4세』에 나오는 구절로, 팔스타프가 판사를 비웃는 말. 옷을 벗으면 초라해 보인다는 뜻—옮긴이) 우리의 피할 수 없는 운명이 그렇게 정해져 있다면 관습을 무시하고, 침대에 들어가듯 하원으로 걸어 들어가서 비슷한 다른 무들과 함께 어전회의를 열지 못하는 이유가 무엇인가?[7]

1986년 헤럴드 블룸은 칼라일에 대해 쓰면서 그의 생각이 미국 사

회에 '기적을 일으킬 것'이라고 했다.

> 하원 의원과 상원 의원이 (아마도 충분히 난방이 된 국회의사당에서) 완전히 알몸이 된다고 생각해보라. 입법의 질은 올라갈 것이며 과장된 말은 줄어들 것이다. 완전히 벌거벗은 교수들이 완전히 벌거벗은 학생들을 가르친다고 상상해보라. 지적 수준은 올라가지 않을지 모르지만 권위의 문제는 명백해질 것이다. 대통령이 나체로 텔레비전에 나와서 방긋 웃으며 친한 척하고 모순된 말로 우리에게 아부한다고 상상해보라. 우리로선 감동해 마지않겠지만, 현실이 그를 방해할 것이다. 아니 심지어 우리도 방해할 것이다.[8]

나체가 정치계를 개선할 수 있다는 생각은 최근 특히 가톨릭 국가의 많은 정치인들이 받아들였다. 아마도 교황 요한 바오로 2세가 '몸의 신학'으로 인간 형상이 '신의 모습을 본떠' 창조되었다는 것을 신자들에게 확인시킨 영향인 것 같다.

제일 유명한 나체 정치인이라면 단연 일로나 스탈러를 꼽는다. 헝가리 태생인 그녀는 1970년대에 치치올리나(cicciolina 작고 뚱뚱한 사람)라는 이름으로 모델 겸 가수, 포르노 배우로 활동해 명성을 얻었다. 그녀는 1979년 이탈리아 의회의 녹색당 후보로 출마해 낙선했으며, 1985년에는 급진당으로 소속을 바꾸어 인권 옹호와 세계 기아, 핵에너지, 나토NATO에 반대하는 운동을 했고 1987년 의원으로 당선됐다. 임기가 끝나고 재선되지 않자 그녀는 매니저와 동료 포르노 스타 한 명과 함께 전통적 정당들을 풍자하는 신당을 창당했다. '사랑의 당Partito dell'Amore'은 사창가 합법화와 성교육과 사랑의 공원 건설을 주장했다.

조롱에도 불구하고 일로나 스탈러는 자신의 가치를 잘 알고 있으며 화가 제프 쿤스와 떠들썩하게 이혼한 후에도 정계에서 여전히 활발하게 활동한다. 그녀는 사형, 원자력, 검열, 모피 산업, 생체 해부에 반대하는 평화주의자다. 환경보호 기금 마련을 위한 자동차세 창설을 주장하고 마약의 비범죄화를 지지하며 감옥에서의 성생활권을 포함해 완전한 성적 자유를 옹호한다. 이런 훌륭한 목표에도 불구하고 밀라노 시장 선거와 헝가리 의원 선거에서 충분한 지지자들을 모으지 못했다.

일로나 스탈러와 비교하면 다른 '나체 정치인들'은 평범해 보이기까지 하지만 알몸에 보아뱀을 두르고 선거 유세를 펼친 치치올리나처럼 정치인들은 나체가 유권자들을 끌어모으는 데 도움이 될 것이라고 믿었다. 그들은 마치 아일랜드 왕처럼 숨길 것이 없다는 것을 증명하고자 했다. 2006년 카탈루냐 시민당 당수 알베르토 리베라는 나체로 포스터에 등장해 선거운동을 펼쳤다. 두 손을 맞잡아 생식기를 가린 잘생긴 리베라의 모습에 이런 문구가 덧붙었다. "여러분의 당이 태어났습니다. 우리는 국민들에게만 마음을 씁니다. 우리는 여러분이 어디서 태어났는지 상관치 않습니다. 우리는 여러분이 어떤 언어를 쓰는지 상관치 않습니다. 우리는 여러분이 어떤 옷을 입는지 상관치 않습니다." 그 당은 첫 선거에서 카탈루냐 지역 의회 3석을 차지하는 성공을 거두었다.

마드리드에서 리베라의 성공을 지켜본 58세의 전직 보수당 대변인 후안 바랑코는 2007년 봄 무소속으로 출마하면서 나체 포스터를 내걸기로 결심했다. 광고대행사가 그를 설득해 풍선으로 생식기를 가리는 것보다 상반신만 촬영하고 카메라를 향해 손을 벌려 '깨끗한 손으로'라는 슬로건을 직접 보여주는 것으로 변경했다. 그해 여름이 되자 이런 생각은 바람에 실려 멕시코까지 전해졌다. 시장 후보 윌프리도 살라사르 룰레의 포스터가 사카테카스 시 전역에 나붙었다. 그가 플레이보이 모델 같은 포즈로 엎드려 있고 그 옆에 '완전히 투명하다 Completamene transparente'라는 제목이 달렸다.

뉴질랜드와 영국의 지방의원들도 이들처럼 대담했다. 2001년 열

여덟 살의 폴라 길런이 최연소 의원으로 당선돼 뉴질랜드 역사에 이름을 남겼다. 그녀는 포스터에 '가리지 않은 정치인The Naked Politician'이라는 문구와 함께 몸을 거의 가리지 않고 등장해 성공을 이뤄냈다.

1979년 잉글랜드의 브라이턴 시의원 아일린 제이크스는 이비사 섬에서 상체를 벗고 일광욕을 즐기는 자기 사진을 보여주어 동료 의원들이 그 마을의 자연주의 해변을 허가하도록 하는 데 기여했다.

2004년 『인디펜던트』는 이렇게 보도했다.

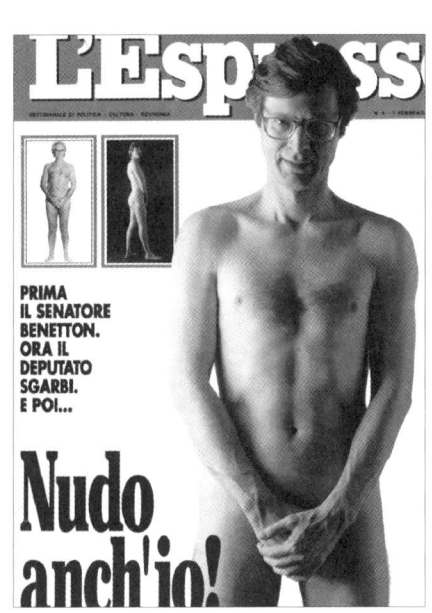

1993년 2월 이탈리아 시사 잡지 『에스프레소 L'Espresso』 표지에 자유당 비토리오 가르비가 알몸으로 포즈를 취했다. 삽입된 작은 사진은 알몸으로 포스터를 찍은 또 한 명의 정치인 루치아노 베네통 상원 의원.

현재 72세인 아일린 제이크스는 아직도 브라이턴 해변에 산다. 그리고 아직도 일광욕으로 전신을 태운다. 하지만 브라이턴 나체 해변에서 일광욕을 하지는 않는다. "전 에스파냐 자연주의 해변 근처에 집이 한 채 있어요. 그리고 브라이턴에 있는 친구가 아주 은밀한 정원을 가지고 있지요. 그러니 왜 해변 자갈돌 위에 눕겠어요? 하긴 요즘은 거의 아무 데서나 윗옷을 벗어도 되죠."9)

케이티 게스트 기자는 기사를 이렇게 끝맺었다.

그렇다. 해변은 게이들로 가득하다. ("아니면 우리가 그 남자들 앞에서 옷을 벗겠어요?" 에식스 출신의 칼라가 웃으며 말했다.) 하지만 일단 옷을 벗고 약간 자존심이 상하거나 완전히 무시당하는 느낌을 잊어버리고 나면 이상하게도 자유로워진다. 사반세기 동안 우리는 나체에 자유롭지 못했는데 아일린 제이크스는 이미 행복이 어떤 것인지 잘 알고 있었다.

길런과 제이크스는 사진을 계획적으로 잘 이용했다. 다른 의원들은 그렇게 운이 좋질 못했다. 그래서 다른 사람이 허락도 없이 그들의 나체 사진을 배포했다. 공공연한 게이 자유민주당 의원 찰스 앵글린이 2006년도에 게이 데이트 사이트에 올린 사진을 지역신문 기자가 발견해서 구설수에 올랐다. 하지만 기자가 바랐던 만큼 크게 충격을 받은 사람은 별로 없었다. "램버스 주민으로서 나는 그가 사적으로 무슨 짓을 하든 개의치 않는다. 단지 그가 우리 집 쓰레기 수거나 좀 잘되게 조치해주면 좋겠다."[10]

세 아이의 엄마인 자연주의자 헬렌 스웨인은 2002년 자유민주당 의원으로 입후보했다가 나체 전단지가 온 웨스트요크셔 머필드 유권자들의 우편함에 배달되는 일을 겪었다. 거기에는 그녀가 2년 전 채널 5의 나체 게임쇼에 출연한 사진이 들어 있었다. 〈네이키드 정글Naked Jungle〉이라는 오락 프로그램으로, 출연자들이 나체로 장애물 경기를 하는 내용이었다. 사회자인 키스 셰긴도 알몸으로 등장했고, 그 해에 200만 명이 시청해 그 채널 오락 프로그램 중 최고의 시청률을 올렸지만 한 시리즈로 종영했다. 『데일리 메일Daily Mail』은 그 프로그램을 '음란함이 밑바닥까지 간 것'이라고 공격했고 문화부 장관 크리스 스미스도 하원에서 그 프로그램을 비난했다. 헬렌 스웨인이 공격받은 것도 역시 같은 이유였다. 대중은 그 프로그램에 대해 분개하지 않고 재미

'네이키드 카우보이'
로버트 존 버크가
2009년 뉴욕 시장 선거에
출마해 선거운동을
벌이는 모습.
10여 년 동안 매일
버크는 부츠와 팬티만 입고
타임스스퀘어에서
연주를 하고 있다.

두 명의 여성이
타임스스퀘어에서
네이키드 카우보이에 맞서고 있다.
사진 속의 루이자 홈런드는
2005년부터 타임스스퀘어의
'네이키드 카우걸'로 나섰다.
몇 년 뒤 자칭
'타임스스퀘어의 여왕'인
전직 스트리퍼 샌디 케인은
홈런드가 자주 자리를
비운다는 것을 알아채고
그녀의 기타를 메고 사진 한 장에
2달러씩 받았다.
"나는 오랫동안 옷을 벗어왔죠.
이 정도는 문제도 아니죠"
라고 케인이 말했다.

있어 했는데도 말이다. 채널 5의 대변인은 이렇게 말했다. "우리는 키스 셰긴의 은밀한 부위가 그렇게 큰 흥미를 유발한 것을 보고 대단히 놀랐습니다. 그 쇼에 대해 불만도 좀 있었지만 대부분 심각한 것이 아니어서 불만 위원회에 접수된 것은 단 한 건에 불과했습니다."[11]

폴란드 여성당

가톨릭 국가에서 나체가 인기 있는 전략이기는 하지만 항상 성공을 보장해주지는 않는다. 나체를 이용해 이목을 끌고 표를 얻으려는 가장 야심 찬 시도가 2007년 폴란드에서 있었다. 여성당Partia Kobiet 창당 때였다. 단체 사진을 통해 여성의 단결을 표현한 '캘린더 걸스'(268쪽 참고)의 성공에서 영감을 얻었는지, 여성당의 포스터가 공개될 때 당수 마누엘라 그레트코프스카는 이렇게 발표했다. "우리는 아름다우며 나체로 떳떳하다. 몸도 마음도 모두 진실하고 순수하다. 이것은 포르노그래피가 아니다. 섹스와 전혀 관계가 없다. 우리의 얼굴은 지적이고 사려 깊고 당당하다. 입을 벌리지도 눈을 감지도 않았다. …… 우리의 관심은 사회에서 여성의 미래와 지위다. 우리는 이전 공산주의 간첩들에 대한 자료를 공개하겠다. 그들의 부패를 알릴 것이다."

여성당은 창당 당시 지명도를 얻었는데도 총선거에서는 0.28퍼센트밖에 득표하지 못했으며 의석 확보에도 실패했다. 어쩌면 유권자들은 영국 정치 블로거 귀도 포크스의 말에 공감했는지도 모른다. "이번 폴란드 선거의 여성당 포스터에는 이런 슬로건이 붙어 있다. '모두가 미래를 위한 것. …… 숨길 것은 전혀 없다.' 이것은 판에 박힌 정치인의 슬로건이며, 그 여성들이 포스터 뒤에 숨어 있으니 뻔뻔스러운 거짓말

폴란드 여성당의
의회 선거용 포스터.
2007년 10월.

이다." 어쩌면 유권자들이 여전히 폴란드 사회를 지배하는 가톨릭 교리에 어긋나는 여성의 권리 주장을 좋아하지 않았기 때문이었을 수도 있다.

대통령의 사교 침례

후보자들이 정상에 오르고 싶어서 나체로 애를 썼는데 일단 정상에 오르고 난 뒤에는 다시 옷을 입어야 할까? 알베르토 리베라는 나체로 효과를 보았지만 그 결과로 살해 협박을 받아서 더 이상 나체 캠페인을 하지 않았다. 나체 사진을 이용했던 정치인 중 나체를 지속적인 전략으로 이용하거나 자신의 이미지로 고착시키는 경우는 없었다.

그러나 정치인이 물속에서 하는 행동은 전적으로 별개의 문제인 것 같다. 대통령이 알몸으로 수영해도 거부감이 일어나지 않는 미국에서는 말이다. 그런 관례를 만든 것은 19세기 초 제 6대 대통령 존 퀸시 애덤스로, 아마도 '환기換氣 복음'을 설파하고 나체로 '공기 목욕'을 하곤 했던 건국의 아버지 벤저민 프랭클린의 영향을 받은 것 같다. 존 퀸시 애덤스는 거의 매일 아침 5시 포토맥 강에서 알몸으로 수영을 즐겼다. 전 국방장관 로버트 맥나마라가 "나는 아침에 해변으로 달려가 잠깐 나체로 수영하는 것을 좋아한다"고 말한 적이 있는데 그와 마찬가지로 퀸시 애덤스도 사교적인 목적으로 나체 수영을 즐긴 것은 아니었다. 그러나 시어도어 루스벨트는 내각 전체를 포토맥 강 나체 수영에 데려갔다.[12] 그리고 '매혹적인 시대(케네디 대통령 재임 시절)'에 백악관에서 존 F. 케네디는 점심시간에 여성 보좌관 두 명과 나체 수영장 파티를 여는 것을 좋아했다. '빈둥빈둥'이라는 이름을 붙인 그 파티에는

필리포 판세카가 그린
이탈리아 총리 실비오 베를루스코니와
그가 총애하는 장관 마라 카르파냐.
이 그림은 2009년 4월
포르테차 델 프리아마르에서 열린
'아르트 앤 사보네리Art & Savonnerie'에
전시되면서 논란을 불러일으켰다.

동생 보비와 테디가 참석하곤 했다.

케네디의 후임 린든 존슨도 그 전통을 이었다. 존슨은 거만한 성격으로 화장실에 앉아 직원들과 이야기를 나누거나 자신의 성기를 '점보'라고 부르곤 했다. 백악관 방문객들을 수영장으로 초대해서 나체 수영이 싫다고 하면 곤란하게 만들었다. 목사 빌리 그레이엄도 수영장에 초대 받았는데 기꺼이 물속에서 대통령을 만났다. 『백악관과 빌리 그레이엄 The Preacher and the Presidents: Billy Graham in the White House』의 두 저자 낸시 기브스와 마이클 더피는 이렇게 썼다. "대통령 집무실을 방문했는데 존슨이 백악관 수영장에서 수영을 하자고 했다. 아무도 수영복을 준비해 오지 않았지만 전혀 문제가 없었다. 그 후 몇 년 동안 존슨 대통령은 회의를 하다 말고 수영을 하자고 했고, 옷 벗기를 주저하며 사교 침례를 꺼리면 누구든 그의 놀림감이 됐다."[13]

그러나 최근 아일랜드 수상 브라이언 카우언은 스트리트 아티스트 뱅크시의 '게릴라 아트'와 비슷한 행사에서 자기도 모르는 사이 두 작품의 모델이 됐을 때 그렇게 관대하게 대응하지 않았다. 두 번 모두 브라이언 카우언의 나체화가 국립 화랑에 걸려 있다가 발견됐고 언론이 '초상화게이트'라는 별칭을 붙인 사건의 도화선이 됐다. 2009년 3월 7일, 35세의 미술가 코너 캐스비는 아일랜드 국립 미술관에서 예이츠와 보노를 비롯한 아일랜드 유명 인사들의 초상화 옆에 카우언 수상의 그림을 몰래 거는 데 성공했다. 그림에는 화장실 두루마리 화장지를 쥔 수상의 상반신이 그려져 있었고 그의 별명 'Biffo'에 대한 설명이 붙어 있었다.

> 브라이언 카우언, 정치인, 1960~2008. 이 초상화는 국립 화랑의 의뢰를 받지 않고 제작된 것으로, 건국 이래 아일랜드가 낳은 가장 훌륭한 정치인 중 한 사람을 기린다. 브라이언 카우언은 전례 없는 번영의 기간에 잠깐 재정부 장관을 지내고 2008년 수상 자리를 이어받았다. 수

상은 엄청나게 똑똑하고 분석적으로 사고하는 사람이라는 평가에서 오펄리 출신의 완전 멍청한 놈Big Ignorant Fucker from Offaly이라는 평가에 이르기까지 다양한 이미지 덕분에 그리기 힘든 대상이었다.[14]

그림은 걸린 지 한 시간이 채 안 돼 발견됐지만 다음 날 또 다른 그림이 아일랜드 왕립 아카데미Royal Hibernian Academy에 등장했다. 여기에서도 역시 나체의 상반신만 등장한 카우언은 이번에는 팬티를 들고 있었다. 그 그림이 전시 작품이 아니라는 것을 모르는 한 관람객이 그림을 사려고 주문했다가 곧 화가가 밝혀져 경찰의 조사를 받았다.

옷 벗을 권리

> 지상을 방문한 천사가 수첩에 적어 가는 특이한 사실.
> 인간은 몸을 노출하면 엄격한 처벌을 받는다!
> ─헨리 데이비드 소로Henry David Thoreau, 『일기Journals』

대통령은 알몸으로 수영하고 국회의원들은 텔레비전 게임 쇼나 선거 포스터에 벌거벗고 등장하는데 우리도 법에 걸릴까 걱정하지 않고 근처 호수나 바다에서 알몸으로 수영해도 될까? 문 앞에 우유 가지러 나갈 때 옷을 입지 않아도 될까? 알몸으로 자전거를 타고 출근하거나 동네 가게에 돌아다녀도 될까?

잉글랜드와 웨일스에서는 옷을 벗는 것 자체가 범죄는 아니다. 하지만 일부러 누구를 불쾌하게 하려고 옷을 벗었다는 것이 증명되면 바로 기소당한다. 나라마다 혹은 지방마다 상황이 다르다. 유럽 대부분 지역에서 나체 자체가 불법은 아니지만 대중 앞에 알몸으로 서려면 허가를 받아야 한다. 하지만 예외도 있다. 바르셀로나 시는 공공장소에서 노출이 허용되어 있다.

미국 대부분 지역에서 노출은 벌금이나 구류에 처하는 범죄지만 버몬트 주에서는 그렇지 않다. 예를 들면 2006년 브래틀버러 주민들은 십대들 몇몇이 동네 한가운데 있는 하모니 주차장에서 일광욕을 하려고 옷을 벗는 모습을 보았다. 오스트레일리아에서도 상황은 주별로 다르며 뉴질랜드에서는 노출이 불법이 아니다. 그렇다고 해도 노출이 범죄가 아닌 모든 곳, 즉 뉴질랜드, 영국과 유럽 대부분 지역에서, 심지어 법적으로는 아무 문제가 없을 때도 경찰이 기소 혹은 체포할 수 있도록 풍속법이 있는 경우가 많다. 법적 견해가 어떻든 간에 중동이나 무슬림 국가에서 법이 어떤지 시험해보려는 것은 터무니없이 무모한 짓이다.

스코틀랜드에서 알몸으로 하이킹이든 뭐든 하려고 한다면 그것도 실수다. 지금은 전 세계에서 '나체 산책가'로 유명해진 스티븐 고프도 스코틀랜드에서 옷 입기를 거부하여 '치안 문란'죄로 여러 차례 수감되는 악명을 떨쳤다. 그가 처음 체포된 것은 2005년 6월이었다. 랜즈엔드(잉글랜드의 최서단-옮긴이)에서 시작해서 존오그로츠(스코틀랜드 최북단-옮긴이)까지 나체 하이킹을 마치고 그곳에서 스코틀랜드 법의 적용을 받아 체포되었다.

'나체 산책가' 이야기는 19세기 아메리카와 유럽에 뿌리를 둔 인권 운동의 최근 예다. 이 운동의 핵심은 우리가 항상 몸을 가릴지 말지 선택할 권리가 있다는 전제에 있다. 세계의 대부분 지역에서 그런 자유를 누릴 수가 없어서, 몸을 드러내기로 했다면 체포될 위험을 감수해야 한다. 대부분 사람들은 그런 사실을 별 생각 없이 받아들이지만 그런 법이 존재한다는 자체에 크게 분노하는 사람들도 있다. 그래서 그들은 옷 벗을 권리에 대한 글을 쓰거나 '몸의 자유'를 위한 운동을 벌이는 것이다.

영국 나체 산책자 스티븐 고프와
멜러니 로버츠가 2005년 6월 빽빽한 안개 속에
콘월의 랜즈엔드에서 스코틀랜드의 북쪽 해안에 있는
존오그로츠까지 걸었다. 전직 해병대인 고프는
옷 입기를 거부한 결과 치안 문란으로
스코틀랜드 교도소를 들락거리고 있다.

19세기의 많은 사람들 특히 여성들에게 몸의 자유를 얻기 위한 투쟁은 훨씬 더 소박한 것이었다. 옷을 벗을 권리가 아니라 제약 받지 않고 옷을 입을 권리를 얻고자 했다. 그러나 미국과 유럽의 개혁가들이 좀 더 편하게 입자고만 주장했던 당시에도, 옷을 전혀 입지 않고 살고 싶어 하는 사람들이 있었다. 그 두 종류의 열성분자들은 1850년대 뉴잉글랜드에 살았다. 금주 활동가 리비 밀러와 어밀리아 블루머는 발목을 묶는 헐렁한 바지에 짧은 치마를 덧입는 '합리적인 옷'을 입자고 했고, 헨리 데이비드 소로는 매사추세츠 주 콩코드에서 그를 유명하게 만든 특별한 생활을 하는 중이었다. 바로 월든 호숫가에 있는 친구 에머슨의 땅에 목조 가옥을 지어 검소하게 사는 것이다. 소로는 그곳에서 나체 수영을 즐겼고 황무지의 진가를 알게 됐다. 이후 이렇게 기록했다.

> 오늘날 황무지는 대부분 무언가 좋은 것, 보존해야 할 것으로 여긴다. 황무지가 너무도 아름답고 멋져서 우리는 압도당한다. 황무지의 낯섦, 그것이 필연적으로 우리의 외부에 있다는 느낌에 매료된다. 황무지는 늘 저 너머에 있지만 궁극적으로 실재한다. 인간의 겉치레가 조금이라도 남아 있는 상태로 접근한다면 자연의 실재적 측면을 제대로 이해할 수 없다. 자신과 이 낯선 것 사이에 끼어든 옷 같은 인공물을 그대로 두고는 실재하는 자연을 알 수 없을 것이다. 이를 이해하기 위해서 우리는 아무리 벗어도 충분치 않다. 세계는 황무지 속에 보존되어 있다.[15]

이후 1870년대에 또 한 명의 뉴잉글랜드 사람, 시인이자 민주당원인 월트 휘트먼이 동료 시인인 존 던의 뒤를 따르고 있었다. 존 던은 1598년 이렇게 썼다. "완전한 나체! 모든 즐거움이 그대에게 있다!" 휘트먼은 시골에서 옷을 입지 않고 소박한 삶을 살아보기로 했다. 그는 자전적 작품 『나 자신의 노래Specimen Days』의 「일광욕 – 나체A Sun

Bath - Nakedness」의 도입부에 이렇게 썼다.

> 나는 고독하게 자연과 함께 앉아 있다. 훤히 트여 있고, 말을 못 하고, 신비롭고, 아주 동떨어져 있는 것 같지만, 느낄 수 있는, 표정이 풍부한 자연. 이 완벽한 날, 나는 풍경과 하나가 된다. 맑은 시냇가를 돌아다니니 부드럽게 졸졸졸 흐르는 소리가 내 마음을 달래주었다. 거친 소리를 내는 3피트짜리 폭포도 있었다. 위로가 필요한 사람은 모두 오시라. 그대 안에 자격이 숨어 있다. 와서 시냇가, 숲과 들판의 확실한 효과를 누려라. 두 달 동안(1877년 7, 8월) 나는 그 속에 살았고 새로운 인간이 되었다. 매일 은둔 - 날마다 적어도 두세 시간의 자유를 누리며, 목욕을 하고, 말 없이, 의무 없이, 옷 없이, 책 없이, 예절 없이 …… 이렇게 자연과 가까이 있었던 적이 없다. …… 자연은 옷을 입지 않으니 나도 그렇다. …… 상쾌하고 머리가 맑고 고요한 자연 속의 나체! 아, 만약 도시의 가난하고 아프고 음란한 인간이 다시 나체를 진정으로 알게 된다면! 나체가 음란한가? 아니, 본질적으로 그렇지 않다. 음란한 것은 당신의 생각, 당신의 야박함, 당신의 두려움, 당신의 체면이다. 옷이 너무 진절머리 나서 입을 수 없을 뿐만 아니라 옷 자체가 음란하게 느껴지는 때가 온다.[16]

휘트먼의 글은 콩코드의 초월주의자인 에머슨과 소로의 글과 함께 미국의 많은 유토피아 단체들에 영향을 끼쳐, 의복 개혁과 나체주의를 비롯한 새로운 삶의 방식을 접하도록 했다. 한편 유럽에서 의복 개혁 운동이 힘을 얻어 1881년 런던에서 합리적 의복협회Rational Dress Society가 결성돼 '형태를 왜곡하고 신체의 운동을 방해하거나 어떤 식으로든 건강을 해치는 유행을 옷에 도입하는 것에' 반대했다. "협회는 꽉 끼는 코르셋, 하이힐, 건강에 좋은 활동이 거의 불가능한 무거운 스커트, 묶는 망토와 팔의 움직임을 방해하는 모든 의복에 반대한다."[17]

조직적 나체주의의 기원

임신한 여성들을 비롯해 많은 여성과 패션에 민감한 남성들까지 입었던 코르셋이 양모 니트 '유니언 슈트' 같은 속옷으로 대체되기 시작했으나 그 정도 개혁으로는 충분하지 않다고 생각하는 사람들이 있었다. 특히 무더운 인도에서 셔츠, 타이, 재킷, 모자를 입고 매고 써야 하는 영국인들이 그랬다. 1890년 뭄바이에서 영국인 세 명이 영국령 인도의 복장 규정에 반항하기로 했다. 적나라한 신뢰의 모임Fellowship of the Naked Trust을 비밀리에 결성하고 나체로 모임을 열기 시작했다. 그들이 쓴 바로는 모임의 동기는 이러했다.

> 신체적으로, 기온이 적당해 신체를 공기 중에 노출하는 것이 좋고, 여태껏 만들어진 어떤 옷도 완전한 나체만큼 편안하지 않기 때문이다. 도덕적으로, 우리 신체에 대한 그릇된 수치심과 늘 옷을 입고 있어서 유발되는 이성의 몸에 대한 불건전한 호기심이 음란의 주 원천이기 때문이다. 미적으로, 인간의 몸이 신의 가장 훌륭한 작품이므로 이러한 아름다움은 모두가 자유롭게 보는 것이 좋기 때문이다.[18]

비록 그 단체가 겨우 2년 동안 유지됐고 회원도 단 세 명밖에 없었지만 최초로 조직화한 나체 운동이라는 점에서 역사적으로 의미가 크다. 나체주의에 대한 최초의 독일 문헌인 하인리히 푸도르의 『나체의 인류: 미래로의 도약Nackende Menschen: Jauchzen der Zukunst』보다 3년 앞서고, 유럽 최초의 나체주의 단체보다 13년 앞선 일이다. 함부르크 인근의 자유의 빛 공원Freilichtpark과 프랑스 푸공 숲Bois-Fourgon에 있는 공동체는 둘 다 1903년에야 문을 열었다.

사상이 무無에서 나오는 법은 없다. 미국의 유토피아 단체 창설자들이 초월주의자의 영향을 받았던 것처럼, 뭄바이 모임의 세 창시자는 분명 영국의 열성파 나체주의 저작물의 영향을 받았다. 적나라한 신뢰의 모임 주동자 찰스 크로퍼드는 모임의 생각을 알리기 위해 시인 겸 사회주의 철학자 에드워드 카펜터에게 여러 번 편지를 썼다. '영국 좌파의 게이 대부'로 불리기도 하는 카펜터는 일종의 신비주의적 사회주의를 신봉했고 페이비언 협회와 노동당 창설의 핵심 인물이었다. 그는 공공연하게 남자 배우자와 함께 살았으며 인도 신비주의와 인도주의적 이상의 영향을 받았다. 대기오염과 생체 해부에 반대하고 영국에 샌들을 소개한 채식주의자 카펜터는 지구, 성생활, 몸에 대한 존중을 바탕에 두는 현대 대안 문화의 주춧돌이 된 많은 개념들을 받아들였다.

사회주의 동지인 조지 오웰은 카펜터를 마음에 들어 하지 않아서 카펜터에게 맞장구치는 사람들을 "채식주의 냄새가 나는 고자鼓子, 위선적인 예절을 퍼뜨리려 나다니는 사람, 에드워드 카펜터의 독자들 아니면 위선적인 남색자, BBC 억양으로 말하는 사람들"[19]이라고 불렀다. 오웰의 잔인한 빈정거림의 대상이 카펜터만은 아니었다. 20세기 초 사회주의자들은 도시와 시골의 이점을 합친 새로운 마을 레치워스 전원도시를 만들었는데, 이렇게 유토피아를 건설하려 했던 사회주의자들의 야심도 공격했다. 『위건 부두로 가는 길The Road to Wigan Pier』에서 그는 그 새로운 도시가 "과일 주스나 마시는 사람, 나체주의자, 샌들 신는 사람, 색정광, 퀘이커교도, 돌팔이 자연 치료사, 평화주의자, 페미니스트"[20] 들이나 끌릴 만한 장소라고 표현했다. 오웰이 비난하는 나체주의자들은 미술공예 운동의 영향을 받아 세운 레치워스의 신지학 센터 '클로이스터스' 출신들이다. 지금은 그 지역 프리메이슨단이 사용하는 이 특이한 건물에서 거주자들은 건강한 삶을 살았는데, 맑은 공기와 햇빛을 가능한 한 많이 쬐었던 것과 관계가 있었다. 클로이스터스의 창시자가 처음 상상한 그 건물에는 스웨덴 대리석으로 장식한 커다란 방이 있고, 방은 실외 수영장, 안뜰과 탑으로 연결되어 활짝 열려 있었다. 거주자들은 천장에 매달린 해먹에서 잠을 잤고 영국 유일의 무알콜 술집인 스키틀스에서 음료를 마시거나 개선된 음식을 파는 심플라이프 호텔 식당에서 밥을 먹을 수 있었다. 많은 사람이 카펜터가 소개한 샌들에 감사했다. 마침내 발이 숨 쉴 수 있었으니 해먹에 누워 그의 감동적인 책 『문명의 기원과 구제Civilisation: Its Cause and Cure』를 읽을 수도 있었다. 그 책은 감각적인 신비주의 시각을 불러일으키고 이교 부활을 부추겼다.

> 고대 종교의 의미가 되살아날 것이다. 높은 산꼭대기에 다시 모여 나체로 춤을 추어, 인간 형상의 눈부신 아름다움과 별들의 위대한 운항을 찬양할 것이다. 100세기가 지난 지금 모든 동경과 꿈과 인류의 경이로움을 가득 싣고, 아슈타르테와 디아나 숭배와 이시스나 동정녀 마리아의 숭배를 되살리는 초승달의 밝은 뿔을 환영할 것이다. 다시 한번 신성한 숲에서 열정과 인간 사랑의 기쁨을, 신성함이라는 가장 심오한 느낌과 자연의 아름다움으로 재결합시킬 것이다. 훤히 트인 곳에서 나체로 햇빛을 받고 서서 그 빛 속에 있는 영원한 광채의 상징을 숭배할 것이다. 문명 이전 사람들에게서 발견되는 생명력 넘치는 완벽함과 의기양양함이 1,000배 심화되고 뚜렷해지고 설명되고 정화되어, 구원받고 해방된 인간을 비추기 위해 되돌아올 것이다.[21]

『나체주의의 개념The Nudist Idea』이라는 가장 포괄적인 나체주의 역사서의 저자 세스 신더는 카펜터가 동성애를 옹호하겠다고 나서지 않았다면 '나체주의의 아버지'로 역사에 남았을 것이라고 생각한다. 1890년과 1895년 사이 카펜터는 성에 관한 수많은 글에서 나체주의와 동성애에 대한 견해를 밝혔다. 그런데 그 글들을 『사랑의 성년Love's Coming of Age』이라는 제목으로 묶어 책으로 내려고 보니 당시 오스카 와일드의 재판 때문에 출판업자들이 모두 겁을 먹은 상황이어서 논란이 될 부분을 빼야 인쇄할 수 있었다. 이후 그는 이렇게 썼다. "와일드의 재판이 영향을 끼쳐서 지금부터는 침묵이 성이라는 주제를 지배한다." 신더는 그 일이 없었더라면 카펜터가 나체주의만을 다룬 책을 낼 수 있었을 것이라고 생각한다.

대신 나체주의 아버지의 영예는 독일인 리하르트 운게비터에게 돌아갔다. 1906년 그가 출간한 『나체Die Nacktheit』는 베스트셀러였다.[22] 그는 이 책에서 나체주의의 건강상 이점을 찬양하며 이상적인 사회상을 제시했다. 그 사회는 남자와 여자가 나체로 서로 어울려 즐길 수 있고, 김나지움에서도 나체로 아이들의 신체와 도덕을 발달시키는 곳이라고 했다. 운게비터의 책은 호의적인 분위기에서 곧 9만 부가 팔렸다. 사실 나체주의의 '아버지'라는 말은 오해의 소지가 있다. 나체주의는 수많은 개인들의 노력으로, 서로 광범위하게 영향을 주고받으면서 탄생한 것이기 때문이다.

19세기의 마지막 10년 동안 영국에서 카펜터가 자연의 원초적 힘을 가까이하는 삶의 이점을 찬양하고 있을 때, 독일에서는 개혁 운동의 일환으로 나체주의라는 개념이 등장했다. 뭉뚱그려 생활 개혁이라는 이름으로 알려진 그 운동은 건강한 생활 방식을 알리고 권했다. 그 중 특히 철새Wandervogel와 자유로운 몸의 문화Freikorperkultur는 공기와 햇볕에 몸을 노출하는 것이 이롭다는 생각을 퍼뜨리기 시작했다. 철새는 1896년 시작된 독일 청년 단체의 대중운동으로, 기성세대의 위선과 억압에서 벗어나고 자연과 인생의 소박한 기쁨을 되찾고자 했다. 이들은 스카우트의 선조로서 젊은이의 통솔력 개발과 하이킹을 권장했고 여름에는 걷기 활동을 하면서 나체로 일광욕과 수영을 하곤 했다. 자유로운 몸의 문화(주로 약자로 FKK)도 거의 같은 시기에 발생했는데 마찬가지로 야외에서 옷을 입지 않고 시간을 보내면 자연과 더 친밀해진다는 생각에서 시작했다. 10년이 지난 뒤 최초의 나체주의 클럽이 창설되고 운게비터의 책이 출간되며 나체주의가 마침내 어엿한 하

나의 운동으로 확립되었다.[23]

그 시기 스위스의 의사 오귀스트 롤리에는 신체 노출의 치유력을 실험하기 시작했다. 그래서 결핵 환자를 처음에 간접 일광을 이용한 '공기욕'으로, 그다음에 직사광선으로 치료해 이례적인 효과를 보았다. 처음에는 신체 일부만 노출했다가 곧 전라 일광욕이 가장 효험이 좋다는 것을 깨달았다. 1923년까지 그는 37개 병원에서 거의 1,000명에 가까운 환자들을 치료했고 전 세계가 그 치료법을 따라 하게 되었다. 그 성공적인 치료는 나체가 건강을 증진하며 권장되어야 한다는 나체주의자들의 주장을 뒷받침해주었다.

그러나 운게비터를 비롯해 좀 덜 유명했던 하인리히 푸도르 같은 초기 독일 나체주의 옹호자들은 당시 많은 사람들이 그랬듯이 과격한 반유대주의에 물들어 있어서 글에도 그런 사상이 드러날 수밖에 없었다. 생활 개혁 운동이 시작된 이래 계속해서 의복 및 음식 개혁, 우생학과 김나지움에 열광해온 많은 사람들이 나체주의와 손을 잡았다. 제1차 세계대전이 끝나자 이런 사상들은 바이마르 공화국의 격렬한 분위기 속에서 결집했으며 이와 함께 나체주의도 최고의 인기를 누리며 호평 받았다. 그 과정에서 건강한 아리안족의 이미지가 많은 사람들의 모범이 되었다. 그 모범을 따르려면 맑은 공기와 햇빛을 자주 접하고 채식을 하거나 '개선된' 식사를 하고, 나체로 운동을 해야 할 뿐만 아니라 '인종 위생학'이라는 유해한 개념도 필요했다. 나체주의는 질병을 치료하고 예방해 인종 정화에 도움이 되며 그렇게 태어난 건강한 독일 민족은 더 좋은 배우자를 선택할 수 있을 것이었다.

다윈의 진화론은 우생학에 영향을 주었고 우생학은 생활 개혁 운동을 관통했다. 하지만 설사 FKK나 철새, 나체주의 진영에 우생학의 뒷받침을 받은 인종주의와 반유대주의가 유포되었다고 해도 이들 단체는 진보적 사고의 온상으로서 사회주의자, 자유주의자, 평화주의자, 마르크스주의자와 많은 유대인들에게 영향을 주었다. 수천 명의 독일 이

1948년 8월 토팡가캐니언에서
일곱 명의 '네이처 보이스'.
그들은 '자연인'의 철학과 개념을
받아들인 미국 1세대로서
나체주의를 실행하며 산속에서 살고
동굴과 숲 속에서 잠을 잤다.
한 때 열다섯 명까지 된 적도 있었다.

민자들이 '자연 회귀'와 자연 건강법에 바탕을 둔 개혁 사상들을 미국, 특히 캘리포니아로 전했다. 그들 대부분은 제2차 세계대전 이전에 미국에 간 유대인들이었다. 그들은 채식주의와 조리하지 않은 음식, 나체주의를 활성화했으며 '히피'의 시조가 됐다. 1930년대에 처음 등장한 그 용어 말이다. 가장 열성적인 사람들은 미국 서부 해안의 협곡에 매료돼 그곳의 동굴이나 나무 속에서 살면서 익히지 않은 음식을 먹고 간소한 생활을 했다. 그 '자연인Naturmensch' 철학의 추종자들은 '네이처 보이스Nature Boys'라고 알려졌으며 전형적인 인물은 이든 아베스였다. 그는 브루클린 출신의 가난한 유대인 가문에서 태어났는데 나중에 그의 노래 '네이처 보이Nature Boy'는 냇 킹 콜의 히트곡이 되었다.[24]

독일로 돌아와보면, 나체주의는 진보사상가들의 마음에 들었지만 가톨릭교회로부터는 비난받았다. 히틀러는 1933년 1월 총리가 되고 난 뒤 가톨릭을 달래고 나체주의를 불법화하여 자신의 적들을 숨겨주던 조직을 단번에 파괴했다. 3월에 헤르만 괴링이 다음과 같은 포고문을 발표했다.

> 독일 문화와 도덕의 가장 큰 위협은 소위 나체주의 운동이다. 공공 위생의 측면에서 나체주의가 크게 환영받고 있다. 특히 많은 대도시 주민들이 태양과 공기와 물의 치유력을 활용하기 위해 애쓰고 있지만 소위 나체 운동이라는 것은 문화적 오류로서 크게 비난받아야 한다. 나체 때문에 여성들의 타고난 정숙함이 사라진다. 그리고 남성은 여성을 존중하지 않게 되어 결국 진정한 문화의 필수 조건을 없애버린다. 그러므로 애국 운동을 통해 개발된 우리의 정신력을 지키고 소위 나체 문화를 박멸하기 위해 모든 치안권을 행사하기를 기대한다.[25]

그러나 몇 달 지나지 않아 상황이 바뀐다. 나체주의 나치당원, 카를 버크만이 배후에서 활동하여 마르크스주의 단체들의 재산은 경찰에

몰수당했고, 견해가 다른 세력들이 숙청되고 국가의 후원을 받는 국가적 나체주의 조직이 창설되었다. 국립 공중보건연구협회 산하의 '국가의 자유로운 신체 문화를 위한 단검The Battle Ring for National Free Physical Culture'[26]이었다. 여름이 되자 절반이 넘는 클럽들이 다시 문을 열었고 1934년 초 경찰은 일반인들에게 잘 알려진 나체주의 단체에 간섭하지 말라는 지시를 받았다. 그렇지만 보도들을 보면 나체주의 단체가 불온분자들과 마르크스주의자를 숨겨줄까 우려해 게슈타포가 이들을 지속적으로 조사하고 괴롭혔다.[27] 결국 나치가 나체주의 운동을 용납하고 심지어 인종적 완성의 목표로 추구했다고 해도, 다른 나라들과 마찬가지로 나치 독일에서도 그저 원할 때 옷을 벗을 기본권이 존중되지 않았다.

영국의 진보 운동

히틀러와 괴링이 나체주의를 금지했던 해에 조지 버나드 쇼는 일광욕협회Sun Bathing Society 간사에게 편지를 썼다. 일광욕협회는 메이오의 백작 부인에게서 후원을 받는 단체로, 런던 어퍼노우드에 사무실이 있었다. 버나드 쇼는 나체주의 운동과 자신의 관계를 분명히 해두고 조건부 지지의 뜻을 밝혔다. 그는 자신이 '완전한 나체주의자'는 아니지만 "없어도 살 수 있는 옷을 전부 벗는 데 강력히 찬성합니다"라고 밝히고 이렇게 말을 이었다. "나는 무턱대고 남들을 따라 옷을 입는 것, 자연스러운 수준을 넘어서 성욕을 자극하기 위해 무분별하게 옷을 입는 것에 반대합니다. 그리고 물론 몸을 수치스러워하게 되면서 생겨난 폐해를 알고 있습니다."[28]

영국에서도 나체주의가 사회를 변화시키려는 광범위한 개혁 운동의 일환이 되었고, 바로 그런 이유로 온갖 종류의 진보 사상가들이 매료됐다. 영국에서 최초로 나체주의 클럽이 창설된 것은 1924년으로, 노동당 정부가 최초로 집권한 시기와 일치한다. 그리고 그해에 C. H. 더글러스가 유명한 『사회 신용설Social Credit』을 출판해 화폐 제도의 전면적 개혁을 주장했고, 이듬해에 나체 일광욕이 건강에 좋다는 주장을 담은 오귀스트 롤리에의 책 『일광요법Heliotherapy』이 영어로 처음 출간됐다. H. G. 웰스와 해블록 엘리스 같은 저명한 사회주의자들은 나체주의 활동에 정식으로 참여하지는 않았지만 버나드 쇼처럼 나체주의에 공감했고 가족이나 친구들과 수영 혹은 일광욕을 하며 옷을 벗는 것에 반대하지 않았다.

이제 공기욕과 일광욕이 건강에 좋다는 것이 너무도 잘 알려져서 1924년 5월 피커딜리 가 카네기하우스에서 창립 모임을 가진 햇빛 연맹The Sunshine League의 첫 후원자로 조지 5세의 어머니 알렉산드라가 나설 정도였다. 햇빛 연맹의 정기간행물은 외과 의사 아버스넛 레인 경이 편집을 맡아 100여 명의 저명인사들을 자문 위원으로 위촉했다. 자문 위원에는 애스퀴스, 로이드 조지, 옥스퍼드의 백작과 줄리언 헉슬리 같은 이들이 있었다. 배후에 있는 추진 세력은 의사 겸 우생학자이며 일광요법의 열성적 지지자인 케일럽 살리바이였다. 일광요법에 관한 그의 책 『햇빛과 건강Sunlight and Health』은 롤리에 책의 영어판이 나온 해에 출간되었다. 햇빛 연맹이 공개적으로 나체주의 운동을 하지는 않았지만 살리바이가 친구들에게 털어놓은 내용에 따르면 사실 평범한 일광욕을 구실로 나체주의 운동을 활성화하려는 의도였다. 그런데 연맹이 설립된 지 겨우 한 달 뒤에 또 다른 조직이 생겨났다. 태양 광선 클럽The Sun Ray Club이었다. 이 클럽의 주동 세력에게 타협은 안중에 없었다.

태양 광선 클럽 회장이자 문학과 과학을 전공한 42세의 H. H. 빈센트는 1919년 호전적으로 참정권을 얻어낸 여성 참정권론자들의 선례를 따라야 한다고 생각했다. 클럽을 설립하기 직전 연설에서 빈센트는 나체주의 권리 옹호를 위해 하이드파크에서 시위행진을 하자고 제안했다. 아무도 그 동원령에 응하지 않았지만 빈센트는 오늘날의 시위자들처럼 나체 시위가 주목을 끌기에 충분한 위력을 가지고 있다는 것을 곧 알게 되었다. 5월부터 줄곧 영국 대중은 신문에서 새 정부의 업적 대신 새로운 '인기 화제'인 나체주의에 대한 기사를 읽으며 조금이나마 기분을 전환할 수 있었다. 1925년 1월에도 여전히 화제였다. 『피플 The People』에 이런 헤드라인이 실렸다. "일광욕하는 사람들이 런던을 깜짝 놀래려 하다―남녀 2,000명이 나체로 하이드파크 행진을 계획했다."[29]

그 뒤 하이드파크에서 일어난 유일한 나체 '시위'에 대한 기록을 통해 실천과 상상 사이의 간극뿐만 아니라 당시에 체면이 얼마나 중요했는지 알 수 있다. 1927년 빈센트는 하이드파크에서 상의를 벗고 일광욕을 하다가 체포돼 노출죄로 벌금을 물었다. 판사는 이렇게 말했다. "옳든 옳지 않든, 당신의 상반신 노출이 부당하다고 판결할 것입니다. 내 생각에 이는 평범한 감수성을 지닌 사람들에게 충격을 줄 가능성이 있습니다."[30] 빈센트가 현대 신체 자유 운동가 테리 웨브의 말을 들을 수 있다면 위안이 될 것이다. 테리 웨브는 미국에서 공공장소에서 옷 벗을 권리 획득을 위해 운동하는 활동가다. "다른 사람의 겉모습 때문에 불쾌감을 느낀다는 것은 인종주의와 유사한 편견이다. 옷을 입지 않고 있을 권리는 [나체를] 보지 않을 권리보다 우선하여야 한다."[31]

빈센트의 나체주의 동지들이 겨우 사적인 장소에서 옷을 벗는 데에 만족하고 있었으니 빈센트의 목소리는 광야의 외로운 외침 같지만, 그는 최초로 공공장소에서 옷 벗을 권리를 정치적 문제로 인식시켰다. 누가, 특히 정부는 결코 아닌 누가, 다른 누구가 옷을 입을지 벗을지를 결정할 권리가 있는가 하는 의문을 제기한 것이다.

나체를 암시하는 것만으로도 불쾌감을 일으킬 수 있기 때문에 대부분의 영국 나체주의자들은 스스로를 '일광욕자'나 '짐노소피스트(나체 철학자라는 뜻이지만 나체라는 단어가 드러나지 않아 사용했다. 이해를 위해 나체 철학자로 뜻을 살려 번역했다—옮긴이)'라고 칭했다. 이런 이름은 행위에 고전적 품위를 부여하고 나체주의자들이 철학적인 이유로 옷을 벗는다는 것을 시사해주는 이점이 있었다.

빈센트가 공원에서 체포되던 해, 미국 사회학자 모리스 파말리가 『새로운 나체 철학The New Gymnosophy』을 출판하면서 '짐노소피'라는 용어를 사용했다. 이 책은 나체를 하나의 생활 방식으로 소개한 최초의 영문 책이었다. 성 연구가이자 우생학의 지지자인 해블록 엘리스는 서문을 쓰면서 이렇게 짚고 넘어갔다.

> 나 자신은 나체 철학 이론은 물론이고 그 실천 단체에 참여하여 파말리 박사의 선례를 따를 의도가 전혀 없다. 그래도 나는 그런 단체가 존재하는 것이 기쁘다. 그들은 가치 있는 일을 하고 있다. 개인적으로는 오래된 풍습에 따라 비공개적으로 혹은 친구들 사이에서만 옷을 벗는 것이 더 좋다. 알고 보니 다른 사람들도 자신이나 아이들을 위해 위생학적, 도덕적, 혹은 미적 근거에서 그렇게 하고 있다.[32]

1930년대에 영국에서 나체주의는 최고의 인기를 누렸다. 1933년 『선베이딩리뷰Sun Bathing Review』의 여름 호에는 조지 버나드 쇼가 그 협회의 간사에게 보낸 편지뿐만 아니라 도라 러셀이 세계 성 개혁 연맹World League for Sexual Reform 회의에서 한 성교육 강연 발췌록, '의복의 불편함'에 대한 기사, 스위스 롤리에 박사가 보낸 창간 축하 메시지가 실렸다. 롤리에는 그때 결핵 환자를 성공적으로 치료해 이미 전 세계적으로 유명했다. 외국 단신이 "독일에서 전해온 소식을 보면 그곳에서 나체주의 운동이 방해받는다는 보도가 사실인 것 같다. …… 최근 독일을 방문한 사람들에 따르면 나체주의 단체에 가입할 수 없었다고 한다"라고 보도했다.

또 학생들을 정기적으로 자연에 노출시키는 진보적인 교육을 하는 많은 학교에 대한 기사도 있었다. 서식스 주 히스필드 소재 파인허스트 학교는 3세에서 12세까지 남녀 학생들에게 기숙 시설을 제공하고 있으며, 10만 제곱미터(약 3만 평)의 대지에서 "학생들이 날씨가 좋을 때는 언제나 실외에서 지내고 공부한다"고 알려왔다. 교장 리드는 "여름 학기에는 전교생이 오전 9시에 학교에 모여 9시 30분까지 테니스장에서 전라로 여기저기 돌아다니며 일광욕을 한다"고 전했다. 하루에 일광욕 시간이 두 번 더 있기 때문에 아이들은 하루에 서너 시간 일광욕을 했다. 비가 오는 날에는 너무 춥지 않으면 "바깥에서 비 목욕을 하는데 아이들이 너무 좋아했다." 8년 동안 학교를 운영해온 리드 교장은 아이들이 평범한 감기에 걸리지 않는 것은 물론이고 주위에서 발생하는 인플루엔자, 백일해, 홍역에도 전혀 감염되지 않았다고 했다.

햄프셔 소재 비데일스 학교 교장은 1893년 개교 이래 하루에 한 시간씩 일광욕 시간이 마련되어 있어 일광욕에 선구적이라고 전했다. 남녀가 함께 수영할 때에는 옷을 입지만 매일 따로 수영을 한다. "그때는 옷을 입어도 되지만 권하지는 않는다. 거의 모든 학생이 옷을 입지 않고 수영하는 것을 더 좋아한다."

그다음 호에는 이스트본 근처 벌링갭에 있는 칠드런스 딜라이트 Children's Delight가 1세부터 아동을 모집한다는 광고가 실렸고, 헤이스팅스의 록랜즈 학교는 '개선된 식단, 맑은 공기와 햇빛'을 제공한다고 했다. 다른 광고들로는 비밀이 보장되는 '일광욕 사진' 현상과 인화 서비스, '생각하는 나체주의자를 위한' 월간지 『짐노스 Gymnos』, 겨울 동안 계속 일광욕을 할 수 있는 '더없이 안전한' 태양광 조명이 있었다.

겨울에 사람들을 만나고 싶어 하는 나체주의자들에게는 로터스 연맹 Lotus League이 안성맞춤이었다. 1934년 『선베이딩리뷰』 봄 호는 이렇게 칭찬했다.

> 노스핀츨리의 근사한 새 건물에서 여러 활동이 한창이다. 넓고 편리한 실내 운동실에서 회원들이 배드민턴 같은 게임을 한다. 솜씨 좋고 인기 있는 여성 강사가 일주일에 두 번 음악과 함께하는 운동을 가르친다. 화려한 라운지에서는 (알코올이 없는) 맛있는 음료수를 언제든 마실 수 있다. 당구장, 세개의 욕실, 따뜻한 드레스 룸과 건강에 좋은 자외선 조명이 설치된 안락한 개인실이 마련되어 있다. 개인실마다 각각 관리자가 상주한다. 유명한 전직 권투 챔피언이 권투 수업도 해준다. 남성용과 여성용 침실도 있다…….

연맹의 회원권은 개별 면담에 통과한 사람들만 구할 수 있었다.

회원들은 점점 국제화되는 나체주의자 네트워크를 방문하거나 연락을 취할 수도 있었다. 1930년에 최초의 나체주의자 국제회의가 프랑크푸르트에서 개최되어 영국, 프랑스, 오스트리아, 네덜란드, 스위스, 그리스의 관계자와 대표자 3,000명이 참가했다. 클럽도 멀리 뻗어 나가기 시작했다. 1918년 캐나다, 1926년 오스트레일리아, 1929년 미국에서 나체주의 클럽이 설립되었다.[33]

『에이치 앤 이 네이처리스트H&E Naturist』[34]라는 이름으로 지금까지도 발간되는『헬스 앤 에피션시Health and Efficiency』지가 1934년에 '나체주의nudism'를 대체할 새로운 용어 '자연주의naturism'를 내놓았다. 이 용어가 광범위하게 사용된 것은 1960년대가 되어서였는데, 영국을 비롯한 대부분의 나라에서 나체주의 조직 활동이 이미 쇠퇴기에 있던 때였다. 그러나 클럽과 단체를 통해 전개되던 '사회적 나체주의'가 쇠퇴하면서 나체 일광욕, 나체 수영, 나체 휴가는 더 큰 인기를 끌기 시작했다. 패키지여행이 출현하면서 선탠을 하고 싶을 땐 변덕스러운 영국 날씨 때문에 고민하지 않고 외국 리조트로 날아가면 됐다. 그리고 경구 피

전국 태양과 공기 연합the National Sun & Air Association 회원들이 1938년 노스핀츨리의 프라이언파크에서 연례 모임을 가지면서 불 가에 모였다. 연합은 1931년 창립 당시 회원이 30명이었는데 1937년이 되자 1,350명의 회원을 자랑했다.

임약과 사랑과 평화Flower Power라는 반문화 운동이 등장하면서 또 다른 미지의 영역이 생겨났다.

우리 도로에서 할까?

> 오늘날 세계의 주된 문제는 위선과 불안이다. 만약 다른 사람이 나체라는 사실을 혹은 그들이 하고자 하는 무언가를 직시할 수 없다면, 우리는 아무것도 제대로 할 수 없을 것이다. 사람들은 남 일에 상관할 바가 아니라는 것을 알아야 한다. 나체가 외설이 아니라는 것도 알아야 한다. 만약 모두가 다른 누구인 척하지 않고 자기 자신의 모습에 충실하다면 세상은 평화로워질 것이다.
> ―존 레넌 John Lennon

인권 운동과 해방운동은 전쟁 이후의 궁핍한 시기를 지나 1960년대의 더 자유로운 분위기에서 새로이 힘을 얻었다. 유럽과 북미를 비롯한 여러 지역에서 여성, 어린이, 원주민, 동물, 장애인, 죄수, 그리고 1970년대 말에는 지구의 권리까지, 모든 권리가 주장되기 시작했다.

우드스톡과 스톤헨지 페스티벌에서, 그리고 1967년 샌프란시스코 골든게이트파크의 유명한 히피족 모임 '비인Be-in'에서 참여자들은 옷을 벗어던지고 춤을 추었고 기쁨과 자유로움을 만끽하기 위해 옷을 벗었다. 기성세대에 저항하기 위해서이기도 했다. 사랑과 평화 반문화 운동이 한창일 때 존 레넌과 오노 요코가 〈투 버진스〉 앨범에 나체로 등장하여 나체든 아니든 사람이 '자기 자신'이 될 권리를 옹호했다.

그러나 개인과 단체가 이러한 권리를 지키기 위해 들고일어나는 데에는 30년이라는 시간이 더 필요했다. 그리고 태양 광선 클럽 빈센트 회장의 환생도 필요했다. 빈센트 베델이라는 26세의 청년은 내무부에 편지를 보내 공공장소에서 옷을 벗으면 안 되는 이유를 물었는데

답장이 오지 않자 1998년 직접 행동에 나서야겠다고 생각했다. 베델은 1924년의 빈센트 회장이 하고 싶어 했을 만한 일들을 몇 년간 해냈다. 혼자서 혹은 사람들과 함께 피커딜리서커스, 버킹엄 궁 앞, 국회의사당, 중앙 형사 법원, 국립 미술관, 성 바오로 대성당에서 그리고 군기분열식 동안 나체 시위를 했다. 시위 때는 '자기 자신이 될 자유 – 옷 벗을 권리를 쟁취하기 위한 나체 항의 시위'라는 자신의 취지를 포스터에 써서 전시하고 전단을 나누어주었다. 한때 코번트리 미술학도였던 베델은 코번트리 분수에서 고다이바 부인 동상까지 나체로 걷는 시위를 하며 나체 시위의 수호자 고다이바 부인에게 경의를 표하기도 했다.

베델은 연거푸 체포되고 벌금을 무는데도 '자기 자신이 될 자유'를 위해 계속 활동했다. 2000년 노출죄로 벌금 7파운드(약 1만 원)를 선고받고 항소했는데 버밍엄 치안판사가 기각하자 그는 이렇게 말했다. "누가 내 모습이 마음에 들지 않는다는 이유로 내가 바람직하지 않다고 말하는 것은 터무니없는 일입니다." 그리고 법정 밖에서 기자들에게 이렇게 말했다. "모두 내가 단 한순간도 정신적인 문제가 있었던 적이 없는 아주 이성적인 사람이라는 것을 아실 겁니다. 여성 참정권론자들도 고생을 했으며 뜻을 이루고자 목숨까지 잃었습니다. 나는 공공 장소에서 나체가 허용되게 하려고 노력하고 있습니다."[35] 두 사람의 빈센트가 여성 참정권론자를 인용했지만 베델의 노력, 그리고 더 최근 '나체 산책자' 스티븐 고프의 활동에도 여성 참정권론자가 이뤄냈던 성공은 얻을 수 없었다. 설령 대중과 시위 동지들이 그들을 지지했다고 해도 그 일은 본질적으로 외로운 것일 수밖에 없다. 대부분의 나체주의자들이 사회의 '정상적인' 일원으로 보이기를 원하기 때문에 대놓고 그 활동을 지지하지 못했다. 하지만 『에이치 앤 이 네이처리스트』 전직 편집자인 마크 네스빗은 예외였다. 그는 이런 말을 했다. "그가 하는 일은 배짱이 있어야만 가능하다. 그가 강조하는 것은 영국에서 우리가 사실상 자유를 누릴 수 없다는 것이다. 나체를 금지하는 영국의 법령

들은 비밀스럽고 난해하며, 나체에 대한 영국인의 태도는 아주 이상하다."³⁶

영국에서는 공공장소에서 옷을 벗는 것 자체는 범죄가 아니지만 누구에게 불쾌감을 줄 의도로 행동했음을 증명할 수 있다고 생각되면, 경찰은 2003년의 성범죄 법령을 끌어올 수 있다(그러나 자연주의 활동

1999년 빈센트 베델이 옷 벗을 권리를 옹호하는 '나 자신이 될 자유' 운동을 하다가 런던 스트랜드 가 법원 앞에서 체포되고 있다.

은 '영국 자연주의회British Naturism'의 로비 덕분에 이 법령의 구속을 받지 않는다. 그 단체가 하원 내무부 특별위원회에 해당 근거를 제출했기 때문이다). 그러나 누구의 의도를 입증한다는 것이 어렵기 때문에 경찰은 1986년의 치안법에 의거해 그 행위가 풍기를 문란하게 하고 위협적이고 폭력적이거나, 누구를 놀라게 하고 희롱하며 괴롭힐 수 있는 무례한 행위라고 할 것이다. 법에 따르면 경찰의 경고를 받은 뒤에도 옷을 입지 않으면 체포된다. 재빨리 이불 같은 것이라도 둘러쓰면 체포되지 않는다. 하지만 2006년 자연주의 운동가 리처드 콜린스가 이라크전쟁에 반대

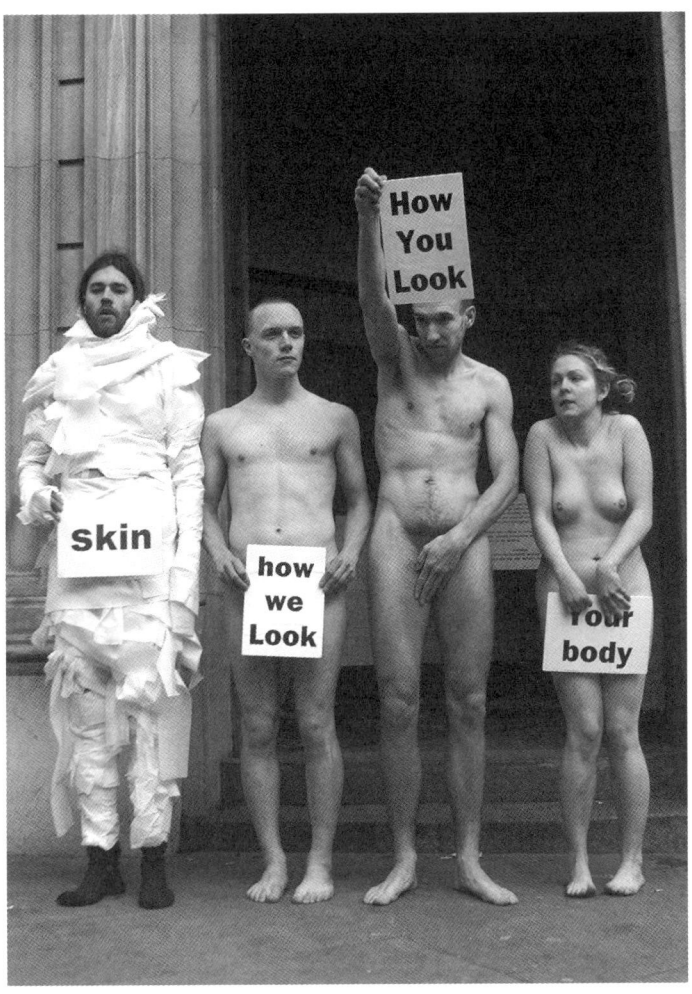

2001년 몹시 추운 날
'나 자신이 될 자유' 운동의 활동가 네 사람이
런던 코벤트가든 보 스트리트
치안재판소 앞에서 시위를 하고 있다.
이 시위는 다우닝 가 철문을
나체로 막아선 혐의로 체포되어 재판 중인
동료 러셀 히그스를 위한 것이다.
히그스는 "나체 시위는 정치적이고도
철학적인 직접 행위로서, 체계와 균일화를 강요하는
사회의 부조리를 강조한다"고 주장했다.

하여 옷을 벗고 '평화를 위한 나체Naked for Peace'라고 쓴 현수막을 들고 서 자전거로 피커딜리서커스를 돌았을 때는 그렇지 못했다. 그는 여섯 시간이 넘게 감금되었다가 혐의가 벗겨져 석방됐다. 『에이치 앤 이 네이처리스트』는 이렇게 보도했다. "경찰이 마음에 들지 않는 사람을 확실치 않은 구실로 체포해 밤새 감방에 잡아놓고는 혐의가 없어 아침에 석방하는 것은 말도 안 되지만, 불행하게도 흔한 일이다." 케임브리지셔 경찰은 이제 관할 구역에서 콜린스가 나체로 자전거 타는 것을 허용하고 있지만 그것이 공신력 있는 법정에서 적절한 검증을 통해 법적 선례로 남기 전에는 아무도 그가 정말로 자유롭다고 믿지 않는다. 『에이치 앤 이』는 그런 일이 당분간은 불가능하다고 본다. "영국 당국은 애매한 태도를 선호한다. …… 그렇기 때문에 콜린스나 고프 같은 사람을 영국 상급 법정에서 볼 가능성이 없다고 생각한다. 이것은 소모전이다. 상원에서 단번에 결정할 문제가 아니라 여러 영역에서 지평을 넓혀야 이길 가능성이 더 크다."[37]

영국보다 더 집단적인 운동이 일어나는 미국에서조차도 몸의 자유 운동은 확실한 기반을 닦기가 힘들었다. 1983년 갤럽의 조사로는 미국 대중의 72퍼센트(영국에서는 82퍼센트)가 옷을 안 입어도 되는 해변에 대해 찬성했지만[38] 기독교 근본주의 단체들은 아직도 나체 해변 지정에 반대하며 투쟁하고 있다. 자유 해변 운동 기구The Free Beach Movement는 나체주의자들에게 해변을 열어주기 위해 30여 년 동안 활동해왔다. 한 활동가는 2002년 『보스턴 글로브Boston Globe』에 인상적인 글을 보냈다. 그는 교회에서 발생한 미성년자 성폭행에 관한 수많은 판례들을 상기시키며 "나체 해수욕장과 수영장으로 지정된 곳을 재개장합시다. 하지만 그 전에 자연주의 해변 600미터 이내에 종교 시설을 설립할 수 없도록 하는 법을 마련해야만 합니다. 우리는 자연주의 해변에서 아이들을 괴롭힌 적이 없지만 일부 종교 시설의 부정적인 여파가 걱정입니다"[39]라고 했다.

미국 서부 해안에서 몸의 자유를 위한 활동가들은 축하와 항의를 행위 예술과 결합한 '해프닝'을 잘 일으킨다. 그리고 수년 동안 주장을 담은 함축적 구호도 솜씨 좋게 많이 만들어냈다. '왜 당신의 모습을 숨깁니까?' '부끄러움에 대해 의문을 품어라.' '인간의 몸을 합법화하라!' '나를 체포하지 말라 – 이것이 내가 태어난 모습이다!' '몸을 부끄러워하는 것은 가족의 가치가 아니다!' '정부는 복장을 규제할 권리가 없다. 결코.'

99년 런던 버킹엄 궁 앞의 분수에서 '군중 앞에서 벗을 권리'의 시위자가 경찰에게 쫓기고 있다.

목적을 이루기 위해 열정과 창의력을 쏟아붓고 있지만 미국 나체 활동가들은 여전히 소수자일 뿐이다. 모든 인권 운동 중에서 대중 앞에서 옷 벗을 자유를 위한 운동이 가장 실패할 확률이 높다. 거주자 모두에게 나체의 자유를 줄 사회가 지구 상에 존재할 가능성은 거의 없어 보인다. 캘리포니아의 스튜어트 워드는 소설『참으로 이상한 시대: 구세계의 기억Strange Days Indeed: Memories of the Old World』에서 신선한 시도를 통해 많은 것을 시사했다. 그 소설은 2061년에 쓴 가상의 회고록으로 왜 우리가 항상 몸을 가리고 살았는지, 왜 동물을 먹었는지 조사하고 곰곰이 생각한다. 옛날, 인류가 옷이라는 족쇄를 벗기 전에 "인생은 가장무도회였다. 그러니 옷은 강제였다."[40] 현재 우리 세상을 냉정하게 보면 그 가장무도회가 얼마 동안은 계속될 것이라는 것을 알게 된다. 『나체 되기Being Naked』에서 수전 스탠턴은 이렇게 쓰고 있다. "인간의 몸에 이상한 것은 아무것도 없다. 이상하고 당혹스러운 것은 몸에 대한 인간의 태도다."[41]

하지만 이런 상황에 위안이 되는 점도 있다. 나체에 대한 금기 덕분에 우리는 짜릿함을 맛보며 일탈할 수 있다. 나체는 금지되어 있기 때문에 강렬한 관심을 불러일으키며, 노출이 허용되지 않고 충격적인 것으로 남아 있는 한 나체는 정치적 무기로서 계속 힘을 지닐 것이다.

1926년 런던 하이드파크
서펜타인 호숫가에서
벌거벗은 소년들을 쫓아가는 경찰.

1992년 뱅크오브아메리카에서 수표를
현금으로 바꾸는 스무 살의 앤드루 마르티네스.
마르티네스는 캘리포니아 버클리 대학에서
나체 학생으로 유명하다.
그가 너무 자주 알몸으로 돌아다니자
대학 당국은 1992년 노출을 금지했으며
1993년 시 의회도 마찬가지로 조처했다.

시턴에서 도라가 해변에 앉아 있는 동안
나는 해수욕을 했다.
한 소년이 수건 같은 것 두 장을 가져다주었는데
물에서 나와 쓰려고 보니
소년이 가져다준 것은 빨강과
흰색 줄무늬가 있는 아주 짧은 팬티였다.
이런 일과 관습에 익숙하지 않아서
전혀 모른 채 그곳의 관습을 무시하고
나체로 해수욕을 했다.

―로버트 프랜시스 킬버트 목사Revd Robert Francis Kilvert,
『일기Diary』, 1874년 7월 24일

05

수치심의 소멸

지금까지 옷을 벗는 진지한 이유들을 보았다. 신을 찾기 위해, 마법을 부리기 위해, 혹은 깨달음의 신비로운 경지에 이르기 위해, 또는 표를 얻기 위해, 아니면 불의에 저항하기 위해 옷을 벗는다. 그런데 재미로 혹은 수익을 올리기 위해서라면 어떤가?

옥스퍼드 대학의 남학생들과 남자 교수들은 그 재미를 알았던 것이 분명하다. 대학을 가로질러 흐르는 처웰 강의 파슨스 플레저Parson's Pleasure에 자주 갔던 것을 보면 말이다. 오랫동안 남자들의 나체 수영이 허용되던 곳이다. 여성들은 예의를 지키기 위해 그곳을 지나갈 때 눈을 돌리거나, 그곳에 둘러쳐 있는 울타리 옆 우회로를 이용해야 했다. 남자들은 롤러 위에 보트를 싣고 더 멀리까지 나갈 수도 있었다. 얼마 동안 여성과 가족들이 수영할 공간도 마련되어 있었다. 1934년 '데임스 딜라이트Dame's Delight'가 만들어졌지만 거기서는 수영복을 입어야 했으며 1970년에 폐쇄되었다. '파슨스 플레저'도 1991년 폐쇄되고 울타리도 해체되어, 누구보다 C. S. 루이스가 좋아했던 옥스퍼드의 100년 전통이 막을 내렸다.[1] 파슨스 플레저에 관한 유명한 이야기가 당시를 상세히 묘사한다. 1940년대 어느 날엔가 어떤 여학생들이 눈길을 돌리지 않고 그곳을 빤히 바라보며 천천히 지나갔다고 한다. 강변에서 일광욕을 하던 나체의 교수들은 당황했다. 그중 제일 똑똑해서 나중에 기사 작위를 받고, 역사가 엘리자베스 롱퍼드가 "볼테르와 태양왕을 합쳐놓은 사람"이라고 묘사했던 모리스 바우라는 손수건으로 재빨리 얼굴을 가렸고 (아이자이어 벌린이라거나 휴 트레버로퍼, 존 스패로였다는) 다른 사람들은 성기를 가리려고 황급히 수건을 잡느라 난리였다. 왜 얼굴을 가렸느냐고 묻자 바우라는 이렇게 대답했다. "나는 당신을 모릅니다, 신사분. 하지만 옥스퍼드에서 저는 좀 유명하거든요."[2]

파슨스 플레저에서 수영하는 사람들을 그렇게 과도하게 보호하려 했던 것이 지금은 이해가 되지 않겠지만 당시에는 그럴 만했다. 1930년 헨던의 웰시하프 저수지 옆에서 수영과 일광욕을 즐기던 나체주의자들이 폭도의 공격을 받았다. 폭도들은 이렇게 소리쳤다. "식인종들도 이렇게 누워 뒹굴지는 않아! 야만인들도 너희보다 더 점잖게 굴었을 거야. 너희는 썩어빠진 역겨운 놈들이야!"[3] 경찰이 달려왔고, 이 언짢은 일은 영국 나체주의 역사에서 '웰시하프 사건'으로 알려졌다.

당시에는 '나체'라는 단어를 쓰는 것만으로도 문제가 됐다. 제2차 세계대전 직후 코미디 작가와 프로듀서를 위한 BBC의 지침서, 『리틀 그린북Little Green Book』에서는 나체라는 단어를 사용해 웃기면 안 된다고 경고했다. 자유분방하고 인습에 얽매이지 않는 사람들은 당연히 그런 일에 아랑곳하지 않았다. 나체주의 운동은 '하트퍼드셔 나체 단지'와 함께 인기의 절정에 올랐다. 나체 단지에는 여섯 개나 되는 리조트가 있었는데, 10여 년 전 웰시하프 사건이 났던 헨던에서 겨우 몇 킬로밖에 떨어지지 않은 곳이었다. 햄프셔의 샌디볼스에서는 1916년 스카우트의 대안으로 창설된 청년 운동 단체 숲 속 생활 기사회Order of Woodcraft Chivalry의 성인 회원들이 나체로 모임을 열곤 했다. 재능 있는 작가이자 화가이며 자연주의자로 나체주의 운동에 영감을 불어넣은

윌리엄 로버츠,
〈파슨스 플레저Parson's Pleasure〉,
1930년.

어니스트 톰프슨 시턴이 권한 일이었다. 그는 자연 안에서 나체가 되는 것이 '야외 생활의 일곱 가지 비결'4 중 하나라고 했다. 서리 주의 경계 건너 헤이즐미어 근처 베일우드 팜에 사는 저명한 건축가 올리버 힐은 집에 손님이 오면 분홍 테두리를 씌운 파란색 롤스로이스 쿠페에 음악이 나오는 화장실 휴지 걸이와 공작, 앵무새들을 싣고 시골로 알몸 소풍을 떠나자고 부추기곤 했다.

분위기의 변화—스트리커의 출현

이 시기에는 기행과 점잖음이 병존했고 나체와 상업도 아주 가까워졌다. 스트립쇼 극장, 벗은 사진이 가득한 잡지와 저질 영화들 말이다. 자선기금 모금 단체도 더 많이 벗을수록 대체로 더 많은 돈이 들어온다는 것을 깨닫게 됐다.

이런 인식은 성에 대한 서양 사회의 근본적인 태도 변화의 산물이었고 그런 변화에는 세 가지 중대한 원인이 있었다. 인간 행위 동기에 대한 생각에 혁명을 일으킨 프로이트의 이론, 점점 더 답답해지던 사회 질서를 전복한 두 번의 세계대전, 1960년대 피임약의 발명과 페미니즘의 발생으로 일어난 성적 해방운동이다.

지그문트 프로이트의 『꿈의 해석』은 시기적절하게도 20세기 벽두에 출판되었다. 책에서 그는 성적 억압이 신경증을 유발한다는 이론을 제시했다. 60년 뒤 인류가 두 번이나 전쟁의 공포에 노출되었을 때, 그리고 핵 멸망의 위협이 다모클레스의 검처럼 머리 위에 매달려 있을 때에 성적 자유는 심리적 효과 정도가 아니라 핵 시대의 존재적 절망에 맞서게 해주는 귀한 해독제인 것 같았다.

나체가 되는 것은 찬양 행위일 뿐만 아니라 도전 행위이기도 하다. 닥쳐올지도 모르는 멸종 혹은 폭압에 직면해 존재할 권리를 주장하는 개체의 행위다. 하지만 무의식 수준에서 멸종 가능성에 저항하려는 동기가 아무리 크다고 해도, 의식 수준의 동기는 훨씬 더 단순했다. 자유롭고 거리낌 없이 자신을 표현하는 더없이 큰 기쁨이 결국 모든 개인의 생득권이라고 생각했던 것이다.

미국 대학생들은 캠퍼스에서 이런 권리를 충분히 누렸다. 1960년대 학생들이 그저 재미로 나체 달리기를 시작했고 곧 '스트리커'로 알려졌다. 스트리킹은 19세기 이후 미국 캠퍼스에서 간헐적으로 일어났다. 최초로 기록된 일은 1804년이었다. 당시 학생이던 미래의 미국 국회의원 조지 윌리엄 크럼프가 나체로 버지니아 주 렉싱턴을 가로질러 달린 뒤 한 학기 정학을 당했다. 1960년대가 되자 그런 일탈 행위가 유행했고 점점 더 많은 학생들이 나체 달리기 대회에 가담했다. 1967년이 되자 그런 일이 너무 자주 일어나서 칼턴 칼리지의 한 평론가는 이를 사회적 문제로 꼽았다. "여학생들의 중퇴, 계급의식의 고양, 낮은 학점, 스트리킹, 허무주의, 음주, 록 댄스의 인기."[5]

학생들이 나체로 활보하는 바람에 캠퍼스 경찰이 골머리를 썩은 지 10년이 지난 1972년에 노터데임 대학교 학생들은 '스트리커 올림픽'을 시작했고, 다음 해에는 메릴랜드 대학교에서 500명이 '단체 나체 달리기 대회'에 참여하여 AP가 그 사건을 보도했다. 이로써 전 세계에 '스트리킹'이라는 단어가 널리 알려졌다. 1974년 스트리킹의 인기는 절정에 달해 조지아 대학교에서 1,543명의 학생이 나체 달리기 대회에 참여했고 콜로라도 대학교에서도 1,200명이 참여했다. 하버드, 프린스턴, 터프츠를 비롯해 10여 개의 미국 대학에서는 주로 1970년대나 1980년대에 시작된 스트리킹의 '전통'이 지금도 이어지고 있다. 대학별로 과시욕과 거만함을 각각 나름대로 결합했다. 예를 들어 버지니아 대학교에서는 졸업하기 전 남녀 학생들이 모여 로툰다 관(대학 중심부에 있는 건물—옮긴이)의 계단에서부터 달려서 넓은 잔디를 지나 호머 동상의 엉덩이에 입을 맞추고 재빨리 다시 로툰다 관으로 뛰어올라가 문의 열쇠 구멍으로 학교의 설립자 토머스 제퍼슨의 대리석 동상을 엿본 다음 옷을 다시 입는다.

영국에서 스트리킹은 더 개인적인 형태로 시작됐다. 미국과 마찬가지로 영국에서도 1969년 이후 우드스톡과 하이드파크 같은 록 콘서

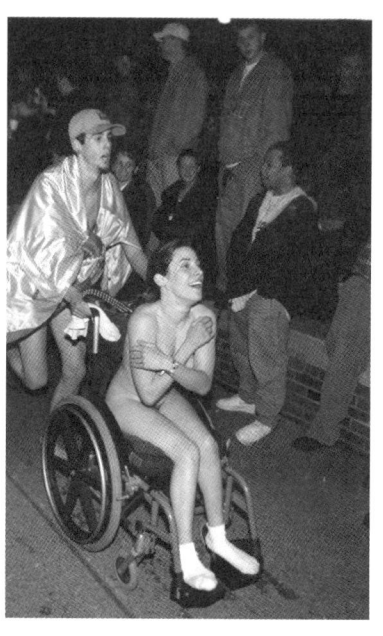

1999년 앤아버 미시간 대학에서 겨울 학기의 종강 날에 열리는 '네이키드 마일Naked Mile' 집단 나체 달리기 대회에 참가한 학생들. 2000년부터 경찰과 대학 당국의 압력으로 전통이 사라졌다.

트장에서 벌거벗은 젊은이들의 모습이 많이 눈에 띄었다. 시대정신에 용기를 얻은 이들이 공공장소에서 혼자 스트리킹을 감행하게 된 것이다. 대중에게 잘 알려진 사건은 1974년 3월 샐리 쿠퍼의 리치먼드 교횡단이었다. 한 경찰관이 장신구 외에는 아무것도 걸치지 않은 채 뛰어가는 여자를 발견하고, 그녀를 체포하려고 벽에 밀어붙여 세웠는데, 그때 경찰관의 개가 여자의 엉덩이를 물었다. 지나가던『데일리 미러 Daily Mirror』사진기자가 그 광경을 촬영하여 곧 전 세계의 뉴스거리가 됐다.

그해에 미국과 유럽에서 많은 일이 일어났다. 그다음 달 한 남자 스트리커가 아카데미 역사상 가장 기억에 남는 순간을 만들었다. 로스앤젤레스에서 열린 제46회 아카데미 시상식에서 사회자 데이비드 나이번이 엘리자베스 테일러를 소개하는 찰나에 스트리커가 평화를 뜻하는 V자 손가락 사인을 관중에게 내보이며 무대를 가로질러 달렸다. 나이번은 곧바로 재치 있게 우스갯소리를 했다. "저 사람은 저렇게 벌거

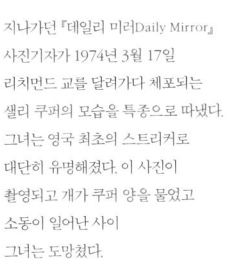

지나가던 『데일리 미러Daily Mirror』 사진기자가 1974년 3월 17일 리치먼드 교를 달려가다 체포되는 샐리 쿠퍼의 모습을 특종으로 따냈다. 그녀는 영국 최초의 스트리커로 대단히 유명해졌다. 이 사진이 촬영되고 개가 쿠퍼 양을 물었고 소동이 일어난 사이 그녀는 도망쳤다.

벗고 단점을 보여줘서 평생 딱 한 번 사람들을 웃기는군요. 재미있지 않습니까?" 그 사건을 쇼의 프로듀서 잭 헤일리 주니어가 몰래 연출했다는 설도 있다.

몇 주 뒤 영국에서 젊은 오스트레일리아인 회계사 마이클 오브라이언이 잉글랜드 대 프랑스의 럭비 경기를 보다가 경기장에 나체로 뛰어드는 내기를 했다. 경찰이 체포하면서 천재적인 영상 감각으로 오브라이언의 성기를 모자로 가려주어 세계 언론이 안심하고 그 사진을 내보낼 수 있었다. 수염을 기른 스트리커는 자기 뜻대로 하지 못했다

는 의미로 팔을 뻗었는데, 예수 같은 얼굴과 십자가의 예수처럼 기울인 머리가 강렬한 반향을 불러일으켰다. 샐리 쿠퍼의 사진에서는 경찰관과 개가 억압의 행위자로 보였는데, 마이클 오브라이언의 사진에서 경찰은 예수를 십자가로 끌고 가는 로마 병사처럼 보였고 어떤 사진에서는 오브라이언과 경찰이 마주 보고 웃는 것처럼 왜곡돼 보이기도 했다. 경관은 그때 오브라이언이 "우리 키스합시다"라고 말하고 있었다고 주장했다. 지금 오스트레일리아에 있는 오브라이언은 이런 사실을 부인했고 스트리킹에 대해 부정적이다. 최근 한 텔레비전 인터뷰에서 그가 세계적인 유행을 일으켰다는 말에 이렇게 답했다.

> 저는 그저 후회할 뿐입니다. …… 너무너무 잘못했다는 생각이 듭니다. 그 어리석은 짓을 그 후 몇 년 동안 계속했습니다. …… 경기장에 가고 트랙에 뛰어들고, 그건 정말이지 아주 멍청한 짓이었어요. 이언 브래드쇼가 사진을 찍지 않았다면 그런 일이 절대 일어나지 않았을 겁니다. 당시 경기장엔 TV 카메라가 없었으니까 저는 그냥 달려서 지나갔겠죠. 경기장의 4만 8,000명 말고는 아무도 그 일을 몰랐을 겁니다. …… 그런데 이언이 신형 카메라를 가지고 있었죠. 그냥 찍었죠. 계속 찰칵 찰칵 찰칵 사진을 찍었어요. 나머지는 다 아시죠.[6]

오스트레일리아 당국도 오브라이언과 같은 생각이었다. 1996년 어느 하루, 크리켓 경기장에 일곱 번의 스트리킹이 일어난 뒤 관중이 경기장으로 난입할 시 5,000달러의 벌금을 물리는 제도를 도입했다. 이전에는 외설죄로 150달러의 벌금만 내면 됐던 잠재적 스트리커는 이제 뛰어들기 전에 아주 신중하게 생각해야 했다. 이후 스트리킹을 하는 사람은 소수였다. 게다가 자신들의 업적이 텔레비전에 방영되는 기쁨도 사라져버렸다. 방송사들이 1980년대 모든 스포츠 경기에서 스트리커를 보여주지 않기로 한 것이다. 텔레비전으로 스포츠 경기를 시

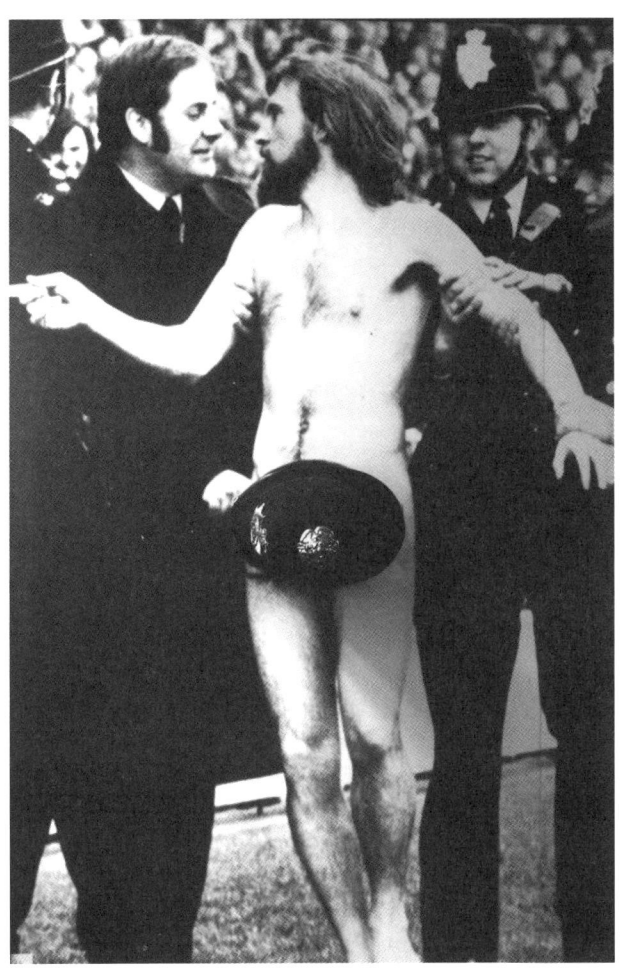

오스트레일리아의 회계사
마이클 오브라이언이
1974년 4월 20일 잉글랜드 대 프랑스의
럭비 경기 도중 트위크넘에서
스트리킹을 한 뒤 체포되었다.
저 경찰 모자는 나중에
2,400파운드(약 400만 원)에
경매로 팔렸고 런던 럭비 클럽에
실물 크기의 사진과 함께
전시되었다.

청하는데 카메라가 갑자기 경기장이 아닌 하늘이나 엉뚱한 곳을 비추고 관중의 비명이나 환호가 들린다면 누군가 스트리킹을 하고 있는 것이 확실하니, 공짜로 재미난 구경을 할 기회를 놓쳤다고 보면 된다.

방송사와 운동선수들은 스트리커를 좋아하지 않을지도 모르지만 (크리켓 선수 그레그 채플은 크리켓 방망이로 스트리커를 때려서 폭행 혐의로

2000년 7월
노르웨이의 몰데 축구장에서
들려나가는 스트리커.

기소되기까지 했다) 대중은 거의 전부 스트리킹을 아주 좋아한다. 스트리킹에 빠진 한 웹 사이트의 주인이 그 이유를 설명해준다.

남들 앞에서 미친 것처럼 알몸으로 달리는 일에는 본질적으로 웃긴 무엇이 있다. 아마도 보는 사람마저 덩달아 즐거워지게 만드는 술 취한 스트리커들의 유쾌함, 벌거벗겨진 허세와 어색한 미소를 짓는 권위가 벌이는 하찮은 싸움의 우스꽝스러움, 혹은 옷의 바다에서 보이는 맨살의 충격일 것이다. 분명 그것은 우쭐대는 경찰들에 의해 볼썽사납게 제지당하기 전 맑은 공기 속에서 덜렁덜렁거리는 성기와 자유롭게 돌

1975년 8월 런던
로드 크리켓 경기장에서
기둥을 뛰어넘는
스트리커.

아다니는 축 처진 엉덩이의 모습일 것이다. 언론이 우리에게 완벽한 아름다움을 강요할 때 스트리킹은 우리에게 보통 인간의 모습을 보여준다. 스트리킹은 정부의 줏대 없고 케케묵은 공공노출법에 코웃음을 친다(혹은 다른 부위로 웃는다). 그것은 우리가 5만 년 전 매머드를 쫓으면서 보았을 것을 보여준다. 스트리킹이 크리켓에 활기를 불어넣는다.[7]

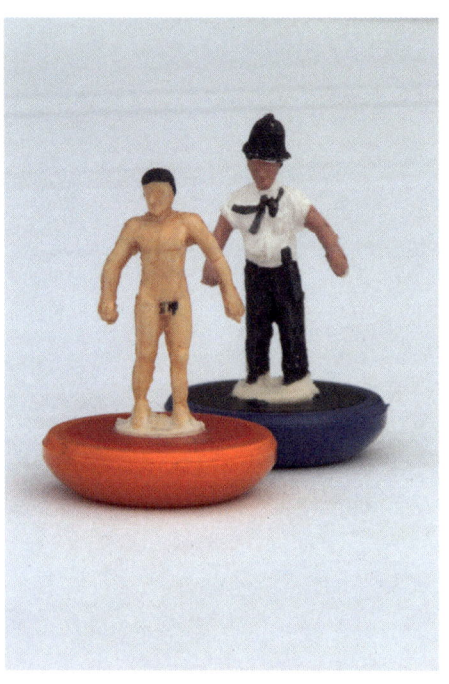

스트리커들은 영국에서 인기를 누렸다. 2004년 테이블 풋볼 게임 세트에 '고의적인 경기 지연'을 위한 '스트리커 세트'가 판매되었다.

2007년 리버풀의 한 치안재판소는 스트리커들이 즐거움을 준다는 사실을 인정했고 머지사이드 경찰에게 반사회적 행동 금지령을 허가해주지 않았다. 경찰은 42세의 상습적 스트리커, 아메리카와 유럽 대륙에서 380회의 스트리킹 기록을 세운 마크 로버츠를 막으려고 했다. 『인디펜던트』는 "그가 방해하지 않은 스포츠가 거의 없다. 여성의 날에 애스콧 경마장에서 코스를 따라 걷는 것이 목격됐고, 2004년 세계 스누커(당구의 일종-옮긴이) 결승에서 크루서블 극장(Crucible Theatre,

극장이지만 연극 공연 외에도 세계 스누커 대회가 열리는 곳으로 유명하다-옮긴이)을 가로질러 걸었고, 오픈골프선수권대회에서 등에 '19번홀'을 그려 넣고 페어웨이에 달려들었고, 윔블던 여자 복식 경기 동안 맨몸에 '공들만 튀어야 해'라고 쓰고 네트를 뛰어넘었다"고 보도했다. 증거들을 검토한 관할 판사 닉 샌더스는 이렇게 선고했다. "로버츠 씨가 하

리카 로는 즐거워하며
담배를 피우고 있고
경찰관은 조심조심 그
녀를 붙잡고 있다.
그녀는 1982년
트위커넘에서 열린
잉글랜드와
오스트레일리아의
럭비 평가전에서
옷을 벗고 난입했다.

는 일이 분명 성가실 수 있겠지만 그것이 반사회적 행동에 해당하지 않는다고 생각합니다." 판결은 변호사의 재치 덕분인지도 모른다. 로버츠는 오픈골프선수권에서 타이거 우즈가 티에서 공을 치려는 순간 다람쥐 인형으로 성기를 가리고 엉덩이 사이에 골프공을 하나 끼운 채 골프 코스를 뛰어다니다가 체포됐다. 변호사는 이렇게 주장했다. "제 의뢰인은 새로운 무화과 잎을 쓴 것 뿐입니다. 의뢰인은 이를 불쾌히 여기는 사람들도 있다는 사실을 인정합니다. 하지만 이건 재미나고 오

래된 영국식 장난일 뿐입니다."⁸

　스트리킹이 계속해서 사람들을 즐겁게 혹은 불쾌하게 만들면서 절정에 오른 것은 30년도 더 전인 1974년이다. 이후에도 몇 년 동안 수많은 화려한 스트리킹이 일어나 특히 영국과 미국을 중심으로 전통을 잇기는 했다. 1982년 트위크넘에서 열린 잉글랜드 대 오스트레일리아 럭비 경기 중에 일어난 에리카 로의 스트리킹은 가장 상징적이라고 할 수 있다. 경찰에 체포되는 그녀의 사진은 권위와 억압에 대항하는 젊음의 열정과 삶의 기쁨을 보여주는 강렬한 이미지였다. 그 사진은 미녀가 우리에게 가슴을 드러내는 순간 가부장의 하수인들이 그것을 가리려고 애쓰는 모습을 보여주어 여성의 자신감 상승을 완벽하게 표현했다. 당시 로는 술 때문에 그랬다고 하는데 이후 텔레비전과 모델 계약으로 8만 파운드(약 1억 4,000만 원) 이상을 벌었다.

보이고자 하는 충동
—노출증과 바바리맨

> 버클리 주교는 자신이 세상을 보고 있지 않으면 세상이 사라질까봐 걱정했다.
> 나는 세상이 나를 보고 있지 않으면 내가 사라질까 걱정이다.
> 아니 적어도 과거에는 그랬다.
> —캐슬린 루니Kathleen Rooney,
> 『실물 나체 모델: 대상으로서의 내 삶 Live Nude Girl: My Life as an Object』

　어떤 사람들은 스트리커와 나체 시위자들, 심지어 나체주의자와 누드 모델들을 단순한 '노출증 환자'로 치부한다. 그러나 우리 모두가 정도의 차이는 있지만 노출 욕구의 영향을 받아 행동한다. 인간은 살아남기 위해 그런 행동을 학습했다. 아기들은 엄마의 시선과 관찰이 필요하다. 그리고 이 필요가 평생 우리 안에 남아 작동한다. 그 증거로 과거 최고의 형벌은 도편추방제였고 오늘날에도 누구에게 상처를 주는 가장 효과적인 방법은 상대를 무시하는 것이다. 심지어 존재 자체를 인정하지 않는 것이다. 모든 인간은 남이 자신을 봐주기를 바라고 자신에게 이목을 집중해주기를 바라며 자신을 알아봐주고 말을 들어주기를 바란다. 모두가 깊은 곳에 있는 이런 욕구의 영향을 받는다.

2004년 8월 에식스 V 페스티벌에서 한 가수가 자유와 개인 권리 옹호의 상징으로 옷을 벗고 관중의 환호에 마이크를 치켜들고 있다.

    속으로 자신에게 시선이 집중되기를 바라고 있다면 몇 시간 동안 여러 사람의 시선을 받으며 나체로 말없이 서 있는 것만큼 그 바람을 충족시키는 좋은 방법이 있을까? 누드모델들의 말을 들어보면 그 일은 남들의 시선을 받는 건전하고 순응적인 방법일 뿐만 아니라 더 심오한 활동을 시작하는 방법이기도 하다. 세라 필립스가 『모델의 생활 Modeling Life』을 쓰면서 인터뷰한 모델 대부분이 어떻게 그 일로 자아를 발견할 수 있었는지, 그리고 그 일이 '존재하기' 위해 얼마나 중요한 것인지 설명했다. 그중 한 명은 모델 일이 "내 몸 속의 정신과 그것이 표현되는 방식을 목격할 수 있는 경건한 행위다"라고 말했다.[9]

누드모델을 서며 화가들의 시선에 둘러싸이면 비유적으로 '애무받는' 것처럼 느껴지는데, 이를 통해 관능에 대한 인식이 높아지고 자

자신의 나체를 작품으로 이용하는 것으로 유명한 미국 미술가 스킵 아널드. 조각상처럼 서거나 건물 위에 쪼그려 앉고, 한 화랑의 투명한 상자 속에 앉는다. 이 사진에서처럼 얼굴을 땅에 대고 눕기도 한다. 2002년 6월 스위스에서 열린 제33회 바젤 아트 페어 전시회.

부심과 성취감을 누리게 된다. 6년간 누드모델로 일한 캐슬린 루니의 회고록 『실물 나체 모델: 대상으로서의 내 삶Live Nude Girl: My Life as an Object』은 수많은 경험을 들려준다. 이 책은 누드모델 일이 심리에 끼치는 영향에 대해 알고 싶어 하는 사람들에게 풍부한 소스를 제공한다. "힘과 나약함, 복종과 지배의 짜릿한 결합." 그녀는 한 작품을 시작하는 최초의 순간을 이렇게 묘사했다.

폴란드 미술가 파벨 알트하메르가
2007년 6월 밀라노 팔라치나 아피아니 스포츠 아레나에 전시한
부풀릴 수 있는 나체 자화상. 작가는 이렇게 썼다.
"몸이 영혼의 그릇에 불과하다는 것을
실현한 작품이다. 내 몸을 우주복으로 입은
우주 비행사가 된 것 같다.
나는 갇힌 영혼이다."

옷을 벗고 난 뒤 첫 30초가 항상 가장 초조하다. 나도 그렇고 나를 보는 사람들도 그렇다. …… 옷을 벗는 것은 부드러운 충격이며, 놀라움, 일종의 눈 뜸, 전기에 감전된 순간으로, 이미 겪은 일과 앞으로 올 일들보다 더 생생하다. 내 나체가 실제가 아닌 것처럼 보일 수도 있다. 마치 실제로 옷을 벗었을 리가 없다는 듯, 이 낯선 여자가 실오라기 하나 걸치지 않고 나타날 리도, 그녀의 몸을 그리도록 내버려둘 리가 없다는

1977년 런던의 카나비 가에서 모델 안 브루작에 옷을 입으라고 권하는 경찰관.

듯이. 나의 나체가 가상현실처럼 느껴질 수도 있다. 마치 이 사람이 이 공간에서 최고의 3차원 물체, 나체로서 나약하지만 공간 전체의 끊임없는 관심과 갈망을 받는 데서는 강력한 물체인 것처럼…….[10]

드러내 보인다는 것은 '과시'한다는 뜻도 되지만 모델들의 말을 들어보면 그들의 행동은 단순히 과시하거나 인정받으려는 욕구가 아니라, 그것을 훨씬 넘어선 어떤 욕구에서 나온 것이 분명하다. 일상에서 경멸적 의미의 과시가 정신병의 영역에서는 노출증이 된다. 노출증 환자, 흔한 말로 '바바리맨'은 대부분 남자이고 신체 일부, 즉 성기만 노출하려는 욕구를 지닌다. 스스로를 나약하고 무력하다고 느끼는 노출증

노출 성향을 충족하는 방법은
참으로 많다. 1980년 자신의 신체 사진이
보이도록 개조한 차량을 탄 운전자.

춥거나 비가 오면 나체로 다니기에 곤란할 수 있다.
투명한 비옷으로 일부나마
그 문제를 해결한 디자이너도 있다.

환자들은 피해자들을 깜짝 놀라게 하고 충격을 줌으로써 쾌감을 느낀다. 이런 행동을 통해 자신들이 강하다고 느끼기 때문에 쾌감이 생기는 것이다. 하지만 이들 대부분이 쾌감이 곧 사라진다는 것을 알고 또 죄책감이 들기 때문에 내적으로 갈등하며 노출을 한 뒤에는 거의 항상 현장에서 바로 도망친다. 보통 그런 행위를 점점 더 자주 반복하려는 강박신경증으로 발전한다. 대부분 피해자들을 육체적으로 괴롭히지

2005년 10월 뉴욕에서 열린 제32회 헬러윈 퍼레이[드에] 등장한 가짜 바바리[맨.]

는 않지만 어떤 때는 피해자들 앞에서 수음을 하기도 한다. 안타깝지만 재범률이 높다. 노출증으로 체포된 남자의 50퍼센트가 2년 안에 다시 체포되는데 이 병리 현상의 원인에 대해 심리학계의 일치된 의견이 없다. 뇌 손상이나 정신분열증과 관계가 있는 때도 있지만 효과적인 치료법도 없으며 왜 거의 전적으로 남성들만 그 질병을 앓게 되는지에 대한 명확한 설명도 없다.

많은 사람들이 여성도 스트리킹을 즐긴다는 사실을 고려하지 않고서 스트리커가 단지 더 많은 관중 앞에 선 바바리맨에 지나지 않는다고 비판하더라도, 스트리커와 바바리맨은 자연주의자와 스트리커만큼 서로 다르다. 자연주의자들은 생활 방식을 선택한 것이다. 옷을 입지

않고 살기로 했고 벌거벗고 평화롭게 수영하고 일광욕하고 사교 활동을 하고 싶어 할 뿐이다. 사람들을 놀라게 하거나 럭비 경기장에 뛰어들어 5분 만에 유명해지려는 욕구가 없다. 이와 대조적으로 스트리커들은 '장난삼아' 나서며 아마도 천성이 까불까불하거나 술에 취한 경우가 많고, 성기를 보여주며 사람들을 놀라게 하려고도, 나체로 살고 싶어 하지도 않는다.

보려는 욕망─우리 모두에게 있는 관음증

> 보려는 욕망과 보이려는 욕망은 똑같은 것이다.
> ─테르툴리아누스Tertullianus

우리는 남에게 보이고자 하는 욕구와 함께 보려는 욕구도 타고났다. 우리는 모두 관음증적 성향을 타고나는데 어떤 경우에는 그런 성향이 왜곡되어 정신병적 증상으로 발전하게 된다. 그렇게 되면 환자들은 다른 사람이 옷을 벗는 모습, 벗은 몸, 혹은 성행위를 하는 모습을 보아야 성적으로 흥분하거나 성적 만족으로 느낄 수 있게 된다.

다른 사람을 보거나 벗은 몸을 보고 싶어 하는 것 자체에는 이상이 없다. 건전한 관계에서도 연인의 몸을 보거나 성적 행위를 보는 것으로 쾌감을 느낀다. 노출증과 마찬가지로 이것도 강박이 되거나 이 행위를 통해서만 만족을 느낄 때 병적인 것이다.

거울을 통해 한 사람이 보는 사람인 동시에 보여주는 사람이 될 때 노출 성향과 관음 성향이 동시에 충족될 수 있다. 사진작가 우베 오머는 그런 생각을 바탕으로 책을 만들었다. 우베 오머는 친구들과 모델들에게 거울 혹은 카메라에 비친 모습을 마음껏 찍도록 했다.[11]

거울이나 카메라를 이용해 자신의 나체를 감상하는 것은 나르시시즘의 징후일 수 있지만 자기 몸에 대한 자부심과 자신감을 높이려는 욕구에 독창적으로 반응한 것일 수도 있다. 또한 보려는 욕구와 보여주려는 욕구를 동시에 충족시키는 경제적인 방법이기도 하다. 그런 행위의 바탕에는 자아를 실현하려는 의식적 혹은 무의식적 욕구가 있어서, 몸을 씀으로써 자아 성찰을 돕는다고 하여 명상의 기본 원리로 이용되기도 한다.[12]

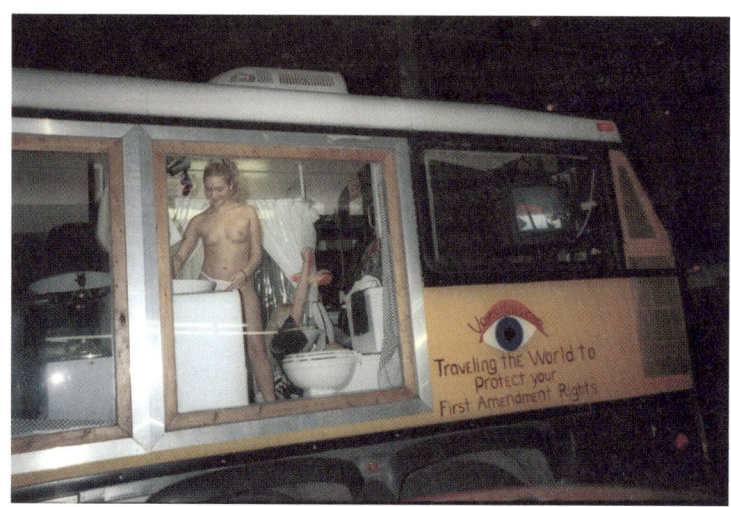

2000년 11월 뉴욕 타임스스퀘어에서 반쯤 벗은 여인이 '관음증 버스'를 타고 집안일을 하는 모습을 보여준다. 이 버스는 수정헌법 1조 언론의 홍보하기 위해 미국을 돌아다니고 있다.

혹시 우리가 노출 성향과 관음 성향을 타고나지 않은 것은 아닐까 하는 의심은 제니캠 같은 사이트의 인기를 보면 사라지고 만다. 제니캠은 제니퍼 링글리라는 젊은 여성의 일상을 보여주는 사이트로 7년 동안 운영됐다. 처음에는 한 개의 웹캠을 설치했다가 나중에는 더 많이 설치했다. 사이트 방문객들은 그녀가 자고 있을 때는 8시간 동안 어둠만 볼 수 있으며 그녀가 외출하고 나면 몇 시간 동안 빈 방을 보게 된다. 하지만 어떤 때는 그녀의 알몸을 볼 수도 있고 심지어 성교나 자위행위를 볼 수도 있다. 곧 하루에 3~400만 명이 그 사이트를 방문했으며 그녀는 『월스트리트저널The Wall Street Journal』에 오르내리는 유명 인사가 되고 〈레터맨쇼〉에도 출연했다. 개념예술가라고 불리기도 했던 링글리는 그 사이트를 운영하면서 자아상과 신체상이 향상됐다고 주장했다. 이후 『셀러브리티 슬루스Celebrity Sleuth』지에 나체로 등장한 적도 있다. 지금은 30대로 사적인 생활을 즐기고 있다고 한다.

사람들이 욕구를 충족하는 방법은 수없이 많다. 그러니 나체를 보여주거나 나체를 보려는 욕구를 충족하는 방법도 어떤 이에게는 당황스럽고 어떤 이에게는 통쾌하게 느껴진다. 인터넷과 디지털 매체의 등

장으로 이 욕구의 표현에 수많은 길이 열렸다. 관음증 환자는 자기 집 은밀한 공간에 앉아 나체를 비롯해 온갖 종류의 성행위를 볼 수 있다. 노출증 환자는 마우스만 클릭하면 전 세계에 자신의 모습을 보여줄 수 있다. 한동안 이베이에서 '포르노 비추기' 놀이가 유행이었다. 광택이 나는 물건에 자신의 나체를 비춰 촬영한 사진을 올리는 것이다. 이런 재미난 방법은 이제 사라졌지만 인터넷에서 포즈를 취할 기회는 얼마든지 있다. 남들 앞에서 시선을 끄는 것을 즐기는 사람들은 나체 사이트에 사진을 올리면 되고, 보는 것을 좋아하는 사람들, 혹은 옷을 입은 이성이 자신의 벗은 몸을 조사하고 굴욕을 주기를 원하는 사람들은 저 번잡한 CFNM(Clothed Female Naked Male, 옷 입은 여자 옷 벗은 남자)나 좀 덜 알려진 CMNF을 방문할 수 있다. 스마트폰으로도 자기 나체 사

진을 웹 사이트에 올릴 수 있다. 아니면 몸의 다른 부위는 무시하고 자신의 음경 사진을 어떤 사이트에 올려 살바도르 달리가 자신의 절친한 친구라고 불렀던 부위를 전 세계에 보여줄 수도 있다.

사교적인 성향의 사람들은 '세컨드 라이프Second Life'라는 가상현실 사이트에 가면 더 좋을 것이다. 그곳에서는 나체로 세상을 돌아다닐 수 있다. 들어가보고 싶은 곳이 많겠지만 그중에서 '나체 섬'에 가면 동굴이나 해변에서 누가 수작을 걸어온다. 인터넷 TV 채널 '네이키드 뉴스'를 보면 최근 사건을 알 수 있다. 앵커들이 옷을 벗고 새로운 소식을 전해주는 뉴스 채널이다. 나체로 화상 통화를 해도 되고, '나체주의 블로고스피어'에 들어가거나 상반신은 유튜브에 올리고 하반신은 일반 회원들이 올린 비디오를 모아놓는 포르노 사이트에 올려도 된다. 인터넷이 영화 산업, 텔레비전 방송국, 음악 산업을 위협하듯, 이런 사이트들은 포르노 제작자들을 위협하고 있다.

인터넷이 준 선물은 DIY(Do It Yourself)이다. 기업계 거물보다 개인에게 더 요긴하다. 컴퓨터로 직접 책을 내고 쇼핑몰을 열고 음반을 녹음할 수 있는 것과 마찬가지로 자신만의 나체 동영상을 만들 수 있고 다른 사람들이 직접 만든 것들을 공짜로 볼 수도 있다. 그 결과 정상적이거나 자연스러운 노출과 관음증적 성향, 그리고 정신병리학에서 다루는 심각한 증상 사이의 구별이 힘들어졌다. 어떤 사람은 시원하다고 느끼는 것에 다른 사람은 중독될 수도 있다. 심지어 처음에는 편리한 인터넷을 이용해 카타르시스를 느끼거나 호기심에서 했던 경험들이 나중에는 신경증이나 강박이 될 수 있다.

은밀함과 무지에서 건전하지 않은 것들이 생겨나는 법이다. 그런 면에서 인터넷은 인간의 몸에 대한 정보를 제공하고 호기심을 충족시켜주어 무지를 해소하는 데 크게 도움이 되기는 하지만 사람들을 가상의 가면 뒤에 숨기고 다른 사람을 이용하게 만들어서 오히려 은밀함과 수치심이 낳는 부작용을 부추기기도 한다. 그렇다고 해도 루스 바칸이

『나체: 문화적 해부Nudity: A Cultural Anatomy』에서 설명한 대로 "하나의 기술로서 인터넷은 도덕적 변화를 촉진하는 것을 돕는다. 인터넷이 익명성을(그래서 실험을) 조장하면서도 동시에 (관심을 공유하고 도덕적 표준을 만들기 위해 노력할 수밖에 없는)공동체를 만들기 때문이다."[13]

하지만 우리의 생각을 해방시키고 억압의 시대를 바로잡는 진정한 진보는 인터넷이 아니라 예술계에서 이루어냈다.

공연과 수치심의 소멸

우리는 수치심 속에 살고 있다.
우리는 진짜 우리에 대한 모든 것을 수치스러워한다.
자신과 친척, 수입, 말씨, 견해,
경험을 수치스러워한다.
나체를 수치스러워하는 것과 똑같다.
—조지 버나드 쇼George Bernard Shaw, 『인간과 초인Man and Superman』

20세기 초 독일에서 나체로 무대에 오른 사람들이 있었다. 1907년부터 6년 동안 카를 반셀로프가 베를린에서 아름다운 밤Schonheitsabends을 개최했다. 현악 오케스트라 연주와 함께 나체의 남녀를 슬라이드로 보여주었다. 그다음에는 유명한 나체화의 슬라이드가 나와 나체 무용수들의 등장을 예고했다. 한번은 이사도라 덩컨이 나온 적도 있었다. 반셀로프는 이 행사를 열기 위해 법정에서 자신의 권리를 변호하느라 거금을 썼다. 그렇게 해서 쾰른 도덕성 협회Cologne Morality Association 같은 단체들과의 싸움에서 모두 이겼지만 건강이 나빠 이듬해에 38세의 나이로 죽고 말았다.

이사도라 덩컨은 반셀로프의 기획에 자연스럽게 마음이 끌렸다.

그녀는 인간의 나체가 신성하며 예술적 표현에서 중요하다고 생각했기 때문이다. 그리스 신들의 실재를 믿으며 의복 개혁을 지지하기도 했던 그녀는 이렇게 썼다. "나체는 가장 훌륭한 예술 작품이다. 이 진리는 모든 사람이 알고 있으며 화가, 조각가, 시인들이 그 진리를 추종하고 있다. 무용수만이 그것을 잊고 있다. 인간의 몸이 예술의 도구이니, 무용수들은 그것을 잊지 말아야 한다."[14] 그녀는 혼자 있을 때는 나체로 춤을 추었으며 "땅을 밟고 나체로 춤을 추면 자연스럽게 그리스식 자세가 취해진다"[15]라고 말했다. 런던에서 그녀는 화가 앨마태디마를 기리며 춤을 추었다. 그는 고전적 배경을 이상적인 것으로 묘사하고 나체를 그렸는데 그 작품들은 한때 키치로 치부되었지만 지금은 높은 평가를 받고 있다. 젊은 이사도라에게 런던의 박물관들을 보여주고 그리스 화병의 인물이 취한 자세를 연구해보도록 한 것이 바로 앨마태디마였다.

1968년까지 영국 무대에서 허용된 것은 마치 화병에 그려진 것처럼 정지된 나체밖에 없었다. 여성만이 무대에서 나체로 설 수 있었고 그것도 움직이지 않을 때만 허용되었다. 그래서 헨더슨(2005년 영화 〈미세스 헨더슨 프리젠츠Mrs Henderson Presents〉에서 주디 덴치가 연기했던 여성)은 윈덤 극장에서 공연하면서 여배우들에게 타블로 비방tableau vivant을 요구했다. 타블로 비방은 베를린에서 반셀로프도 이용한 것으로 살아 있는 조각Lebende Plastiken이라고 하는 부자연스러운 자세다. 스트립 클럽과 파리 폴리베르제르의 나체 레뷔를 비롯한 다른 곳에서도 마찬가지였다. 무용수들과 스트리퍼들은 마지막에 옷을 벗고 정지 자세를 취하기까지 늘 힘들었다.

심지어 배우들이 부동자세를 유지하고 있을 때도 당시 검열을 담당하던 궁내 장관이 간섭하려 들었다. 1957년 존 오즈번의 연극 〈연예인The Entertainer〉에 등장하는 나체의 브리타니아상을 세밀하게 조사하고서야 허용해주기도 했다. 그러나 남자의 나체상은 달랐다. 10년 뒤 연극 〈윌슨 부인의 일기Mrs Wilson's Diary〉에서 린든 존슨의 나체상은 금지됐다. 그러나 1년 뒤에는 완전히 뒤바뀌었다. 궁내 장관이 남들의 옷을 벗지 못하도록 하던 권력의 옷을 벗게 되었기 때문이다. 극에 대한 검열을 폐지한 새로운 극장법이 시행된 것이다.[16]

모든 것을 바꾼 뮤지컬

1968년은 '혁명의 해'로 알려졌다. 프라하의 봄으로 알려진 해, 전 세계적 학생 시위의 해, 파리 폭동의 해, 로버트 케네디와 마틴 루서 킹이 암살당한 해이기도 하다. 그리고 특별한 뮤지컬 한 편이 브로드웨이 무대에 오른 해였다. 이 시기부터 갑자기 무대에 오르기 시작한 나체 공연에 촉매제 역할을 한 작품 〈헤어Hair〉다. 그 작품은 미국이 여전히 베트남에서 전쟁 중일 때 형성된 히피의 이상을 열렬히 찬양하며 정치사회적 메시지도 담고 있었다. 전쟁을 중지하고 가능한 한 자주 사랑을 나누고 흥분하라는 것이었다. 그 뮤지컬은 노래 〈남색Sodomy〉의 도발적 가사보다 짧은 나체 장면으로 사람들의 기억에 남아 있으니 말보다 이미지가 우월하다는 것을 확인해준 셈이다.

뮤지컬을 창작한 제롬 라니와 제임스 라도는 센트럴파크에서 반전 나체 시위자 두 명을 보고 나체 장면의 영감을 얻었다. 스콧 밀러는 『박수받는 반역자들: 획기적인 브로드웨이 뮤지컬들Rebels with Applause: Broadway's Ground-Breaking Musicals』에서 〈헤어〉의 나체가 적절했다는 것을 이렇게 설명했다. "나체는 히피 문화의 중요한 부분이었다. 부모에게서 받은 성적 억압에 대한 거부였고 자연주의, 영성, 정직성, 개방성, 자유에 대한 주장이었다. 벗은 몸은 아름답고 찬양받고 제대로 감상해야 할 것이지 모욕당하고 숨겨야 할 것이 아니었다. 그들은 몸과 성욕을 '상스러운' 것이 아니라 선물이라고 생각했다."[17]

〈헤어〉는 나체를 무대에 올리며 새로운 장을 열었지만 나체 장면은 여전히 그 익숙한 부동자세였다. 배우들은 막 뒤에서 옷을 벗은 뒤 꽃무늬 패턴이 몸을 비추는 동안 부동자세로 서서 〈목걸이, 꽃, 자유, 행복〉이라는 노래를 불렀다. 너무 짧게 끝난 데다 조명이 침침해서 잭 베니(미국 코미디언 겸 배우-옮긴이)는 누가 이렇게 묻는 소리를 들었다.

1975년 7월 파리에서 공연 프랑스판 〈헤어〉 출연자들.

"저 중에 유대인이 있대도 못 알아보겠지?" (유대인은 포경수술을 하니 성기가 보였으면 구별할 수 있었을 것인데 어두워서 잘 보이지 않았다는 의미-옮긴이)

나체 장면이 잘 보이지 않았는데도 〈헤어〉가 담고 있던 메시지는 시대정신의 공감을 얻어 그해 말 런던 웨스트엔드에 상륙했으며 이내 유럽에서도 제작됐다. 그해 영국에서 검열의 폐지와 함께 남성 나체도 무대에 올릴 수 있게 되었으니 뮤지컬은 대성공이었다. 일부 비평가들이 "반 암흑 속에서 나오는 나체 장면이 너무 과장되게 선전됐다"[18]고 불평하기도 했다. 미국의 평론가 겸 연출가 찰스 마로위츠는 "만약 〈헤어〉 같은 쇼에서 엉덩이, 유방, 다양한 생식기를 보여주려고 했다면 쇼가 완전히 엉망이 되었을 것이다"[19]라고 적었다.

런던 공연의 출연자들은 흐릿한 조명 아래에서라도 나체에 대한 금기에서 벗어나기 힘들어했다. 프랑스에서는 문제가 없었다. 독일 초기 공연에서 그 장면은 '검열됨'이라고 쓰인 막 뒤에서 공연되다가 당국의 허가가 났다. 〈헤어〉의 대표자가 그의 친척들이 줄줄이 나체로 아

우슈비츠로 줄지어 갔다고 밝히자 수치심을 느껴 묵인해준 것이었다. 모든 출연진 중에서 독일인들이 나체의 정치적 함의에 대해 가장 민감했을 것이다. 가수 겸 작곡가인 도나 서머도 독일 공연에 참여했는데 이렇게 말했다. "그것은 어쨌든 성적인 의미는 아니었다. 우리는 사회가 살인보다 나체를 중시한다는 사실에 대해 말하기 위해 나체로 섰다."[20]

샌프란시스코 관객들은 기꺼이 당시 풍조에 공감했다. 그들은 나체를 좋아했고 공연 전에 출연진들과 함께 토론을 하기까지 했다. 노르웨이에서는 시위자들이 공연을 막기 위해 인간 장벽을 만들었다. 스

웨덴 출연자들은 옷 벗기를 꺼렸지만 덴마크 출연자들은 벗는 장면이 충분치 않다며 서곡 부분에서 나체로 통로를 걸어 내려갔다.

영화계에서 정면 전라 촬영에 대한 금기도 이 혁명의 해에 깨졌다. 나체가 영화에 등장한 것은 1950년대 〈자연이 계획한 나체Naked as Nature Intended〉 같은 자연주의 영화들이었다. 그 영화에서는 건장한 남녀가 비치볼이나 일광욕을 즐기지만 덤불과 나무 같은 온갖 성가신 장치들을 써서 전라가 드러나지 않게 촬영됐다. 그러나 1968년 린지 앤더슨의 〈만약에…If…〉와 스웨덴 영화 〈포옹과 키스Puss&Kram〉는 정면 전라를 보여주었으며 이듬해에 켄 러셀의 〈사랑하는 여자들Women in Love〉은 남자 두 명이 나체로 맞붙어 싸우는 모습을 보여주었다. 갑자기 일이 잘못됐거나 재미난 일이 막 시작된 참이었다.[21]

런던 연극계의 나체

연극 공연에서 나체라고 말할 때는 관객에게
성기를 노출하는 것을 뜻하는 경향이 있다. 심지어 여성 관객에게도
젖가슴을 내보인 여자 연기자가 똑같이 상반신을 노출한 남자 연기자보다
더 '벗은' 것처럼 보일 것이다. 공연에서 나체라고 하면
성적으로 가장 민감한 부위의 노출, 몸이 욕구의 영향을 많이 받는다는
완벽한 '증거물'이자 타자의 시선을 빼앗는 부위인 성기의 노출을 가리킨다.
그러나 그런 개념은 실제 공연에서 문제를 일으키기도 한다.
예를 들어 일부 연기자들이 나체인 척하려고 피부색 바디 스타킹을 착용하거나,
가짜 성기나 유방을 사용하는데 사실 그것들은 몸을 가리는 의상의 일부다.
또 어떤 장면에서 관객은 배우가 정말로 나체라는 것을 알 수 있지만
교묘한 조명과 그림자가 몸을 '가려서' 나체를 '제대로' 볼 수가 없다.
—칼 에릭 토퍼Karl Eric Toepfer,
『포스트모던 공연에서 나체와 텍스트성Nudity and Textuality in Postmodern Performance』[22]

아무리 잠깐이었다고 해도, 아무리 조명이 어두웠다고 해도 〈헤어〉의 나체 장면은 오늘날까지 타오르는 자유의 횃불에 불을 붙이기에 충분했다. 1968년 6월 〈헤어〉가 뉴욕에서 막을 올린 지 겨우 몇 달 뒤, 로열 셰익스피어 극단이 금기를 깨고 무대 위에 움직이는 나체의 여성을 등장시켰다. 이를 허용하는 새로운 공연법은 그해 9월이 되어서야 통과되었지만 그때 이미 얼음은 녹고 있었으니, 로열셰익스피어 극단은 나

브렌턴의 연극 -의 로마인들 mans in Britain〉에 루이드교 승려가 장면. 보그다노프가 여 1980년 10월 셔널 시어터에서 다.

체에다 움직이기까지 하는 트로이의 헬레네를 등장시켜보기로 감히 결정했다.

제작자들과 감독들은 곧 나체에 티켓 파워가 있다는 것을 알게 됐고 유명 배우의 나체 카메오가 유행했다. 예를 들면 1971년 윈덤 극장에서 공연한 로널드 밀러의 〈아벨라르와 엘로이즈Abelard and Heloise〉의 나체 러브신에는 다이애나 리그(영화 〈007 제6탄 여왕폐하대작전〉에 본드 걸로 출연한 배우, 로열셰익스피어 극단에서 공연하기도 했다─옮긴이)와 키스 미셸이 출연했다. 같은 해 로열코트 극장에서는 데이비드 스토리의 〈탈의실The Changing Room〉에서 나체로 샤워하는 럭비 선수들을

볼 수 있었다. 몇 년 뒤 피터 셰이퍼의 연극 〈에쿠스Equus〉가 올드빅 극장에서 상연됐다. 2007년의 재공연에는 나체 정사 장면에 17세의 대니얼 래드클리프가 등장해 화제가 되었다. 영화 〈해리포터Harry Potter〉의 주인공 말이다. 이와 비슷하게 1990년대 말 런던과 뉴욕에서 〈푸른 방The Blue Room〉에 니콜 키드먼이 나체로 잠깐 출연해 언론의 큰 관심을 받았으며 몇 년 뒤 캐슬린 터너와 제리 홀이 런던에서 〈졸업The Graduate〉의 로빈슨 부인 역을 맡아 옷을 벗었을 때도 마찬가지였다.

문제를 일으킨 것은 1980년 마이클 보그다노프가 연출을 맡아 영국 국립극장에 올린 〈브리튼의 로마인들The Romans in Britain〉의 유일한 나체 장면이었다. 무대에 나체의 드루이드교 승려를 등장시켰기 때문이 아니라 그중 한 사람이 동성 강간을 당하는 자극적인 장면 때문이었다. 사회운동가 메리 화이트하우스는 그 장면을 보고 몹시 화가 나서 성범죄법 위반이라며 사적으로 기소했다.[23]

이제 나체는 연극에서 합법성을 확보했다. 적어도 유럽 대부분과 자유분방한 미국 동서 연안에서는 그렇다. 어떤 때는 극장을 채우기 위해 불필요하게 나체를 이용하기도 하지만, 극은 인생을 표현한 것인데 인생에 나체가 없을 수 없으니 연극에도 나체가 없을 수 없다. 비평가 마이클 빌링턴이 썼듯이 "우리는 그것을 극에서 피할 수 없거나 성적 즐거움을 위해 의도된 장치로 보아야 한다. …… 나체가 매우 유쾌한 볼거리일 수 있다는 사실을 인정해야 한다."[24] 코메디 프랑세즈의 배우 알렉상드르 파블로프는 연극에 표현된 나체와 관능의 진정한 의미를 이렇게 지적했다. "우리는 항상 몸을 가리지만 몸은 우리의 일부이며 예술에서 그것을 배제할 수 없다. 우리는 요즘 에로티시즘에 대해 공개적으로 말한다. 배우들만이 아니라 무용수들, 모두가 그렇다. 우리는 몸을 드러낼 때 영혼을 드러내는 것이다."[25]

나체 무용

그런데, 달려 있는 것들이 계속 달랑달랑한다면 보기 흉할 것이다.
—로버트 헬프먼 경Sir Robert Helpmann[26]

고전 발레 공연에서 전라가 등장한 적이 거의 없으므로 무용수들과 관객들이 전라 공연을 거북하게 여길 것이라는 오스트레일리아의 무용가 겸 안무가 로버트 헬프먼의 생각이 널리 퍼져 있는 것은 사실이다. 하지만 예외가 있다. 1971년 덴마크 왕립 발레단의 〈죽음의 승리The Triumph of Death〉와 러시아 국립 발레단의 2005년 〈로미오와 줄리엣Romeo and Juliet〉에 나체가 포함되어 있었다.

영국의 무용가 겸 안무가 케네스 맥밀런도 헬프먼과 같은 생각이다. 그는 "나체 발레의 문제는 무용수가 동작을 멈추어도 그 무용수의 모든 부분이 멈추지 않는다는 것이다"라고 했다. 그래도 잉글랜드 국립 발레단Elglish National Ballet 마케팅 책임자는 남성 무용수들이 2002년 로열앨버트 홀에서 열린 〈백조의 호수Swan Lake〉의 무도회 장면에서 옷을 벗도록 설득했다. 거대한 공연 광고 포스터에는 세 가지 의미를 담은 표제가 붙었다. 무용수들이 허리에 각각 11개 월드컵 참가국의 국기를 둘렀고, 포스터에는 이렇게 쓰여 있었다. "Spot the Ball?"(축구 경기 사진에서 공을 지워놓고 공의 위치를 알아맞히는 게임의 이름이면서 고환을 찾아보라는 뜻도 됨-옮긴이)

발레에서는 아직도 나체가 드물지만 현대무용에서는 지난 50년 동안 연극에서보다 더 많은 나체가 등장했다. 역시 1960년대의 성적 혁명에서 비롯된 것이었다.

이사도라 덩컨, 루돌프 라반과 같은 무용수들이 19세기 말과 20세기 초 나체 무용을 시도했지만 무대에서가 아니었다. 나체 무용수들이 등장하는 공연은 1960년대가 되어서야 가능해졌으며 이런 현상에 촉매제 역할을 한 것도 당시의 혁명적 분위기였다. 일본에서는 학생운동과 권위에 대한 문제 제기가 부토舞踏라는 급진적 형식의 현대무용을 발전시켰다. 부토에서는 전라 혹은 반라의 무용수들이 일본 전통 무용에서와 마찬가지로 몸을 흰색으로 칠한 채 격한 감정을 표현하고 두려움 없이 금기에 맞섰다.

서양에서는 애나 핼프린이 전통을 버리고 새로운 영역을 개척하려는 충동에 이끌렸다. 대체로 '포스트모던 무용의 어머니'로 불리는 그녀는 1967년 뉴욕에서 자신의 무용단을 이끌고 공연했는데 그 공연은 선명한 노란색 조명 아래 쭈글쭈글한 종이들에 뒤엉켜 무용수들이 알몸으로 뛰어다니는 장면으로 끝났다. 평론가 클라이브 반스는 그다음 일을 이렇게 설명한다.

그래서 그들은 뉴욕 법정에 소환되었다. 외설 혹은 풍기문란 혐의였다. 나는 증인으로 출석했는데 혈기왕성한 지방 부검사가 물었다. "반스 씨, 그 나체의 여자들이 성적으로 자극적이라고 생각했습니까?" 나는 아니라고 대답했다. 그러자 그는 재판장을 뚫어지게 보더니, 내 말투와 애교 섞인 발음을 알아차렸는지 페리 메이슨(얼 스탠리 가드너의 추리 소설에 등장하는 변호사–옮긴이)처럼 의기양양하게 물었다. "그럼, 혹시 그 나체 남성들이 자극적이라고 생각한 겁니까?"[27]

법원은 얼마 동안은 핼프린을 막는 데 성공했지만 나체 무용은 정착되어버렸고 뉴욕은 그 장르의 최고 중심지가 되었다. 1968년 머스 커닝햄은 커닝햄 무용단의 〈우림Rainforest〉에 나체 무용수들을 쓰라는 앤디 워홀의 충고를 거절하고 피부색 유니타드의 힘을 빌렸다. 그러나 2, 3년이 채 지나지 않아 전라 공연이 점점 더 많이 무대에 올랐다. 이본 레이너의 〈트리오 에이Trio A〉에서 무용수들은 미국 국기를 턱받이로 하고 나와서 국기 모독에 대한 논쟁을 촉발했다. 그중 한 사람, 데이

에스파냐에서 논란거리가 된 라 푸라 델스 바우스 극단의
현대판 《규방 철학Philosophy of the Bedroom》.
사드의 소설이 원작이다. 2004년 2월 멜버른에서 열린
XXX 프로덕션의 언론 리허설에서 거대한 수조에 들어가
알몸으로 키보드를 두드리는 연기를 펼친 배우
소니아 세구라에게 조연출이 만족의 신호를 보내고 있다.

캐나다 무용단 데이브 생피에르 컴퍼니의 무용수들이 2005년 5월 독일 볼프스부르크의 크라프트베르크에서 〈영혼의 포르노그래피 La Pornographie des Ames〉를 공연하는 모습.

비드 고든은 그 공연에 대해 이렇게 느꼈다고 회상했다. "그때 저는 35세였고 내 몸이 마음에 들지 않았습니다. 바지와 속옷을 벗어서 제정신이 아닌 사람처럼 말아 놓고, 목에 핏빛 깃발을 묶고 춤을 추기 위해 나갔습니다. …… 깃발을 목에 두른 채 완전한 나체로 공중제비를 돌았습니다. 너무도 끔찍하고 난처한 경험이었습니다. 다시는 그런 일을 하지 않았습니다."[28]

나체로 무대에 오르는 것을 전혀 두려워하지 않았던 무용수는 베네수엘라 태생의 하비에르 데 프루토스였다. 그는 1990년대에 뉴욕에서 머스 커닝햄과 함께 일하다가 돌아와 영국 관객들이 나체를 익숙하게 받아들이도록 하는 데 일조했으며 런던 컨템퍼러리 무용단과 함께 연습했다. 데 프루토스는 힘찬 안무와 나체 출연으로 금세 유명해졌다.

새천년이 되자 뉴욕과 전 세계의 현대무용 공연에 점점 더 많은 나체 무용수들이 등장했다. 이에 지아 쿨라스는 2006년 「무용의 필수 요소The Bare Essentials of Dance」라는 글에서 나체 공연의 부활에 대해 이렇게 설명했다. "현대무용과 나체가 서로 생소하다고 할 수 없다. 최근 많은 공연에서 사실상 피부가 옷을 대신하고 있다. 근래 그렇게 나체 공연이 급증한 것은 1960년대에 나체가 무대에 등장했을 때와 달리 성적 해방에 뿌리를 두고 있지 않으며, 1980년대 다시 등장했을 때와 달리 정치적인 저항과도 관계가 없다. 이번에는 안무가들이 인간 경험의 본질적인 무엇인가를 표현하는 방법으로 옷을 벗기고 있다. 노출된 나체는 강인하고 생경한 동시에 분명 상처받기 쉬운 것이다."[29]

로즈리 골드버그는 뉴욕을 중심으로 시각예술 공연 및 연구 단체 퍼포마Performa를 창설한 사람으로, 최근 안무가들이 나체에 관심을 두는 것은 기본으로 회귀하려는 욕구의 표현일 수 있다고 했다. "우리는 안무가 몸에 대한 것이라는 사실을 이따금 기억해야 할 것 같다."[30] 프랑스 나체 무용의 선도적 옹호자 보리 샤마도 같은 생각이다. 그래서 그의 무용단은 정기적으로 나체 공연을 한다.

나체가 상술에 불과하다는 흔한 비판을 오스트레일리아 발레단의 수석 무용수 스티븐 히스컷이 간단히 처리했다. "모든 공연에서 나체의 맥락이 가장 중요하다고 생각한다. 불필요한 부분에 나체가 포함되었을 때는 몹시 거슬리지만 …… 적절하게 사용되었을 때는 관객에게도 공연자에게도 나약함과 친밀감을 전달할 수 있다."[31]

이런 나약함과 친밀감은, 나체가 무대에서 낼 수 있는 가장 큰 효과다. 1997년 신체극 단체 DV8의 〈기쁨으로의 도약Bound to Please〉 공연에서 마리아 에드위빙이라는 한 관객은 이렇게 느꼈다고 한다.

늙은 여자와 젊은 남자의 사랑이라는 금기를 다룬 현대극이었다. 여성 무용수는 60대, 혹은 그 이상인 것 같았다. 그녀가 물 한 통을 들고 혼자 나체로 등장해 몸을 씻기 시작하는 것이 중대한 순간이었다. 우리 문화에서 그 나이의 여자가 대중 앞에서 벗은 몸을 씻는 것은, 특히 젊은 남성과의 성적 관계를 너무도 강렬하게 표현한 무용극이라는 넓은 맥락에서는, 안타깝지만 어려운 일이었을 것이다. 온갖 편견과 부정적 선입관을 지닌 관객들 앞에 나체로 혼자 등장한 그 순간, 그녀의 몸은 너무도 감동적으로 부드러움과 애절함 그리고 힘을 표현해냈다. 믿을 수 없을 만큼 친밀한 순간이었다. 그곳, 옷을 입은 낯선 이들로 가득 찬 극장에서 우리 모두, 아니라면 적어도 나에게는 누군가가 영혼을 보여주는 것처럼 느껴졌다. 당장이라도 눈물이 날 것 같았고 나 자신이 나체로 드러난 느낌을 받았다. 계속해서 육체가 영혼의 연장이라는 블레이크의 생각이 떠올랐다. 신체적으로나 정신적으로 진정한 나체 상태의 영혼을 말하는 것 같다. 우리가 스스로를 숨기고 가리기 위해 감정적, 지적 방어물을 아무리 많이 써도 몸은 그 거짓말에 동참하려고 하지 않는다. 우리는 느낌을 부정할 수 있지만, 몸은 우리의 경험에 의해 모양 지어지며 감정에 의해 조각되므로 옷을 벗는 것은 우리의 내력을 보이는 것이다. 누군가 우리 앞에 진정한 나체로 숨김없이 나설, 그리

고 그 내력을 알려줄 용기가 있을 때 우리 내부 깊숙한 곳에 있는 무엇도 드러날 수 있다.[32]

알몸 오페라

> 오페라가 계속 이 길로 과감히 나아간다면 연극, 영화, 무용과 마찬가지로 적절성, 눈요깃거리, 선정주의에 대한 질문들과 씨름해야 할 것이다.
> ─앤서니 토마지니Anthony Tommasini,
> 「그것을 벗어라, 브륀힐데: 오페라와 나체에 대하여
> Take it Off, Brunnhilde: On Opera and Nudity」

2009년 슈트라우스의 〈살로메Salome〉 관람 뒤 토마지니가 『뉴욕타임스New York Times』에 올린 비평이 공연에서 나체의 필요성에 대한 논쟁의 핵심을 건드렸다. 나체는 과연 정당한가? 그저 관객을 자극하고 긁어모으기 위한 것에 불과한가? 그러나 이런 식의 질문은 예술이 경제적 현실을 모른 척해야 하고, 관객을 모으거나 흥미를 유발하기 위한 노력을 하지 말아야 한다는 뜻을 담고 있다. 흥행성과 수익성만으로 훌륭한 예술 작품을 만들 수는 없지만, 그렇다고 그것들이 훌륭한 예술 작품과 대립하는 것도 아니다.

사실 오페라가 종종 도도새처럼 멸종할 운명인, 시대착오적이고 가망 없는 예술로 인식되고 있기 때문에 제작자들은 새로운 관객을 유인하기 위해 애써야 한다. 오페라가 건재하며 가치가 있다는 것을 증명하기 위해 나체를 이용하기도 한다. 게다가, 오페라는 모든 매체 중 예술적 감수성을 가장 섬세하게 표현해내어 감동적인 결과물을 만들어낸다.

〈살로메〉의 〈일곱 겹 베일의 춤Dance of the Seven Veils〉은 베일을 하나

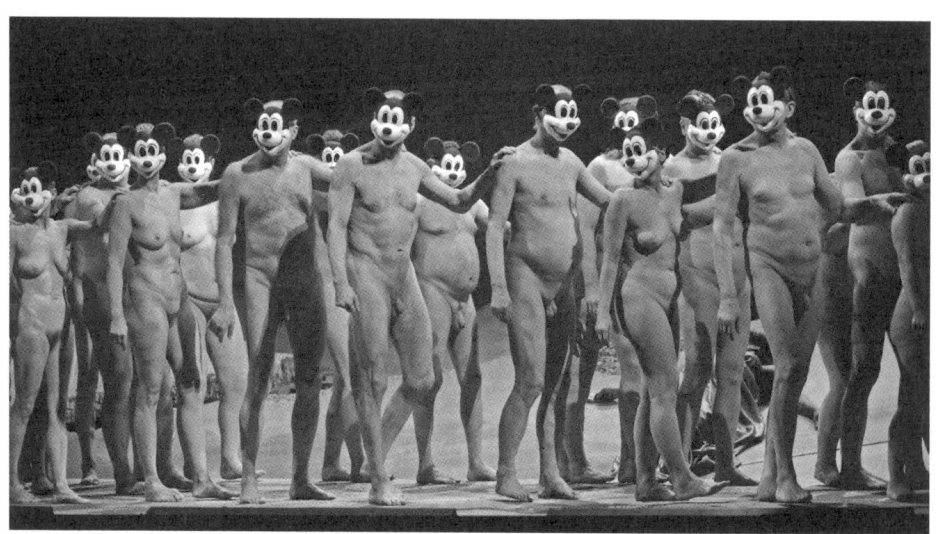

베르디의 오페라
〈가면무도회Un Ballo in Maschera〉의
리허설에서 미키마우스 가면을
쓰고 연기하는 배우들.
독일 에르푸르트에서
2008년 4월 공연되었고
오스트리아의
요한 크레스니크가
연출을 맡았다.

씩 벗어버릴 때마다 소프라노가 자신의 기량을 점점 더 많이 보여주므로 정당한 노출이 될 것이다. 2004년과 2009년 메트로폴리탄 오페라하우스에서 소프라노 카리타 마틸라가 옷을 벗었다. 한 비평가는 그녀가 맡은 역할이 "감정적으로 격하고, 목소리는 타오르는 듯 정열적이며, 심리적으로는 상처입기 쉬운"[33] 인물이라고 표현했다. 2007년 로마오페라하우스에서 관객들에게 15분짜리 서막에서 '한 명 가격에 두 명의 살로메, 둘 다 나체[34]로 등장한다고 약속했다. 서막에는 '털이 전혀 없는 상태로 옷을 벗을' 여배우 마루스카 알베르타치가 소프라노 프란체스카 파타네와 함께 등장했다. 결코 관중을 실망시키지 않았다.

로마 오페라하우스는 기분 좋게 정직했다. 글라인드번 오페라하우스의 절제된 방식을 더 좋아하는 사람들은 로마 오페라하우스 광고가 너무 뻔뻔스럽다고 할 것이지만 말이다. 2008년 글라인드번에서 열린 페테르 외트뵈시의 〈사랑과 악마들Love and Other Demons〉에 등장한 나체의 시에르바 마리아는 너무도 교묘한 조명 때문에 1층 특석 첫 몇 열의 관객들만 그녀도 '털이 전혀 없는 상태'였는지 겨우 분간할 수 있을 정도였다.

그러나 나체를 충분히 노출할 필요가 있는 오페라 작품들도 있다. 베르디의 〈리골레토Rigoletto〉가 그중 하나다. 2000년 영국 로열 오페라하우스에서 공연된 〈리골레토〉에서 데이비드 맥비커는 나체와 성행위를 흉내 내는 동작을 십분 활용했고 네덜란드의 프로덕션 오페라 스팡아가 1960년대를 배경으로 제작한 영화판에서도 마찬가지였다. 이 영화는 2003년에 DVD로 출시되기도 했다. 그 뒤를 이은 몰도바 키시너우 순회 오페라단의 2006년 공연은 호평을 거의 받지 못했다.

오페라는 다른 장르들보다 더 모험적인 방식으로 나체를 이용한다. 아마 가까이하기 어렵다는 오명을 벗기 위해서거나, 어쩌면 단순히 오페라가 가장 교양 있어 보이는 예술 형식이어서 '그렇게 하고도 모면할' 수 있기 때문에 그러는지도 모른다. 가장 도발적인 공연은 오스트리아에서 열렸다. 1995년 빈의 예술가 헤르만 니치가 빈 국립 오페라 극장에서 마스네의 〈에로디아드Hérodiade〉에 사용할 무대와 의상을 디자인해달라는 의뢰를 받았다. 작품에서 여주인공은 세례 요한의 잘린 머리 옆에서 자신의 베일을 떨어뜨린다. 국립극장에 40건 이상의 불만이 접수됐다. 나체 때문이 아니라 붉은 페인트와 가짜 피를 너무 많이 썼기 때문이었다.

일본 예술가
쿠사마 야요이가
1967년경
뉴욕에서 개최한
'몸의 축제Body Festival'.

니치가 나체를 제대로 활용한 것은 난무亂舞 신비극이었다. 그 공연에서는 나체의 여성들이 말과 십자가에 묶여 등장하고, 동물을 도살하거나 창자를 꺼내고, 관중에게 피를 뿌리기도 했다. 1998년 니치 자신의 성에서 6일짜리 행사를 개최했는데, 관객들은 황소 세 마리가 도살되고(그런 뒤 관객들이 먹었다) 악단이 행진하는 것을 보았으며 그레고리안 음악, 교회 종소리, 신시사이저 음악을 듣고 군대 탱크가 성 마당에 진입해 거기에 피와 장미를 뿌리는 것을 보았다.

여기에 비하자면 2008년 독일 에르푸르트 극장에서 오스트리아 감독 요한 크레스니크가 무대에 올린 베르디의 〈가면무도회Un Ballo in Maschera〉는 거의 평범하다고 할 수 있다. 거기에는 벌거벗은 젊은 여자들, 빨간 수영복을 입고 히틀러 콧수염을 뽐내며 나치식 경례를 붙이는 여성 가수, 미키마우스 가면을 쓰고 벌거벗은 채 세계무역센터 폭발의 폐허 가운데를 장난치며 돌아다니는 35명의 배우가 등장한다. 독일어권에서 크레스니크는 마르크스주의자로 나체를 많이 노출하며 도발적이고 반자본주의적인 작품을 좋아하는 것으로 유명하다. 그는 이런 말을 했다. "나체는 맨몸인 사람들, 자본주의의 희생자들, 하층계급, 아무것도 가지지 못한 사람들을 의미한다."[35]

크레스니크의 작품이 에르푸르트에서 공연되었을 때 런던의 로열 오페라하우스는 맥밀런 암 지원센터를 위해 최초의 나체 자선 달력을 기획했다. '세계적 무대의 이면A World Stage Revealed'이라는 이름의 2009년 달력에서 카르멘에 출연한 남성 무용수 다섯 명이 벌거벗고 모자로 성기만 가렸고, 무용수 지나이다 야노스키는 임신 중인 배를 보여주었다. 성기와 젖꼭지를 가리기는 했지만 달력은 그 시대를 잘 나타내는 것이다. 나체는 이제 히피나 급진적인 예술적 좌파의 영역이 아니다. 주류이며 고급 시장으로 진출했다.

나체 오케스트라와 당당한 록 스타

오케스트라들은 나체 연주를 꺼리기 때문에 전라 교향악단The Stark Naked Orchestra은 일본의 포르노 제작사 젠라全裸가 직접 창단한 것이다. 젠라는 보통 여자들이 옷을 입고 하는 평범한 일들을 나체로 연기하게 하여 촬영하는 것을 전문으로 하는 회사인데, 스무 명의 여성 연주자를 모집해 음악회장 관객들 앞에서 연주하고 인터넷으로 유포할 수 있게 DVD용으로 촬영했다.

오케스트라들은 꺼렸지만 록 음악가들은 보통 그렇지 않았다. 짐 모리슨은 1969년 마이애미 공연에서 성기를 보여준 것으로 유명하며, 코트니 러브는 라이브 공연 중에 유방을 자랑삼아 드러내고 더 의미심장한 노출을 한 적도 있었다. 1993년 그룹 레이지 어겐스트 더 머신은 필라델피아의 한 무대에서 학부모들로 구성된 대중음악 감시 단체 Parents Music Resource Center의 검열에 항의하여 입에 강력 테이프를 붙인

배우 다보르카 토빌로가 2005년 4월 독일 베를린 에스트렐 컨벤션 센터에서 열린 'ECHO' 독일 음악상 시상식에 도착하고 있다.

채 15분 동안 나체로 서 있었고, 앨러니스 모리셋은 미국 검열에 항의하기 위해 2004년 캐나다의 주노 음악상 시상식에 젖꼭지와 음모 모양 장식을 벨크로로 붙인 누드 슈트를 입고 참석했다. 곧 그것들을 떼어냈다. 인기곡 〈생큐Thank You〉의 비디오에서 모리셋은 나체로 거리와 슈퍼마켓을 돌아다니기도 하고 기차에서 옷을 입은 승객들 옆에 앉기도 하면서 인도 방문에서 영감을 얻어 만든 노래의 신비한 메시지를 전달한다.

이기 팝, 오지 오즈번, 로비 윌리엄스, 퀸스 오브 스톤에이지, 레

드 핫 칠리 페퍼스도 무대에서 옷 벗기를 즐겼으며 칠리 페퍼스는 특히 양말을 독창적으로 이용했다. 스타들이 노래할 때만 옷을 다 벗는 것은 아니다. 앨범 커버나 잡지에 쓰기 위해 알몸은 남겨두려는 경우가 많다. 아니면 마돈나처럼 책을 내기 위해서 말이다. 마돈나는 『섹스Sex』라는 책에서 나체로 관능적 포즈를 취했다. 앨범 커버에 나체를 싣는 유행은 1968년 존 레넌과 오노 요코가 〈투 버진스〉에 순수해 보이는 사진을 쓰고 지미 헨드릭스가 〈일렉트릭 레이디랜드Electric Ladyland〉 커버에 전혀 순수해 보이지 않는 사진을 쓰면서 시작됐다. 이듬해 제인 버킨이 세르주 갱스부르와 함께 발표한 〈사랑해Je t'aime …… moi non plus〉의 커버에서 도발적으로 침대 위에 누웠고, 웨일스의 록 밴드 맨은 〈폭로Revelation〉를 위해 알몸이 됐으며, 에릭 클랩턴의 새 밴드 블라인드 페이스의 첫 앨범 커버에는 상의를 벗은 사춘기 소녀가 등장했다. 이 사진은 엄청난 논란을 일으켰지만 덕분에 가장 유명한 앨범 커버가 되었다. 1970년대부터 줄곧 이런 나체 이미지가 너무도 많이 등장해 이것만 전문으로 보여주는 웹 사이트들도 있다. 유행은 사그라질 기미가 보이지 않는다. 2009년 새롭게 떠오른 스타들, 레이디 가가와 베스 디토는 나체로 잡지 표지 모델이 된 반면, 동년배인 릴리 앨런은 유혹에 빠지지 않고 그런 유행을 따르는 것이 수치스럽다는 노래를 불렀다.

오! 캘커타!

〈헤어〉의 제작자들은 40년 전에 20초짜리 나체 장면을 생각하면서 자신들이 어떤 유행을 만들게 될지는 몰랐던 것 같다. 유명 배우, 오페라

1971년 6월 서머싯 필턴의
워디 괌에서 개최한
제2회 글래스턴베리 페어
(나중에 글래스턴베리 페스티벌로 유명해짐)에서
히피족들이 햇빛과
즐거운 분위기를 만끽하고 있다.
이 페스티벌은 아리벨라 치철,
앤드루 커 등이 처음 만들었다.

디바, 팝 스타들만 무대에서 옷을 벗기 시작한 것이 아니었다. 브로드웨이와 웨스트엔드에서 나체를 내세운 뮤지컬들이 빈번하게 무대에 올랐다.

〈헤어〉가 첫 공연을 한 이듬해 〈오! 캘커타!Oh! Calcutta!〉라는 뮤지컬 코미디 레뷔가 오프브로드웨이 무대를 강타하며, 헤어가 살짝 열어 놓은 문을 활짝 열었다. 연극 비평가 케네스 타이넌이 제작한 그 뮤지컬은 타이넌, 사뮈엘 베케트, 존 레넌, 샘 셰퍼드, 에드나 오브라이언, 줄스 페이퍼가 쓴 단편으로 구성된 작품이다. 〈오! 캘커타!〉의 가사와 메시지는 〈헤어〉와 같았다. 성적 혁명이 시작됐다는 것이다. 차이점은 이 작품에서는 열 명의 출연자가 거의 공연 내내 나체로 있다는 점이다. 작품이 런던에서 공연을 시작하자 런던 경찰국은 두 명의 비밀 수사관을 파견해 그 공연이 법을 위반하는지 조사하라고 했다. 그들은 캘거타에 나오는 노래 중, 수음에 관한 존 레넌의 〈하고 있는 넷Four in Hand〉이 '음란하다'고 보고했고 〈맛있는 굴욕Delicious Indignities〉이라는 곡은 '비참하고 조리에 맞지 않고 형편없는 포르노그래피'[36]라고 했다. 그러나 셰리 블레어의 아버지 앤서니 부스의 연기는 좋았다고 했다.

영국인들은 외설인지 아닌지 확신이 서지 않을 때 주로 교장들에게 의존한다. 에릭 길이 BBC 브로드캐스팅하우스 외관에 셰익스피어 템페스트에 나오는 아리엘을 벌거벗은 모습으로 조각했을 때, 아리엘상의 음경 크기가 문제가 됐다. 너무 큰 것이 아닌가? 전문가로서 전직 교장의 의견을 구했고 이에 따라 그 불쾌한 음경을 조금 잘라내야 했다. 〈오! 캘커타!〉에 대한 경찰의 보고를 받은 경찰 국장은 그 뮤지컬의 음란성을 판단하기 위해 두 명의 저명한 여자 교장과 법 전문가와 펠텀에서 온 교구 목사의 조언을 구했다. 놀랍게도 전문가들의 의견은 일치했다. 교장 중 한 명인 데임 마거릿 마일스는 이런 의견을 내놓았다. 그 뮤지컬은 "오늘날 성이 얼마나 정직하고 개방적이고 자유롭게 인식되는지를 제대로 표현했다."[37]

1969년 8월 뉴욕 북부
베설 화이트레이크에서 열린
우드스톡 페스티벌에서
한 여성이 자신을
잘 보여주고 있다.

지미 헨드릭스, 노엘 래딩,
미치 미첼이 1968년 하와이에서
가슴을 드러낸 두 여인과
포즈를 취하고 있다.

존 레넌과 오노 요코가
1968년 11월 23일 발행된
『롤링스톤Rolling Stone』의 표지에
알몸으로 포즈를 취했다.

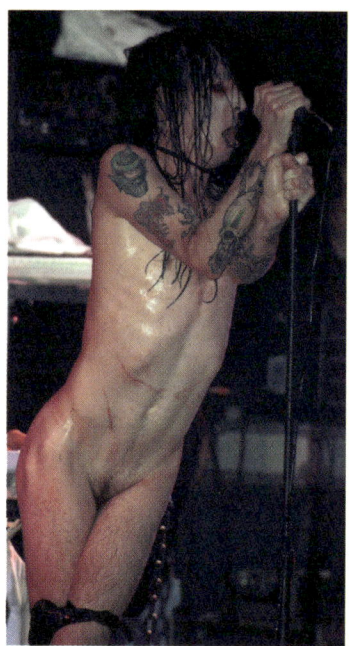

1990년대 중반
라스베이거스
헌트리지에서
마릴린 맨슨.

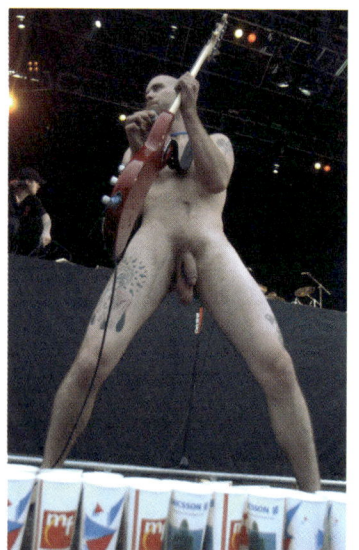

퀸스 오브 스톤에이지의
닉 올리버리가 2001년 1월
브라질 리우데자네이루에서
세 번째로 열린 음악 페스티벌
'록 인 리우Rock in Rio'에서
연주하고 있다.
체포되기 전 모습.

〈오! 캘커타!〉는 엄청난 성공을 거두어, 런던에서 2,400회 이상 공연했고 뉴욕에서 1,600회 이상 공연했다. 1976년 브로드웨이에서 다시 무대에 올라 13년 동안 계속 공연됐다. 마찬가지로 성적 자유라는 메시지를 담으려고 한 많은 뮤지컬들은 〈헤어〉와 〈오! 캘커타!〉와 같은 성공을 누리지 못했다. 1971년 〈남성용 영화Stag Movie〉라는 뮤지컬이 쾌활한 에이드리엔 바보의 나체를 내세우며 막을 올렸지만 그녀의 연기는 '힘들어 보였고 곡예 같았다'라고 평가받았다.

한 비평가는 이렇게 평했다. "〈오! 캘커타!〉와 달리 그 작품에는 플롯이 있었고 재치가 넘쳤으며 게이와 양성애자가 이야기의 중심인물로 등장했다."[38] 그 공연은 겨우 5개월 동안 계속되었지만 그만큼 대담한 다른 작품들이 바로 그해에 막을 올렸다. 〈시내에서 제일 난잡한 쇼 The Dirtiest Show in Town〉에서는 이성애자와 게이, 레즈비언이 등장했고 클라이맥스에서는 전체 인물들이 알몸 파티에서 몸부림쳤다.

이듬해 〈벗자Get Naked〉와 〈음란한 마음Dirty Mind〉 같은 곡이 등장하는 〈광란의 뮤지컬 레뷔While Crazy Now〉는 단 1회 공연으로 막을 내렸다. 성적 자유를 외치는 뮤지컬의 인기는 1974년 〈사람들에게 절정을 Let My People Come〉부터 시들기 시작했다. 그 뮤지컬은 '성에 관한 뮤지컬'이라고 광고했고 성기에 자유를 주라는 노래로 막을 열었다. 그 작품은 오프브로드웨이에서는 1,000회 이상 공연했지만 이제는 거의 잊혀졌다.

한 가지 주제만 파고드는 데는 한계가 있게 마련이니 새천년 뮤지컬계에 돌아온 새로운 모습의 나체는 전혀 다른 메시지를 전달했다.

1970년 7월 런던
라운드하우스에서 공연된
케네스 타이넌의 아방가르드
레뷔 〈오! 캘커타!〉의 한 장면.

완전한 나체! 나의 기쁨은 모두 그대 덕분이라오.
영혼은 몸이 없으니 몸도 옷을 입지 않아야지.
기쁨을 모두 맛보기 위하여.

—존 던John Donne

영웅의 귀환

금기는 현상을 유지하는 방어벽 역할을 한다. 감히 그것을 넘으려는 것은 범죄자, 광인, 체제 전복자들밖에 없다. 20세기 초부터 60여 년 동안 전통적 성 관습과 나체 노출 금기에 대한 도전이 끊임없이 계속되었다. 이 도전이 너무도 거세져서 1968년 마침내 그 벽이 붕괴했다. 프로이트 심리학을 선두로 하여 일광욕 및 나체주의 운동, 모더니즘, 세속주의, 페미니즘의 부흥, 피임약의 발명, 이 모든 것들이 그 벽의 붕괴에 일조했는데 처음 그 무너진 벽을 타고 올라가 새로운 땅으로 넘어간 이들은 예술가들이었다. 음악가, 배우, 영화인, 팝 스타처럼 보여주는 것이 표현 수단인 사람들이다. 마셜 매클루언이 "미디어는 메시지다"라고 선언한 지 몇 년 뒤 나체가 그 선언에 딱 들어맞는 예라는 것이 확실해졌다. 해방이라는 당 시대의 메시지를 전달하기 위해 적절한 맥락에서 그저 옷을 벗기만 하면 됐다.

 금기의 벽이 붕괴했을 때 반대가 극심했으니, 그해에 극장 검열 제도가 폐지되었는데도 런던 경찰국은 여전히 국가의 윤리를 보호하려고 했다. 〈오! 캘커타!〉는 조사를 받았고 앤디 워홀의 영화 〈육체Flesh〉

의 필름은 영국에 내리자마자 압수당했다.

그런 이례적인 변화가 일어난 해와 그 이듬해에 처음으로 나선 것은 당시의 문화적 우상들, 존 레넌과 오노 요코, 켄 러셀, 케네스 타이넌, 사뮈엘 베케트, 짐 모리슨, 〈헤어〉의 출연진이었다. 물론 체제 전복자들은 이미 배후에서 활동 중이었다. 예를 들면 오노 요코는 1966년 트레드밀 위에서 열다섯 명의 벗은 엉덩이를 촬영했고, 그다음 해인 1967년 364명의 '자유분방한 런던 사람들'의 엉덩이를 찍었다. 1970년대에 미국에서는 가판대용 잡지 『펜트하우스Penthouse』와 『플레이보이Playboy』가 대담하게 여성의 음모를 보여주었다. 일슬리 분은 1958년 이미 통신판매용 나체주의 잡지들에서 양성 모두의 체모를 보여주어도 좋다는 판결을 얻어냈다.[1] 같은 해 런던에서 폴 레이먼드는 스트리퍼들이 나체일 때 부동자세를 취해야 한다는 어리석은 규칙을 교묘히 피하는 방법을 찾아냈다. 극장이 아니라 개인 클럽으로 건물 허가를 받는 것이었다. 그렇게 해서 그가 고용한 여자들은 자유롭게 움직일 수 있었다.

분위기가 바뀌다

1980년대 유럽과 미국에서는 규제가 무용지물이 되고 나서 얻은 자유와 육체를 통해 얻는 기쁨을 마음껏 표현하기가 다소 어려워졌다. 에이즈의 발견 때문이었다. 성적 분방함과 발병 위험이 서로 관련이 있다는 불쾌한 현실은 이제 예술과 무대에서 나체가 해방과 성적 자부심뿐만 아니라 인간의 취약성도 상징하게 했다. 더 암울하면서도 더 신중한 시대의 도래는 애니 리버비츠가 『롤링스톤Rolling Stone』의 표지 사

2003년 6월 8일 바르셀로나의
마리아 크리스티나 대로에서
미국 설치 미술가 겸 사진작가인
스펜서 튜닉의 사진에
자원하여 포즈를 취한
수천 명.

진으로 찍은 존 레넌과 오노 요코의 사진에서 감지할 수 있다. 1980년 12월 존 레넌이 총에 맞기 불과 몇 시간 전에 촬영된 것이었다. 존 레넌은 나체로 검은 옷을 입은 요코를 향해 태아처럼 몸을 둥글게 말고 있어서 마치 모신母神의 자궁으로 돌아가려는 것처럼 보인다. 다섯 달 뒤 최초의 에이즈 환자들이 로스앤젤레스에서 발견되었다. 사후에도 논란을 일으킨 로버트 메이플소프의 그 유명한 남성 나체 사진들처럼 나체는 계속해서 그 아름다움과 성적 능력을 찬미하는 데 이용됐지만, 영화감독 데릭 저먼과 같은 이들은 그 기회를 이용해 나체 묘사를 통해 몸과 고통의 관계를 탐구했다.

스펜서 튜닉의 살아 있는 조각 작품

1986년 젊은 미국 사진작가 스펜서 튜닉은 영국을 방문해 버스 정류장에서 나체를 촬영했고 런던 앨린스 학교에서도 여러 장의 나체 사진을 찍었다. 튜닉은 개인 촬영에서 시작해 단체 작업으로 옮아갔다. 주로 도시의 실외를 배경으로 했다. 1994년까지 미국과 세계 65여 개 장소에서 촬영했는데 그의 작품은 사진뿐만 아니라 대단히 유명한 설치 예술 작품이 되었다. 이후 그는 "나는 행위 예술 작품을 창작할 뿐만 아니라 몸들을 조각처럼 표현하는 것을 목표로 한다"고 설명하며 자신의 작품을 '살아 있는 구조물'이라고 부르기 시작했다.[2]

튜닉의 사진들은 시대와 조화를 이루어 인간 형상의 아름다움뿐만 아니라 나약함도 함께 표현했다. '전염병'이라는 유령이 집단의식에 떠돌고 있었기 때문에 그의 사진에서 산업화된 삭막한 풍경 속에 무기력하게 빽빽이 누운 나체들은 포로수용소 공동묘지에서 발견된 시체를 연상시키기도 했다. 심지어 튜닉이 과감하게 자연을 배경으로 사람들을 바닷가에 누이거나 강에서 꿈틀거리게 하여 촬영했을 때도 죽은 물고기 떼와 레이첼 카슨의 『침묵의 봄』이 떠올랐다.

20세기 말이 되자 튜닉의 작품이 풍부한 의미를 암시한 덕분인지 혹은 더 단순하게 새로운 외설성 덕분인지 그의 작품에 대한 관심이 대단히 커져서 튜닉이 텔레비전 다큐멘터리 〈벌거벗은 미국Naked States〉에 출연할 정도였고 그 프로그램은 상까지 받았다. 그 다큐멘터리는 튜닉과 그의 여자 친구가 자동차로 미국을 횡단하는 과정을 촬영했다. 가는 곳마다 모델들이 자진해 몰려들었는데 가장 기억에 남는 것은 오토바이족 모임이었다. 사진은 야외에서 촬영됐고 그 과정이 다큐멘터리에 기록되었다.

튜닉이 유명해지면서 설치 작품의 규모도 점점 더 커졌다. 작품들이 인간 형상을 어떻게 찬양하는지, 그리고 '몸들이 어떻게 물건처럼 풍경에 영향을 줄'[3] 수 있는지에 대한 놀라움을 불러일으켰다. 그의 초기작이 시체를 연상시켰다면 이제 인간성의 표현이 주를 이루어 나체를 아주 다양한 맥락에서 받아들이게 하는 데에 다른 어떤 예술 작품이나 사회운동보다 더 큰 역할을 했다. 튜닉의 작품에 대한 기록만 올려놓는 웹 사이트 네이키드 월드Naked World는 "성적인 면을 강조하지 않는 그의 작품들은 일종의 추상이 되어 나체와 사생활에 대한 관점에 도전하거나 그 관점을 변화시킨다"[4]고 주장한다. 튜닉은 전 세계 각지에서 수천 명의 사람이 등장하는 살아 있는 조각들을 촬영했다. 암스테르담에서 2,000명, 오하이오 주 클리블랜드에서 2,754명, 바르셀로나에서 7,000명, 멕시코시티에서 1만 8,000명을 촬영했다. 2003년에 런던 사치 갤러리 개관을 기념하여 160명의 지원자가 런던 주의회 의사당 계단에서 촬영했다. 보통은 촬영이 끝나면 바로 옷을 입지만 이날은 옷을 벗은 채 사치 갤러리의 첫 관객이 되었다. 이제 튜닉은 너무도 유명했다. 그래서 그해에 런던 셀프리지스 백화점이 그 전시회의 주최를 맡았고 『가디언』은 '나체가 싫다고 말해요'라는 패러디 캠페인을 벌이기도 했다. 이 캠페인의 모델들은 브라이턴 비치에서 튜닉의 사진과 비슷한 포즈를 취했다. 하지만 옷은 꼭꼭 껴입고 있었다.

 2005년 1,700명에 이르는 지원자들이 발틱 현대 미술관에 전시될 튜닉의 작품에 참여했다. 그들은 뉴캐슬어폰타인과 게이츠헤드 항구에서 포즈를 취했으며, 게이츠헤드 밀레니엄 다리에서 촬영된 튜닉의 첫 번째 야간작업에도 참여했다. 2009년 튜닉은 그린피스와 두 번째 공동 기획 작업으로 프랑스의 한 포도밭에 나체 설치 작품을 세웠다. 기후변화에 경각심을 불러일으키기 위해서였다.

〈풀 몬티〉

반박이 있어도 무시하고 대충 말하자면 1960년대와 1970년대에 나체가 활기차고 열광적으로 표현되기 시작하여 1980년대 대중문화와 예술에서는 나체에 나약한 느낌을 더했다면, 1990년대에는 나체에 대해 새로이 더 사려 깊고 사회적으로 의미 있는 인식이 태어났다.

 이런 나체의 새 얼굴을 만드는 데 일조한 것은 네 가지였다. 사진작가, 요리사, 영국 중산계급의 보루를 지키는 여성 단체, 영화 한 편이었다. 20세기 말 스펜서 튜닉, 제이미 올리버, 캘린더 걸스, 풀 몬티가 나체에 대한 생각을 바꾸기 시작한 것이다.

 성적인 것과 무관한 의미를 암시하는 스펜서 튜닉의 알몸 사진들이 1990년대 중반부터 주목받기 시작하면서 나머지 세 선도자가 일으키는 변화의 배경막이 되었다. 1997년 영국 코미디 영화 〈풀 몬티The Full Monty〉는 셰필드에 사는 여섯 명의 실직 남성들 이야기를 들려준다.

1997년 영국 코미디 영화 〈풀 몬티The Full Monty〉한 장면.

이들은 스트립쇼를 제작하는 과정에서 가족과 주민들의 배려와 칭찬을 받는다. 이 영화가 나오기 3년 전 침체기에 있던 영국 영화 산업은〈네 번의 결혼식과 한 번의 장례식Four Weddings and a Funeral〉덕분에 부활했는데〈풀 몬티〉의 성공이 그에 맞먹는다. 현재까지 두 영화가 각각 2억 5,700만 달러 이상을 벌어들였으며〈풀 몬티〉는 영국 아카데미 시상식에서 최고의 영화상을 받았고, 미국 아카데미상에서도 네 부문 후보로 올랐다. 그 영화의 성공은 켈리 패럴이「남성과 남성다움Men and

Masculinities」에 썼듯이 "영국 대중문화에 전례 없는 영향을 주었다. 갑자기 영국 전역의 '평범한' 사람들이 공공장소에서 옷을 벗을 수 있다고 생각할 뿐만 아니라 그렇게 하고 싶어 했다."⁵ 영화의 인기에 힘입어 토니 블레어 수상이 영화에 등장한 직업소개소를 방문해 그 영화의 메시지가 "모두가 자신을 믿어야 하며 일어나서 자신이 할 수 있는 것을 보여주어야 한다"는 것이라고 전하면서 가난과 "끝까지 싸우겠다(go the full monty로 풀 몬티를 넣어 말한 것-옮긴이)"고 약속했다. 몇 달 뒤 찰스 왕세자의 청년 기금The Prince's Trust이 셰필드에서 풀 몬티 파티를 개최했고 찰스 왕세자가 카메라 앞에서 영화의 가장 감동적인 장면을 본떠 직업소개소 앞에 줄을 서서 춤을 추었다. 그는 영화가 매우 좋아서 두 번이나 보았다고 했다.

켈리 패럴의 생각은 이렇다. "〈풀 몬티〉에서 남성 개인의 정체성보다 훨씬 더 위기에 처한 것이 있었다. 그 영화가 노동계급 남성의 개인성을 국가적 목적을 위해 이용할 수 있게 만들었다는 것이다. 찰스 왕세자와 토니 블레어가 그 영화를 정치적 목적에 이용했던 것과 마찬가지다. 영화 속 노동계급 남성들은 현재 영국 계급 구분은 그대로 두면

2000년 영국 북부의 한 노동자 클럽에서 공연하는 스트리퍼.

서도 탈제국주의적 경향을 가진 사람들을 상징한다."[6]

이것이 사실이든 아니든 그 영화는 심각한 문제, 즉 실업, 불경기, 발기불능, 아버지의 권위, 자살을 하나의 코미디로 다루면서 영향력을 얻었다. 스트리퍼가 되기로 한 여섯 명의 남자는 노출증 환자처럼 보이고 시시하게 느껴질 수 있었다. 그러나 영화에서 그 결정은 영웅적이고 사회적으로 유의미한 것으로 표현되었다. 그런데 그 영화는 나체라는 주제로 관객을 끌고 자극하면서도 실제 나체는 거의 노출하지 않았다. 실제 남성 스트립쇼도 있었다. 영국에서 여자들끼리 모임에 남성 스트리퍼들이 '알몸'이 되는 경우도 많았고, 치펀데일스 같은 스트립 댄스 그룹은 큰 인기였다. 치펀데일스는 대규모 상업 공연에서 법을

어기지 않기 위해 팬티를 벗어야 하는 마지막 장면에서는 성기를 가렸다. 스테이크가 아니라 지글거리는 소리를 판다는 전략이었다. 〈풀 몬티〉도 이러한 선례를 따랐으니, 영화 마지막 장면에서 그 셰필드 사나이들이 가죽끈을 떼어냈지만 관객들은 그들의 성기를 볼 수 없었다. 무대 조명이 적절하게 조정되어 각광이 눈부시게 비치면서 영화가 끝나버렸으니까 말이다.

말의 힘

불과 몇 년 뒤인 1999년 제이미 올리버가 〈네이키드 셰프Naked Chef〉에서 옷을 벗지 않고도 흥미를 유발하고 의미를 전달하는 방법을 써먹었다. 올리버가 프로그램이나 책에 나체로 등장한 적은 한 번도 없었지만 네이키드라는 제목을 붙인 천재적 발상 덕분에 신인이었지만 유명해질 수 있었다. 그는 그냥 '요리사'가 아니라 '한 명밖에 없는 특별한 요리사' 네이키드 셰프로서 뻔뻔스럽고 솔직하고 자극적인 느낌을 주었으며 네이키드 셰프는 곧 그의 '상표'가 되었다. 만약 그가 '누드 셰프'였다면 옷을 벗어야 했을지도 모른다. 하지만 '네이키드 셰프'였으니 숨김 없고 뻔뻔스럽고 솔직하기만 하면 됐다(naked에는 옷을 입지 않고 있다는 뜻 외에 노골적이고 솔직하다 혹은 꾸밈이나 기교가 없다는 뜻이 있다-옮긴이).

작가와 출판업자들은 말의 힘을 잘 알고 있다. 그래서 '네이키드Naked'라는 단어를 책 제목에 썼을 때 얼마나 효과가 있을지 이미 알고 있었다. 1948년 출판된 노먼 메일러의 『The Naked and the Dead』가 성공을 거둔 뒤 1950년대에 그런 제목이 홍수를 이루었다. 아이작 아시모프의 『The Naked Sun』, 해먼드 이니스의 『The Naked Land』, 윌리엄 버로스의 『Naked Lunch』를 비롯해 제2차 세계대전 중 일본의 잔학 행위를 고발한 러셀 브래던의 『The Naked Island』가 있었다. 그 책은 영국에서 100만 부 이상 팔렸다. 1960년대에 데즈먼드 모리스의 『The Naked Ape』와 퀜틴 크리스프의 『The Naked Civil Servant』도 모두 베스트셀러였다. 하지만 '네이키드'라는 단어가 제목에 흔히 쓰이게 된 것은 1990년대 이후였다. 요즘에 인터넷을 검색하면 그런 제목을 수천 개는 찾을 수 있다. 그것 중에는 정말 나체에 대한 것들도 있다. 『담배 피는 나체 소녀들Naked Girls Smoking Weed』 『놀라운 곳들: 게이들을 위한 나체 오락과 여행안내서Naked Places: A Guide for Gay Men to Nude Recreation and Travel』과 『소녀들, 돈, 그리고 야한 사진들: 여자들이 사진작가 앞에서 옷을 벗을 때 실제로 무슨 일이 일어나는가?Girls, Money and Sexy Snaps: What Really Happens When A Girl Strips Naked For A Photographer?』 같은 책들이다. 『숨김없는 광장: 미국의 종교와 민주주의The Naked Public Square: Religion and Democracy in America』와 『무방비 상태의 조종사: 비행기 사고의 인간 요인Naked Pilot: The Human Factor in Aircraft Accidents』 같은 많은 책들은 제이미 올리버가 했듯이 네이키드라는 단어를 비유적인 의미로 사용하고 있다.

캘린더 걸스

올리버가 인기를 끌 수 있었던 것은 그가 '평범한 청년', 이웃집 청년 같은 인물이었고 '네이키드'가 '실제' 그의 성격과 일치한 덕분이기도 했다. 네이키드라는 단어가 애초에는 나체로 포즈를 취하는 모습을 연상시켰는지 모르지만 이제는 그런 이미지가 점점 희미해져 간다. 그러나 그 연상을 한 여성 단체가 살려냈다. 〈네이키드 셰프〉가 시작된 해에 자선 달력에 포즈를 취하면서 말이다. 그들은 노스요크셔 주의 릴스톤 여성 협회Rylstone Women's Institute 회원이었다. 1998년 한 회원의 남편이 54세의 나이에 암으로 사망하자 기금을 마련하기 위해 나체로 사진을 찍기로 했다. 자신들의 이야기가 영화와 웨스트엔드 뮤지컬

로 만들어지는 중요한 문화적 현상이 될 것이라고는 생각지 못했다. 2009년이 되자 그들이 모금한 백혈병 연구 기금이 150만 파운드가 넘었으며, 단체의 웹 사이트에서는 2010년 새 달력, 캘린더 걸스 잼과 초콜릿을 판매했고, 핌스 리큐어 한 병을 구매하면 추첨을 통해 〈풀 몬티〉의 고향 셰필드의 한 호텔에서 캘린더 걸스를 직접 만날 기회를 제공했다.

〈풀 몬티〉의 스트리퍼들과 마찬가지로 캘린더 걸스Calendar Girls도 화초와 물주전자를 교묘하게 배치해 아무도 전신을 보여주지 않았지만 그것은 중요치 않았다. 사람들은 전문 모델이 아닌 '평범해 보이는' 사람이 옷을 입지 않는 모습을 보는 데 익숙해져 갔다. 나체를 변태로

여기는 것과 정반대로 나체가 즐거움을 주고 사회적 의미가 있는, 심지어 영웅적이기까지 한 활동이라는 생각에도 익숙해졌다. 그리고 제이미 올리버 덕분에 정직하고 소박하다는 뜻으로 그 단어를 사용하는 데에도 익숙해졌다.

캘린더 걸스의 성공은 새로운 유행을 낳았다. 영국과 미국 단체들 사이에서 기금 마련을 위한 '나체 달력' 제작이 크게 유행해 2008년에는 그 현상에 대한 텔레비전 다큐멘터리가 방송됐으며 '나체 자선Naked Charity'이라는 웹 사이트는 모든 나체 자선 달력들을 올려놓고 있다.

2007년 9월 스코틀랜드 글래스햄던에서 혁신적인 포즈를 취한 셀틱 레인저스 축구팀. 반패벌주의를 위해 이 사진은 축구계 최고 앙숙 두 팀이 화합하도록 도왔다.

2009년에는 다발성 경화증 연구 후원을 위해 나체 피에로들이 나서기도 했다. 또 치료비를 기부하려는 나체 포크 가수들도 있었고 메릴랜드에는 동물 구조 기금을 모금하는 오토바이족들도 있었다. 그리고 맨체스터 크리스티 병원을 후원하는 나체 뜨개질 달력, 케임브리지 대학 수의학과 학생들이 제작한 '다른 쪽 뺨을 대주라Turn the Other Cheek' 달력도 있다.

영화 〈캘린더 걸스〉는 〈풀 몬티〉만큼 성공하지는 못했지만 헬렌 미렌과 줄리 월터스가 출연한 덕분에 박스오피스에서 거의 1억 달러의 수입을 올렸다. 헬렌 미렌은 언젠가 한 미국 토크쇼 사회자가 짓궂은 질문을 하자, "저는 마음속으로는 나체주의자입니다. 당신네 미국

오스트레일리아 여자 축구팀
'마틸다스The Matildas'가
1999년 11월 시드니에서
여자 축구 발전을 위한
달력을 제작하며
포즈를 취하고 있다.

발레리나 지나이다 야노스키는
'12월' 사진을 찍었다.
맥밀런 암 재단을 돕기 위해
2009년에 달력
'세계적 무대의 이면A World Stage Revealed'을
제작하면서 로열 오페라하우스에서
포즈를 취한 모습이다.

인들은 너무 점잖은 척합니다. 공산주의가 무너지지 않았던 때 헝가리에 간 적이 있어요. 부다페스트 중앙에 공원이 하나 있었는데 도시 한가운데 작은 나체주의 일광욕장이 있었던 셈이지요. 거기는 아무나 가로질러 지나갈 수 있었어요. 나무나 울타리로 가려진 곳이 아니었어요. 공원을 걸으면 나체인 사람들이 다 보였죠. 유럽에서는 아주 흔한 일인데 미국인들이라면 고개도 못 들잖아요"라고 했다. 그녀는 영국 여왕을 연기하여 아카데미 여우주연상을 받은 여성이 할 만한 말로 끝맺었다. "미국에선, 수영복 입고 수영하시죠? 흠."[7]

2009년 뮤지컬〈캘린더 걸스〉가 지방 공연을 끝내고 웨스트엔드에서 막을 올렸는데 2001년〈졸업〉에서 나체로 공연했던 제리 홀이 합세했다.〈풀 몬티〉도 2000년 미국에서 뮤지컬로 제작되어 2년 동안 브로드웨이에서 상연했다.〈풀 몬티〉는 평단의 엇갈린 반응 속에 2년까지는 아니었지만 웨스트엔드에서 공연했으며 다른 10여 개국에서도 막을 올렸다.

9·11 이후의 나체

앞의 네 가지 요인들은 모두 20세기 말에 등장했다. 새로운 세기가 시작되면서 그 영향력이 점차로 커졌다. 9·11의 비극이 공포의 시대, 시민의 자유를 제한하는 시대의 시작을 알리자 나체를 노출하는 것은 보호에 대한 거부감, 제약 받지 않고 세상에 존재할 자유, 기본적이고 단순한 그 자유를 표현하는 행위가 되었다.〈풀 몬티〉와〈캘린더 걸스〉가 사회적으로 유의미한 목적을 위해 평범한 사람들의 나체를 보여주었듯이 신문, 텔레비전, 인터넷이 전쟁과 불의에 저항하기 위해 옷을

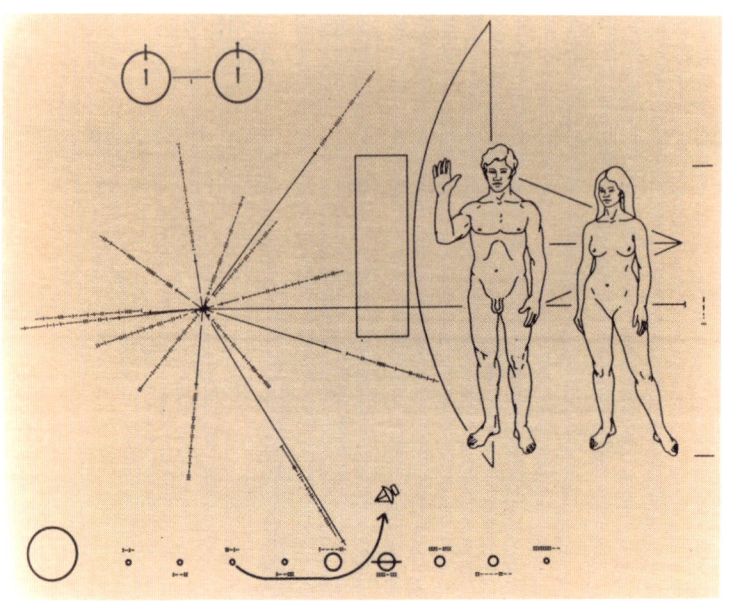

1970년대 파이오니아 10호와 11호에서 나사가 보낸 '우주 우정의 메시지'. 이것은 어느 날 우연히 발견하게 될지도 모를 외계 문명에게 지구의 기본 정보를 전달하도록 만들어졌다. 알몸으로 손을 흔드는 남자와 여자의 모습이 유익하기는 하나 외계인들이 나체촌에 착륙하지 않는 다음에야 거의 볼 가능성이 없는 모습이

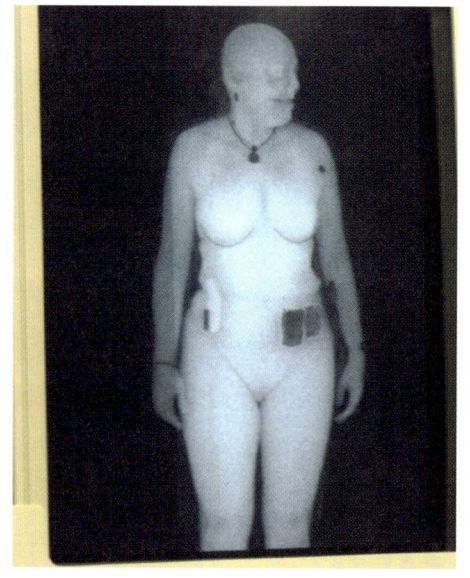

사실상 나체 검사라고 할 수 있 신형 엑스레이 스캐너가 공항에 도입되었다. 사진에서 승객의 성기 윤곽을 선명하게 볼 수 있다. 엑스레이 스캐너 도입을 비판하는 사람들은 방사선 노출과 프라이버시 침해를 우려한다. 2009년 미국, 네덜란드, 영국 공항에 도입되었다.

벗은 사람들을 보여주었다. 나체는 수 세기 동안 억압되고 수치스럽게 여겨졌지만 이제 도덕적 우위를 확보하기 시작했다. 사람들은 아프가니스탄이 공격받고 있을 때 전투 재킷을 입고 포즈를 취한 부시나 블레어 같은 사람들은 존경하지 않지만, 나체 시위자들과 자선기금 모금자들의 모습에서는 존경심을 느꼈다.

나체 노출에 도덕적으로 반대하는 것은 그런 행동이 수치스럽거나 음란하다고 여기기 때문인데, 1960년대부터 유럽과 자유분방한 미국 문화에서 점차 그런 도덕적 반대가 줄어들었다. 이제 실제적이거나 미적인 이유에서 나체에 반대하는 경우가 많았다. 타인의 나체를 보면 정서적으로 오염되며 나체가 청결의 기준에 부합하지 않는다는 것이다.

흔히 가장 관심이 많이 쏠리는 신체 부위, 〈풀 몬티〉가 보여줄 듯 분위기만 고조시키고 결코 보여주지 않은, 캘린더 걸스가 꽃병 뒤에 숨긴 그 부위들은, 가장 큰 감각적 쾌락의 장소이자 예이츠가 "사랑은 오물 속에 자기 집을 지었다"[8]라고 표현한 오물과 관련된 부위다.

나체의 위생 문제는 나체주의 리조트에서 공용 좌석에 앉을 때 수건을 쓰도록 하고 반드시 옷을 다 벗지 않아도 되는 '의류 자율' 구역을 지정하면 쉽게 해결된다. 그러나 이런 단순한 해결책으로는 먹을거리와 뜨거운 음료를 다루는 나체주의자들을 향한 뻔한 비난을 막지 못한다. 이런 사실을 한 슈퍼마켓 체인이 홍보에 이용했다. 홍보 담당자들은 매체 조작이라는 '음흉한 기법'을 쓴다고 비난받곤 한다. 그 사건의 이면을 들여다보자. 테스코 슈퍼마켓은 신규 사업을 내놓고 홍보에 나체를 이용해 순전히 분위기만 띄우고 그만둘 때 나체가 비위생적이라는 일반적인 인식을 교묘히 이용했다. 테스코는 1999년 헤이스팅스 지점에서 자연주의 쇼핑의 밤 행사를 개최할 것을 고려하고 있다고 발표해 엄청난 주목을 끌었다. 영국의 사회운동가 메리 화이트하우스는 그 계획이 '싸구려에 역겨운 것'이라고 비난했고 헤이스팅스 지점은 건강 및 안전 전문가들이 과일과 채소에 신체를 접촉하는 것에 큰 우려를 표명했다고 인정했다. 그 계획을 제안한 것이 자연 그대로의 모습으로 쇼핑하고 싶어 하는 나체주의자들이었을 것이라고 생각하겠지만 영국 자연주의 중앙위원회 홍보 담당자의 글을 보면 사실 그 계획을 생각해낸 것은 테스코였다.

1월 초 테스코 홍보부에서 나체 쇼핑의 밤 행사가 어떻겠냐는 전화가 왔다. 행사가 실제로는 열리지 않을 것이지만 양측 모두에게 만족할 만한 홍보가 될 것이며 다음 날 보도 자료를 내겠다고 했다. 회사 측에서 행사를 기획하기 전 철저한 예비 조사를 했다는 사실이 놀라웠다. 헤이스팅스에 최초의 자연주의 해변이 있으니까 말이다. 그 일 때문에 전화통에 불이 났고 첫 이틀 동안 인터뷰가 서른여섯 개 잡혔다. 이른 아침부터 늦은 저녁까지 그러니까 새벽 4시부터 다음날 오전 2시까지였다. 인터뷰는 대부분 생방송으로 나갔고 나는 우리가 나체로 쇼핑하러 갈 의사는 없지만 영국에서 여러 가지로 나체 생활 방식이 확대되기를 희망하고 있다고 말했다.[9]

나체 쇼핑의 밤 행사는 결국 열리지 않았다. 테스코의 홍보팀은 언론과 대중을 가지고 놀며 즐겼을 뿐이다.

그러나 실제로 나체 쇼핑 행사가 열린 곳도 있다. 2003년 새로 문을 연 포르투갈 리스본 의류 매장에서 나체 쇼핑객에게 옷 두 벌을 공짜로 증정하는 행사를 열자 손님들이 밀어닥쳤다. 오스트레일리아의 멜버른에 있는 레코드점 가스라이트 뮤직은 2005년까지 매년 나체 쇼핑의 날 행사를 열었고 2006년 영국에는 나체 쇼핑객들이 런던 리젠트 가와 옥스퍼드 가에서 '웨스트엔드 VIP(Very Important Pedestrian)대단히 중요한 보행자의 날' 행사를 주최했다.

테스코는 나체주의자와 과일의 관계를 가지고 놀면서 언론의 주목을 받는 데 성공했다. 나체와 위생 사이의 논란은 뿌리가 깊다. 물론 논리적인 근거도 있지만 불합리하기도 하다. 입이나 코, 귀도 물질을 분비하거나 배출하는 부위지만 그 부위를 보여주거나 보는 것은 전혀 문제를 일으키지 않는다. 하지만 여성의 유두는 다르다. 현재 서양에서는 대개 공공장소에서 가슴골을 드러낼 수 있지만 유두는 기미만 보여도 난리가 난다. 2004년 미국에서 그런 일이 있었다. 텔레비전 시청자 수백만 명이 1초도 안 되는 찰나에 재닛 잭슨의 유두 가리개를 보았다. 휴스턴에서 열린 콘서트에서 가수 저스틴 팀버레이크가 콘서트 도중

잭슨의 옷 일부를 찢어서 별모양 금속으로 가린 유두가 드러났다. 행사를 방송한 CBS는 '젖꼭지게이트Nipplegate'라는 별칭을 얻었고 연방통신위원회에서 '음란방송'[10]으로 벌금 55만 달러를 부과했다. 그 사건이 있고 영국 스트리커 마크 로버츠가 티팬티만 입고 '슈퍼 창자(재닛 잭슨의 노출이 일어난 곳 슈퍼볼Super Bowl과 철자가 비슷한 창자bowel라는 단어를 씀-옮긴이)'와 온라인 도박 사이트 광고를 가슴에 적은 채로 경기장을 뛰어다녔다. 그는 벌금 1,000달러를 선고받고 미국 입국을 금지당했다.

스펜서 튜닉, 〈풀 몬티〉, 캘린더 걸스 덕분에 나체에 대한 태도가 너

그러워지는 진전을 이루었음에도 젖꼭지게이트는 미국에서 보수주의가 얼마나 큰 힘을 지니고 있는지 놀랄 만큼 확실하게 상기시켰으며, 고상한 척하는 미국 청교도의 뿌리가 어느 정도까지 그 나라를 장악하고 있는지 드러냈다. 여성이 남들 앞에서 수유할 권리를 위해 투쟁해야 했던 나라, 대부분의 주에서 아직도 상반신을 드러낸 일광욕이 금지된 나라, 미국 말이다.

CBS에 벌금 55만 달러를 물린 장면. 2004년 2월 텍사스 슈퍼볼 하프타임 쇼에서 공연하던 저스틴 팀버레이크가 재닛 잭슨의 옷을 잡아 가슴 부분이 노출되었다.

영국이 미국보다 나체에 관대하기는 하지만 캘린더 걸스는 아직도 젖꼭지를 눈에 띄게 노출하지 않는 것이 현명하다고 생각하고 있다. 마치 젖꼭지도 예이츠가 말한 신비로운 곳에 해당한다는 것을 알고 있다는 듯이 말이다. 내부와 외부 세계의 통로이며, 물질을 내놓을 수 있으며, 창조할 수도 파괴할 수도 있는 액체를 만들고, 아이들을 만들 수 있고, 아이에게 먹이거나 오염시킬 수 있는 신비로운 부위들 말이다. 매일 밤 전 세계에서 수천수만 명의 남자와 그보다는 좀 적은 수의 여자가 자신들이 세상에 나올 때 통과한 부위를 클로즈업한 이미지, 혹은 어머니의 자궁에 자신의 유전자 코드 절반을 밀어 넣은 부위를 찍은 사진에 빠져 가상 세계를 헤맨다. 그리고 매일 전 세계에서 이를 규제하기 위해 제재가 계속되고 있다.

나체가 추하다는 생각

세상은 폭로와 은폐 사이를 왔다 갔다 하며 굴러간다. 연인들은 서로의 모르는 점 때문에 끌리고, 신은 신비주의자와 숨바꼭질을 하고, 정치인들은 알아내려는 욕구 때문에 너무도 괴로워하며, 과학자들은 '미지'라고 쓰인 움직이는 벽을 계속 민다. 알몸 수영이나 일광욕 혹은 나체 생활에서 기쁨을 얻는 사람들에게 완전한 나체는 기분 좋은 일이겠지만, 그들을 보는 사람들은 나체가 매력이 없거나 성적으로 흥분을 일으키지 않는다고 한다. 전부 드러나 있을 때는 재미가 없으며 더는 갈구하지도 않고 신비감도 없다. 이런 관점에서 완전한 나체는 성적인 것이든 아니든 공연이나 예술에서만 매혹적일 수 있다. 몸이 자극적이 되려면 대체로 옷이 필요하다는 사실을 제이미 올리버, 캘린더 걸스, 〈풀 몬티〉의 제작자는 잘 알고 있었다. 그들이 성공할 수 있었던 이유는 바로 이를 이해하고 신비감을 계속 유지했기 때문이다.

나체촌에서 신비감을 느낄 수 없다는 사실은 왜 나체주의가 계속 소수 운동에 머무를 것인지, 나체주의가 왜 주로 우스꽝스럽거나 기묘하게 묘사되는지 설명해준다. 나체주의 결혼식 장면이 등장하고 일부가 영국 최초의 나체촌에서 촬영된 2006년 코미디 영화 〈컨페티Confetti〉처럼 말이다. 미국 유머 작가 데이비드 세다리스는 1997년 베스트셀러 자전적 에세이 『네이키드Naked』에서 나체촌에서 일주일을 지내고 나니 옷이 몸을 조이는 것이 싫어졌다고 고백하면서 "사람들이 모두 벗고 있는데도 보고 싶어 하지 않는다니 참 이상한 일이다"라고 했다. 언론인 조 윌리엄스는 나체주의가 자랑하려고 옷을 벗는 것이 아니라고[11] 지적했고, 철학자 알랭 드 보통은 다큐멘터리 〈불안Status Anxiety〉에서 자연주의를 19세기에 시작해 전파된 보헤미안 운동에 포함했으며 낭만주의자, 초현실주의자, 다다이스트, 히피, 펑크족들도 거기에 포함된다고 했다. 그리고 이들 모두 "돈이나 관습에는 별로 상관

1994년부터 1997년까지 라이프치히 미술가 알바 두르바노가 제작한 패션 컬렉션 '불후의 재봉사Il Sarto Immortale 자신의 나체를 옷에 인쇄한 것이 특징이다.

하지 않는 사람들"이며 "부르주아 주류에서 벗어나 새로운 독립적 가치들을 위해 사는 사람들"[12]이라고 했다. 자연주의자들은 옷의 가치를 거의 전적으로 부인하면서 외모에 대한 편견을 초월할 수 있는 생활 방식을 제시하고 있다. 열렬한 나체주의자들은 자신들이 일종의 자기수양을 통해 남들에게 자신의 몸이 어떻게 보이는가에 대한 선입견에서 해방되는 동시에 더 큰 육체적 쾌락을 누릴 수 있다고 생각한다. 그들은 옷이 주는 신비감을 포기함으로써 더 심오한 신비에 빠져든다.

마크 퀸이 제작한
4.5미터 높이의
탈리도마이드 피해
임신부의 나체상이
2004년 런던 트래펄가 광장
'네 번째 좌대'에
전시되었다.

자기 몸에 만족하는 법

나체주의자뿐만 아니라 스펜서 튜닉, 신자연주의자, 여성 모델을 충격적인 방법으로 이용하여 논란을 일으키는 바네사 비크로프트 같은 전시 행위 예술가들도 완전한 나체가 옷과 나체의 대립 너머에 존재하는 심오한 신비를 어떻게 전달하는지 보여주었다. 한편 영국 텔레비전 시

44달러짜리 한 줄 비키니. 꼭 수영복을 입어야 할 때 도움이 될 품목.

리즈 〈자기 몸에 만족하는 법How to Look Good Naked〉의 성공 비결은 우리 대부분이 옷을 벗었을 때 그리 매력적이지 않다는 일반적인 생각을 이용한 것이었다.

2006년 패션 스타일리스트 곡 완은 한 영국 텔레비전 프로그램에 출연해 갑자기 유명해졌다. 그는 그 프로그램에서 자신이 매력이 없다고 믿는 여성, 자신의 신체상에 만족하지 못하는 여성을 출연시켜 그들이 자신에 대해 만족하도록 만들어주기로 약속했다. 곡 완은 영국 여성의 81퍼센트가 자신의 몸을 부끄러워한다는 조사 결과를 언급한

뒤 이상화된 신체상이 조장될수록 불만족이 더욱 증가한다고 주장했다. 더바디샵과 도브 같은 기업들은 이미 몇 년 전부터 여론을 바꾸는 데 도움을 주고 있다. 도브의 '리얼 뷰티 캠페인'은 '다음 세대가 틀에 박힌 아름다움에 자신을 끼워 맞추지 않도록 해방'시키는 것을 모토로 2010년 말까지 500만 명의 젊은 여성에게 알리는 것을 목표로 삼고

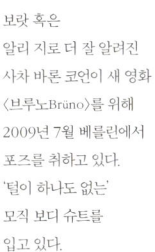

보랏 혹은 알리 지로 더 잘 알려진 사차 바론 코언이 새 영화 〈브루노Brüno〉를 위해 2009년 7월 베를린에서 포즈를 취하고 있다. '털이 하나도 없는' 모직 보디 슈트를 입고 있다.

있다. 도브가 제작한 영상은 2009년까지 유튜브에서만 1,000만 명이 시청했다.

곡 완이 성공한 것은 그가 출연자들의 자신감과 외모를 향상시켰기 때문이다. 여성들은 성형수술을 받거나 체중을 감량하지 않고 자신의 몸을 있는 그대로 받아들여 가족, 친구, 대중의 환호 속에 거의 알몸으로 당당하게 등장했다. 그중 한 명은 거의 아무것도 입지 않고 무대를 활보하는 기분을 묻자 "자유로웠고 이상하게 흥분됐다"라고 '하늘

〈북쪽의 천사Angel of the North〉로 유명한
앤터니 곰리가 2007년 헤이워드 갤러리에서 열린
'블랙홀의 경계Event Horizon'라는 전시회에서
아홉 개의 실물 크기 상을 런던에 전시했다.
그 인물상은 자신의 몸을 모델로 한 것이며
갤러리 쪽을 바라보도록 건물 위에 전시되었다.
사진에서 워털루 다리에 있는 상과
멀리 건물 위에 있는 상도 보인다.

을 찌를 듯한' 자신감을 가지고 대답했다. 프로그램은 크게 성공하여 폴란드, 프랑스, 스웨덴, 벨기에에서도 제작됐고 〈퀴어 아이Queer Eye for the Straight Guy〉의 사회자 카슨 크레슬리를 내세운 미국판은 오프라 윈프리 쇼에서 시청을 권하기까지 했다.

〈자기 몸에 만족하는 법〉은 캘린더 걸스와 〈풀 몬티〉, 스펜서 튜닉의 모델들이 대부분의 사람들과 마찬가지인 '평범한' 몸으로 전달한 메시지를 강화했다. 결과적으로 오늘날은 몸을 다 보여주면 매력 없다거나 특별해 보이지 않는다는 이유로 나체주의에 반대하기가 어려워졌다.

2008년 독일 영화감독 니코 폰글라소는 자신의 몸에 만족할 권리가 있다는 주제로, 자신을 포함한 열두 명의 탈리도마이드(임산부의 입덧 억제제로 사용되었으나 기형아 출산의 부작용이 보고돼 판매 금지되었다-옮긴이) 희생자들에 대한 영화를 제작했다. 영화에서 희생자들은 의미 심장하고 감동적으로 나체를 드러냈다. 그 영화 〈노바디 퍼펙트NoBody's Perfect〉는 상까지 받게 되었다. 그들은 책과 전시회에 쓸 사진에서 나체로 포즈를 취했다. 『슈테른Stern』지와의 인터뷰에서 그는 이렇게 설명했다. "관음증적이 되지 않게 하려 했습니다. 잘못하면 기묘한 구경거리에 불과해지고 말 것 같아서 주인공들의 품위를 유지하는 것이 중요했습니다." 그 다큐멘터리는 자신들의 피해 사진을 제약회사 소유자인 비르츠 가문에 보여주려는 노력이 실패한 끝에 제작한 것이기도 했다.

〈노바디 퍼펙트〉와 마크 퀸이 제작해 2004년 런던 중심부의 트래펄가 광장 '네 번째 좌대'에 전시된 높이 4.5미터짜리 임신한 탈리도마이드 여인 나체상은 적절한 맥락이 있다면 장애인 나체 묘사에 대한 금기를 깨뜨릴 수 있다는 것을 보여주었으며, 그것을 통해 몸을 가진다는 것과 살아 있다는 것이 무엇인지 질문해볼 수 있었다.

장 달리의 〈중국 자손Chinese Offspring〉이
2008년 11월 런던 사치 갤러리에 전시되었다.
열다섯 개의 실물 크기 송진 주물상들이
천장에 매달려 있다. 상들은 이민 건설 노동자를
표현한 것으로 그들의 나약함과 경제적 곤경을 나타
내기 위해 발을 묶어놓았다.

뱅크시의 작품은 극적인 효과를 위해
의도적으로 나체를 사용하는 경우가 많다.
이 그림은 2006년 6월 브리스톨의
성병 전문 병원의 벽에 그려진 것으로
배우자의 간통을 캐러 집에 온 남자를
묘사하고 있다.

음모 제모족, 브라질리언 왁싱, 체모 제모

나체에 대한 금기는 사실 몸의 앞이나 뒤, 혹은 가슴이나 사타구니처럼 신체의 특정 부위에 대한 금기다. 예를 들어 가슴 노출 금기는 일부

『벌거벗은 정원사 The Naked Gardeners』의 저자인 이언 폴러드와 바버라 폴러드는 윌트셔의 맘스베리에 있는 자신들의 정원 애비하우스 가든스에서 종종 옷을 안 입고 일한다. 이 정원은 일반인에게 개방되어 있다. 그들은 방문객들이 정원을 돌아볼 때 옷을 벗을 수 있도록 옷을 안 입어도 되는 날을 정해놓고 있다.

문화에서 여성에게만 존재한다. 빅토리아 시대에는 여성이 발목을 내보이는 것을 천박하다고 여겼지만 오늘날에는 대부분의 해변에서 손바닥만 한 비키니는 고사하고 완전한 나체로, 아니면 상반신 노출 해변에서 '모노키니'만 입고 일광욕을 해도 괜찮다. 1980년대에 수영복이 몸을 점점 덜 가리게 되고, 끈팬티 모양의 브라질풍 탱가가 소개되자 여성들은 음모를 일부 혹은 전부 깎기 시작했고 소수에만 한정되었던 행위가 특히 젊은 여성들 사이에 광범위하게 퍼졌다.

1978년부터 2006년까지 자신들을
신자연주의자Neo-Naturist라고 부르는 런던의
급진 미술가 단체가 알몸으로
작품과 공연을 선보이고 있다.
비니 자매와 윌마 존슨에 터너 상 수상자인
그레이슨 페리가 합류했고 다른 이들도 참여해
단체를 이루었다. 이 사진에는
1980년 런던 세인트 마틴 예술학교에서
윌마 존슨이 크리스틴 비니의 몸에
그림을 그린 모습이다.

입은 듯 만 듯한 수영복이 나오기 전부터 음부 제모를 했던 소수의 사람들은 남성 잡지에 있는 독자 사연 코너의 조언에 따라 더 큰 성적 쾌감을 얻고 싶었거나, 성적 쾌감도 쾌감이지만 '더 벗기'를 원했던 나체주의자였다. 1960년대와 1970년대에 '음모 제모족smoothies'이라고 알려진 이 부류를, 자연주의자들은 '자연 그대로'여야 한다는 나체주의의 근본 원칙을 위반했다고 생각해 이상하게 여겼을 것이다. 하지만

보디페인팅을 하면 사람들은 무언가 입었다는 느낌을 갖 또 그런 느낌을 주면 나체로 나설 수 있다 세계 보디페인팅 페스티벌이 매년 오스트리아에서 열 음악 페스티벌에서 페인팅을 한 나체 혹 반나체를 자주 볼 있게 되었다. 이 사진은 2000년 네바다에서 열린 버닝맨 페스티벌에 참가자들이 준비한 모습이다.

변화가 미용실에서 '브라질리언 왁싱(음모를 남기지 않고 전부 제모하는 것-옮긴이)'과 비키니 라인 제모제를 광고하고, 엘튼 존 같은 유명인이 텔레비전에 출연해 제모에 대해 공개적으로 이야기하면서 제모가 점점 더 널리 논의되어 20세기 말이 되자 나체촌과 잡지에서 남녀를 불문한 음모 제모족을 흔히 볼 수 있게 됐다. 더 나아가 '체모 제모'와 '등, 사타구니, 항문' 제모가 잡지와 웹 사이트에서 공개적으로 등장한 데다 영국 방송국 채널 4의 다큐멘터리 시리즈 〈최첨단 남성의 미Extreme Male Beauty〉의 클로즈업 화면을 보면 남성의 음부 일부 혹은 전체 제모도 남성 포르노 스타만의 것은 아니었다.

음모가 없는 것이 더 매력적이라고 느끼는 사람들이 있다. 이들은

음모를 제거하면 더 나체 같은 느낌이 들고 성행위의 쾌감이 증가한다고 생각한다. 하지만 이를 비판하는 사람들은 제모한 남자와 여자 사진을 좋아하는 사람의 진의가 의심스럽다고 하며 제모가 어른을 '어린아이의 상태로 되돌리는' 것처럼 보일 수 있다고 지적한다. 인터넷상에 제모한 여성의 사진과 영상들이 널리 유포된 것은 젊은 여성들이 제모를 해야 한다는 압박감에 굴복했고 남자 친구의 기호에 맞추고 있으며 인터넷이 권하는 매력적인 여성상에 자신을 끼워 맞추려 했다는 뜻이기도 하다.

제모는 오늘날 문화의 주류에 속하지만 그 반대편, 즉 음모가 있는 상태를 예찬하는 쪽은 털이 많은 것을 맹목적으로 찬양하는 소수 웹사이트에 한정된 경향이 있다. 이 불균형이 부분적으로는 상업적 이해관계에서 발생한 것이기도 하다. 사람들이 털을 그대로 두면 돈을 벌 수 없지만 피부 관리와 제모 용품을 팔면 돈이 된다.

21세기 초 음모 제모가 점점 더 일반화되어 간다는 것을 간파한 광고대행사 사치앤사치는 2007년 뉴질랜드에서 '아무것도 숨길 것이 없다Nothing to Hide' 광고를 내놓았다. 털이 없는 것과 아름다움, 위생 사이의 관계를 이용했다. 그 광고대행사는 아일랜드 일레이브 화장품 광고를 바이러스처럼 인터넷에 유포했다. 광고에서는 털 없는 여성과 남성들이 나체로 연구실에서 일하면서 자신들의 상품을 소개했다. 광고 덕분에 판매량이 500퍼센트 증가했으며 사치앤사치에 따르면 광고를 촬영할 때 배우들이 더 편안하게 느낄 수 있게 제작진도 모두 알몸으로 작업했다고 한다.

대단히 모호한 광고도 있었다. 2006년 캘리포니아 주 샌타모니카에서 '바이럴 팩토리'가 가짜 스타일리스트 스테판 몬존의 패션쇼에서 3분짜리 가짜 다큐멘터리를 제작했다. 시청자들은 쇼가 시작되기 전 무대 뒤 장면을 보고 몬존이 음모 스타일리스트라는 것을 알게 된다. 그리고 결국 무대에 나온 모델들은 전라로 음모에 공작털을 짜넣은 것을 비롯한 온갖 기괴한 디자인을 뽐냈다. 모발 관리 용품 회사 레밍턴의 광고였다. 이 작품에 드러나는 장난기와 상상력은 현대 서구 사회 자유주의자들이 음부를 얼마나 편하게 대하게 됐는지 잘 보여준다.

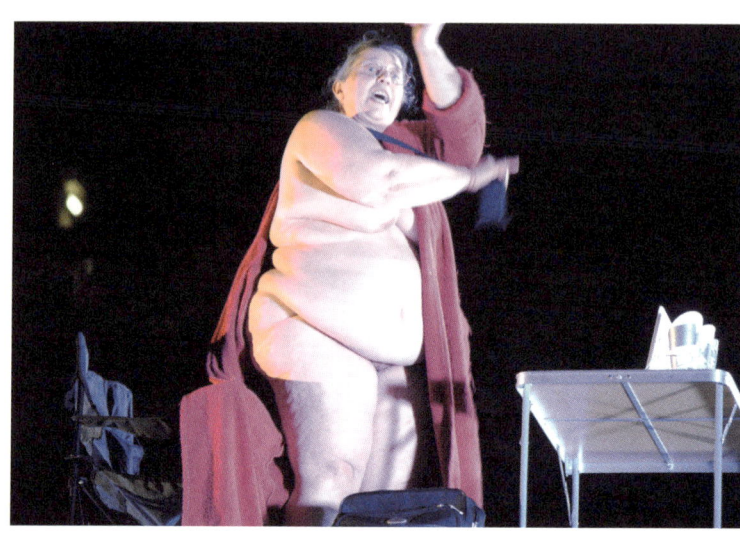

런던 트래펄가 광장에 앤터니 곰리의 '살아 있는 예술작품', '원 앤 어더One & Oth 첫 행사가 2009년 7월 10월까지 100일 동안 열렸는데, 네 번째 좌 일반인들이 한 시간 동 공연할 수 있었다. 3만 5,000명의 지원자 2,400명을 무작위로 남자 일곱 명과 여자 다섯 명이 그 좌 옷을 벗기로 했다. 사진 속의 『자연주의 Naturist Life』의 편집 수잰 파이퍼도 그중 한 사람이었다.

생식기 해방 운동

생식기는 위생 문제와 관계가 있고, 황홀경과 죄책감이 결합하는 쾌락과의 불편한 연관이 있으며, 힘과 나약성의 상징이고, 나체의 마지막 경계다. 생식기가 노출되어야만 비로소 완전한 나체라고 할 수 있다. 음모 제모족은 털을 깎지 않은 사람에 대해 무언가를 약간 입은 것처럼 느낄 수 있기 때문에 나체의 경계를 약간 옮겨야 할지도 모른다. 그리고 남성이 발기한 모습을 기준으로 하자면 그 '마지막 경계'가 더 많이 옮겨져야 할지도 모른다. 하지만 결국 남는 것은 음부를 노출했을 때만 진짜 나체라는 사실이다. 그래서 언론과 점잖은 사람들은 끈팬티를 입은 사람을 나체라고 표현한다.

생식기의 노출과 묘사를 막는 금기와 법률이 행사하는 영향력이 대단한데도 최근 들어 생식기가 어떤 식으로 '공개되는지' 알아보면 서양 대중문화의 변화 정도를 짐작할 수 있다.

1968년 캘리포니아 스프링스에서 리요법사 폴 빈드림이 이끄는 체 감수성 훈련.

그런데 그 변화가 언제 시작되었는지 알려면 다시 1968년으로 돌아가야 한다. 그해에 시카고에 사는 한 록 스타의 팬, 신시아 앨브리턴이 가수의 음경을 석고 모형으로 뜨기로 했다. 그녀의 첫 '고객' 지미 헨드릭스는 흔쾌히 응했다. 미국의 작곡가 겸 기타 연주자 프랭크 재파는 그것이 흥미로운 발상이며 그 모형이 예술적 가치가 있다고 생각했다. 그래서 그녀에게 더 많은 석고 모형을 제작해 로스앤젤레스에서 전시회를 열자고 부추겼다. 그 계획이 실현되지는 않았지만 신시아는 이름을 신시아 플래스터 캐스터(석고 모형 작가라는 뜻-옮긴이)로 바꾸었고 다큐멘터리의 주인공이 되기도 했다. 지금도 자신의 웹 사이트에서 '전쟁하지 말고 석고 모형을 떠라Make Plaster Not War'와 '당신 자지는 잘 있나요?Como Esta Your Schwantz?' 같은 문장이 인쇄된 티셔츠를 판매하고 있다.

2004년 10월
런던 웨스트민스터에 있는
아폴로 극장에서 열린
음경 연기자 오디션.

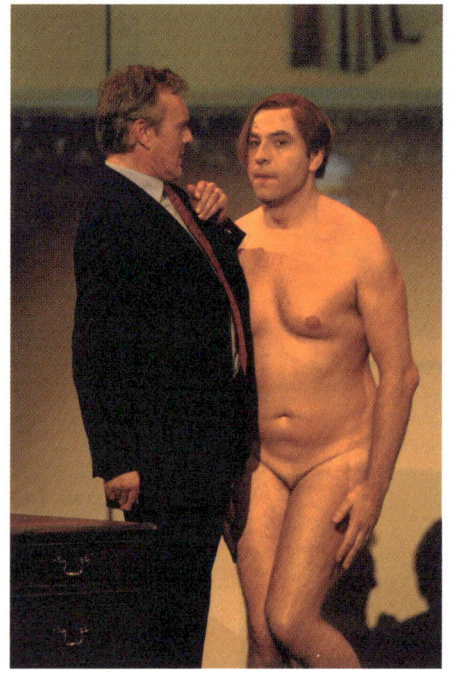

2006년 1월 런던
리틀 브리튼 코미디 자선쇼에서
배우 겸 코미디언
데이비드 윌리엄스가
옷을 거의 다 벗었다.

아마 음경이 너무 오랫동안 힘과 지배를 대표해왔기 때문인지 마치 이를 보상받기라도 하듯 음경의 노출은 예상대로 진행되고 있다. 한편 여성의 음부에 대해서는 더 섬세하고 예술적인 접근이 이루어지는 것 같다. 여성의 생식기에 대한 표현물을 대단히 다양하게 보여주는 음부 박물관The Vulva Museum 같은 온라인 사이트를 통해서였다. 그리고 1996년 진지하면서도 코믹한 연극 〈버자이너 모놀로그The Vagina Monologues〉가 무대에 오르기도 했다. 반면 남성판인 〈페니스 모놀로그The Penis Monologues〉와 〈말하는 음경Talking Cock〉은 이목을 끌지도 성공하지도 못했다.

남성이든 여성이든 등장인물이 성기에 대해 공개적으로 이야기하는 무대가 있다는 것은 개방적이고 솔직한 문화를 창조하는 중대한 진전을 의미했으며 〈버자이너 모놀로그〉 덕분에 여성 반폭력 단체들을 위한 기금 5,000만 달러(약 525억 원)가 모금되어 긍정적 변화 가능성의 구체적인 징후가 되었다.

성기에 대해 이야기할 가치가 있다면 실제로 성기를 보여주는 것도 의미 있을 수 있다. 행위 예술가 애니 스프링클도 그 가능성을 믿고 1980년대 미국에서 5년 동안 자궁 경부 보여주기 순회공연을 열었을 것이다. 공연에서 그녀는 혼자 무대에 올라 관객들을 불러 검경speculum으로 자신의 자궁 경부를 들여다보게 했다. 그녀는 이렇게 설명한다. "관객들에게 회중전등을 나눠주고 마이크를 장치해 자유롭게 말할 수 있게 했다. 전혀 악의 없고 즐거운 일이었다. 관객들은 공연 덕분에 수치심에서 벗어날 수 있게 됐다고 말해주었다."[13] 한 비평가는 공연에 대해 "스프링클은 나체를 넘어 성적인 것을 초월한 초나체까지 갔다. 몸의 내부는 섹시하지 않기 때문이다"[14]라고 말했다.

20세기 전반에만 해도 이런 공연은 생각도 할 수 없었다. 두 남자가 성기를 드러내고 비트는 것으로 대중적인 흥행을 할 수 있다는 생각도 마찬가지였다. 그러나 20세기 말, 바로 그런 일이 일어났다. 1997

년 오스트레일리아의 사이먼 몰리가 묘기를 부리는 장면을 찍어 달력을 만들었다. 자신은 '전시 작품'이라고 불렀지만 더 평범하게 부르자면 '음경 묘기'였다. 이듬해에 그는 그 비범한 재능을 〈음경 놀음Puppetry of the Penis〉이라는 쇼로 바꾸는 데 성공했다. 멜버른 국제 코미디 페스티벌에서 최고 쇼 상을 받은 작품이었다. 쇼의 호평에 힘입어 몰리와 데이비드 프렌드는 5년여 동안 세계 순회공연을 했다. 쇼의 특징은 묘기를 부리는 사람들 뒤에 거대한 스크린을 설치해 그들이 일그러뜨리는 대상을 클로즈업해 보여주는 것으로, 2000년에는 런던 웨스트엔드까지 갔다. 2002년이 되자 다른 배우들이 그 공연을 위해 훈련을 받고 있었으며 여덟 개 극단이 전 세계 각 도시에서 그 쇼를 무대에 올렸다. 2007년이 되자 브로드웨이 흥행작이 되어 있었고, 8년 연속 에든버러 페스티벌에서 공연했으며, 이에 관한 다큐멘터리와 책이 파생 상품으로 제작되었다. 다큐멘터리 〈음경 스타들Cock Stars〉은 텔레비전의 콘테스트 형식을 모방한 오디션에서 음경 연기를 하려는 배우들을 선발하는 과정을 보여주기도 했다.

절제 운동

전 세계 무대에서 이런 개방성이 나타나고 있었지만 모두가 성기 묘기나 애니 스프링클의 초나체에 찬성하지는 않았다. 세기말의 노출 추세가 절정에 달했을 때 그에 대항하는 흐름이 생겨났다. 1999년 웬디 샬릿의 책 『절제하기: 잃어버린 가치의 회복A Return to Modesty: Discovering the Lost Virtue』이 그 흐름을 자극했다. 그 책은 정숙한 옷차림과 성적 절제를 비롯한 전통적 가치들로 돌아가자고 주장했다. 결혼 생활에서만 가능한 '참된 섹스'를 권장하는 돈 이든의 『순결의 감동: 옷을 입고 충족감 느끼기The Thrill of the Chaste: Finding Fulfillment While Keeping Your Clothes On』와 로런 위너의 『순결에 대한 솔직한 이야기: 교회에서 말하는 섹스에 대한 거짓말Real Sex: The Naked Truth about Chastity』도 2006년에 출간됐지만 미국 밖에서는 판매되지 못했으며 '나이에 걸맞은 옷차림'과 성적으로 자극적인 옷을 거부하도록 권하는 패션 경향도 미국 밖에서는 주목을 끌지 못했다.

이브 생로랑은 2000년, 광고에 최초로 남성의 전신 정면 누드를 사용해 논란을 불러일으켰다.

젊은 프랑스 여성들이 비키니 상의를 다시 입기 시작했다는 2009년 여름의 보도를 보면 옷을 더 입자는 대단히 독립적인 반경향이 일어난 것처럼 보이지만 그런 보도들은 논란을 일으킬 만한 소재를 방영하려는 방송사와 아마도 수영복을 더 많이 팔고 싶은 의류업계가 부추긴 것 같다. 보도는 역사학자 크리스토프 그랑제르의 프랑스 해변과 몸의 사회사 연구 『여름의 몸Les Corps d'Ete』 때문에 나온 것이다. 그 보도들이 진정한 하나의 경향을 반영한 것인지는 몇 년 더 지나봐야 알

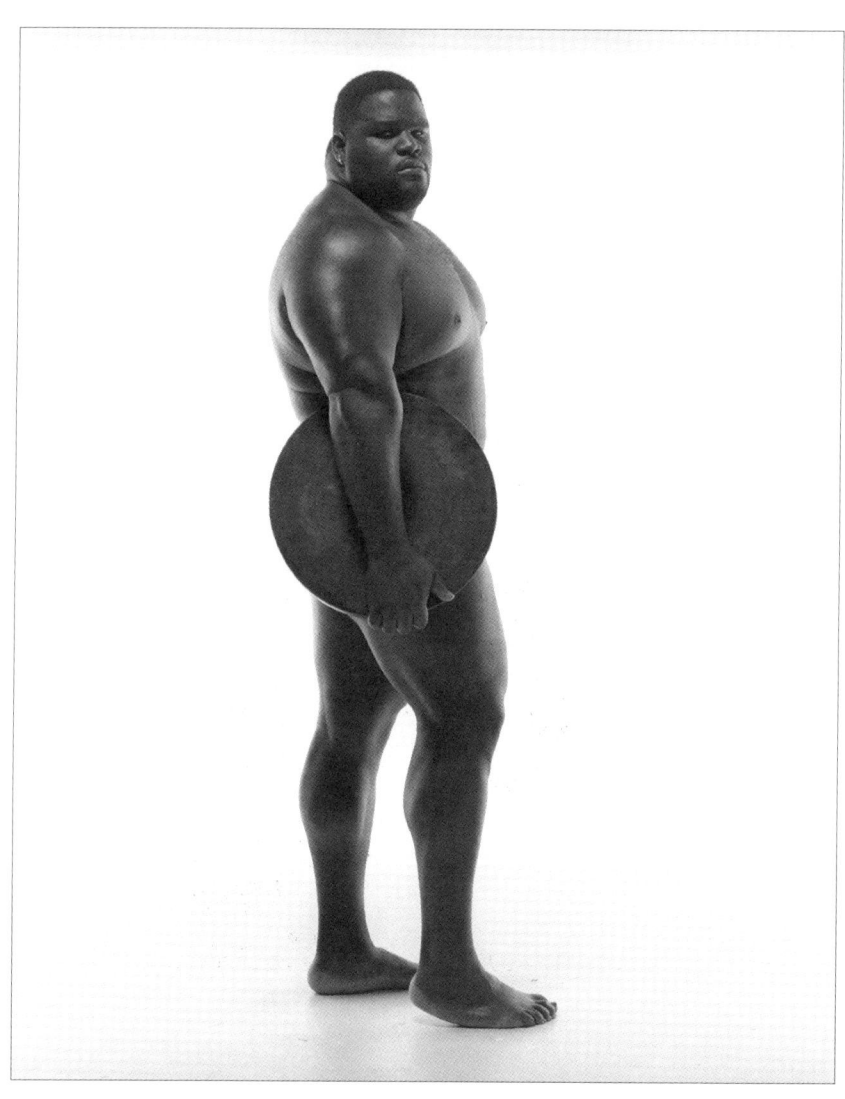

슈퍼헤비급 역도 기록 보유자 마크 헨리. 조 맥낼리가 1996년 '올림픽 누드 시리즈'에 올림픽 선수단의 사진을 찍은 것. 『라이프LIFE』에 게재됐다. 『라이프』 역사상 처음으로 이 인물들이 실린 네 가지 표지를 한 달 동안 번갈아 실었다.

게 될 것이다. 한편 호전적인 페미니스트 단체인 소란피우는 사람들Les Tumulteuses은 비키니 상의를 입지 않고 일반 수영장에 뛰어들 수 있는 권리를 얻기 위해 계속 투쟁할 것이므로, 프랑스 해변에서 모노키니를 훨씬 더 자주 보게 될 것이다.

절제를 마음에 둔 사람들도 있었지만 수많은 기업은 덜 벗는 것보

다 더 벗는 것이 경제적 성공의 비결이라고 판단했다. 2000년 이브 생 로랑은 오드콜로뉴 광고에 알몸 남성 모델의 정면 사진을 이용했다. 애버크럼비 앤 피치는 2002년 의류 카탈로그에 49세의 나체 모델과 반나체인 젊은 남녀 모델을 함께 등장시켰다. 2009년 영국의 워커스 크리스프스는 남녀 배우와 미식축구 선수 게리 리네커가 나체로 등장하는 코믹하고 관능적인 텔레비전 광고로 경쟁사 티렐의 네이키드 포테이토칩이 누리던 인기를 가로챘다.

영웅의 귀환

> 숨기거나 지키거나 보호할 것이 가장 적은 사람이
> 가장 자유로운 사람이다. 나체는 강하다!
> —앨런 코언Alan Cohen

21세기가 시작된 지 10년이 넘어가는 지금 나체에 부여된 자유와 부과된 규제는 결코 더 커지지 않았다. 바르셀로나에서는 길에서 옷을 벗어도 아무 문제가 없다. 전 세계 대부분의 도시에서 그렇게 했다간 체포의 위협을 느낄 것이다. 어떤 상황에서는 대중 앞에 나체로 설 수 있고 성기를 보여주고 주물러도 된다. 또 다른 상황에서는 남자가 셔츠만 벗어도 쫓겨날 수 있다. 영국 일부 슈퍼마켓에서 그렇다. 이슬람교 여성은 대중 앞에 얼굴만 드러내도 처벌받는다.

가장 다양한 반응을 볼 수 있는 곳은 미국이다. 미국 문화에서 아직도 나체가 반감을 산다는 증거로 2007년 화장품 회사 도브의 광고가 '피부를 너무 많이' 보여주었다는 이유로 미국 지상파 텔레비전에서 방송을 금지당한 일이 있다. 도브는 '리얼 뷰티 캠페인'의 하나로 50대 이후의 긍정적인 신체상을 조장하기 위해 사진작가 애니 리버비츠와 함께 '나이듦에 찬성하자' 캠페인을 시작했다. 합리적이고 확실한 메시지가 있었고 전신 정면 나체가 없었는데도, 방송은 모델들이 알몸이라는 사실을 받아들이지 못했다. 그러나 2009년까지 유튜브에 올라온 도브 광고를 1,500만 명이 보았으며, 이 같은 사실은 미국 지상파방송이 시대정신을 따라잡지 못하는 것이 아닌가 하는 의심을 강화했다.

영국 텔레비전은 최근 몇 년간 시대정신을 따르고 있기는 하다. 〈자기 몸에 만족하는 법〉이 시작된 지 1년 뒤 〈음경과 나My Penis and I〉와 〈나의 음경과 남들의 음경My Penis and Everyone Else's〉 같은 프로그램을 통해 여성이 가슴 크기에 대해 걱정하듯 많은 남성이 성기 크기에 대해 걱정한다는 것을 보여주었다. 남성의 불안에 대한 프로그램 〈음경과 나〉, 〈나의 음경과 남들의 음경〉을 감독한 로런스 베러클러프는 '당신의 거시기를 찍어라snap your chap'라는 행사도 기획했다. 전 세계 남성들이 보내준 그곳 사진을 모으는 것이었다.

몸의 심리학적 개념이 알려지면서 작가들, 프로그램 제작자들, 심지어 사업하는 사람들까지 우리가 몸을 인식하고 이야기하는 방식이 행복감에 중대한 영향을 끼친다는 것을 깨닫게 됐다. 몸의 가장 은밀한 부분과 나체에 대해 어떻게 느끼는지를 탐구함으로써 가장 직접적이고 강렬한 방식으로 행복감에 접근할 수 있다.

1960년대 일부 캘리포니아 심리학자들이 개인, 커플, 단체에 '나체 심리요법'을 시도했다. 폴 빈드림은 나체가 감수성을 훈련하는 데 유용할 수 있다고 했던 인본주의 심리학의 아버지 매슬로의 말에서 착상을 얻어 그 요법을 지휘했다.[15] 에일린 굿슨은 1991년 『치료법, 나체, 기쁨 Therapy, Nudity and Joy』에서 1967년 빈드림의 첫 '나체 심리요법 마라톤'이 20년 뒤에 당시 참가자들에게 미친 장기적 효과를 자신이 경험한 바와 함께 조사했다. 참가자 대부분이 그 경험이 지속적이고 긍정적인 효과를 미쳤다고 했다. 빈드림은 육체가 옷을 벗으면 정서적으로도 솔직해져서 치료 속도를 빠르게 해준다는 생각으로 치료했다. 그를 비롯해 다른 사람들의 치료가 분명히 성공했는데도 전문 심리요법계에서는 나체 심리요법을 받아들이지 않았다.[16] 대신 그 요법은 오쇼 라즈니시 공동체가 운영하는 심리-영적 집단 감수성훈련에 포함되었으며 지금도 폴 로 같은 트레이너들은 집단 나체 요법을 시행하고 있다.[17] 게다가 그들의 나체 요법과 일반적 나체주의의 경험은 윌리엄 하트먼 같은 섹스 요법사들의 작업에 영향을 미쳤다. 그는 이렇게 썼다.

> 설사 우리가 나체로 상담하지 않더라도 섹스 요법은 나체주의 경험에 직접적인 영향을 받았다. 우리 자신의 몸을 더 편안하게 받아들이게

됐으며 그것이 모든 면에서 우리 일에 영향을 주었다. 우리는 신체상과 자아상 치료에 이런 방법을 사용한다. 옷 가게에 있는 것 같은 거울을 마련해 그 앞에 나체로 서는 것이다. 피상담자들은 자기 몸의 모든 부위를 만지고 그것에 대해 이야기한다. 수년에 걸친 상담 결과 이 방법이 치료에 결정적이고 중추적인 역할을 했다.[18]

〈자기 몸에 만족하는 법〉이라는 TV 프로그램에서 곡 완도 하트먼과 같은 방법을 썼다. 대중매체에 맞춰 변형하기는 했지만 말이다. 사람들이 자신을 바라보고, 본 것을 더 솔직하고 편안하게 받아들이게 된 결과 나체 탐구가 심리학적, 요법적 가치가 있다는 것을 증명하는 세 개의 프로그램이 영국 텔레비전에서 방영되었다.

2009년 3월 BBC 다큐멘터리 〈호라이즌Horizon〉에서 '나체가 왜 문제일까?What's the Problem With Nudity?' 에피소드를 통해 사람들은 왜 나체일 때 부끄러움을 느끼고 당황하는지 탐구했다. 펜실베이니아 주립대학교의 니나 자블론스키는 털이 없어진 것이 인간 진화에서 중요한 진보를 의미한다고 주장했다. 대부분의 동물들에게 털이 있지만 우리는 직립 자세로 진화해 '털이 없게' 되었다. 털을 벗어버림으로써 몸을 더 빨리 식힐 수 있었고 더 큰 뇌를 발달시켜 도구, 언어, 불을 만드는 능력을 갖추기에 이르렀다. 만약 정말 나체가 우리 문화와 우리가 '인간다움'이라고 부르는 발달에서 그토록 중요한 요인이었다면 나체가 우리에게 그렇게 큰 의미를 가지는 것도 놀랄 일이 아니다. 또한 왜 일부 연구에서 사람들이 털 없는 몸을 선호한다는 결과를 얻었는지도 설명할 수 있을 것이다. 또 라디오 및 텔레비전 프로그램을 소개하는 잡지 『라디오 타임즈Radio Times』가 언급했듯 "모든 사람이 당연한 것으로 여기는 무엇이 인간 종이 성공한 비결일 수 있다."

'나체가 왜 문제일까'에서 심리학자 댄 페슬러는 나체에 대한 부끄러움은 부부 유대를 강화하여 아이를 더 잘 키우기 위해 생겨난 감정이라고 주장한다. "수천 세대에 걸쳐 우리는 나체를 보여주는 것이 교배 관계인 다른 남녀의 유대를 위협하는 성적 신호라고 배워왔다. 그리고 그것이 나쁜 행동이라고 생각하기로 했다. 부끄러움은 행동 규범을 강요하기 위한 이상적인 감정이다. 그 행동이 불쾌하게 느껴지면 기어코 그 행동을 피하게 된다."[19]

그리고 그 다큐멘터리는 지원자 여덟 명을 모아놓고 심리학자들 앞에서 지속적으로 나체로 지내도록 한다. 그렇게 하여 나체에 대한 금기가 사회적 적응의 결과이며 나체에 대한 부끄러움이 타고난 것이 아니라 학습한 것이라는 결론이 나왔다.

6월 영국의 버진채널에서 방송한 '나체 사무실 The Naked Office'에서는 가혹한 경제 상황 때문에 곤란에 처한 한 회사가 훈련을 받는다. 회사는 『나체의 지도자 The Naked Leader』 3부작의 저자 데이비드 테일러의 조언을 받아들여 전 직원이 나체로 일하는 '나체 금요일'을 정하게 된다. 금기를 벗어버리자 직원들 간의 소통, 만족도, 생산성이 크게 향상되었다. 7월 스카이 채널에서 방송한 〈불황의 우승마 The Credit Crunch Monty〉에서는 울버햄프턴에서 남성 스트립쇼에 참여할 연습생 여섯 명을 뽑는 오디션을 보여주었다. 수십 명의 남성이 오디션을 보려고 줄을 서 있었으니 영화 〈풀 몬티〉가 실제로 카메라에 담긴 셈이었다. 여섯 명이 선발되어 마침내 '풀 몬티'를 하러 갔다. 그리고 이들은 정말로 '다' 보여주었다. 그들이 무대에서 헤드라인에 '더 많은 실업'과 '늘어나는 부채'라고 쓰인 『데일리 크런치 The Daily Crunch』를 한 부씩 들고 춤을 추는 모습은 〈풀 몬티〉가 개봉한 지 10여 년이 지났지만 그 영화의 주제가 변함없이 유머가 넘치고 흥미진진하며 영향력 있다는 것을 잘 보여주었다. 쇼에 출연한 58세의 전기공은 여섯 자녀를 두었는데 딸들은 아버지가 무대에서 옷을 벗는다는 사실을 소름끼쳐 했지만 아들들과 80세의 노모는 반겼다고 설명하며 손자들이 '내가 누군지 알아볼' 것이라고 말했다. 그는 그 짧은 말에 나체의 힘과 신비를 제대로 요약해냈다. 몸의 노출이 자아의 노출을 암시할 수 있다는 것이다.

고대 그리스에서 나체는 영웅의 표시였다. 신과 정치인들을 나체로 묘사했고 올림픽 선수들은 나체로 경기했다. 그러나 그들의 나체는 서양 문화를 지배하고 특히 여성에게 압력을 가하게 된 이상화된 미를 상징하는 것이기도 했다. 캘린더 걸스, 〈불황의 우승마〉 그리고 그 원조인 〈풀 몬티〉 같은 기획들은 세상에 특별한 선물을 가져다주었다. 우리 각각이 우리 몸의 모습과 무관하게 영웅일 수 있다는 것을 증명한 것이다. 이 선도적인 작품들 속의 영웅은 체형 때문이 아니라 그들 자신이기 때문에 영웅적이다. 그리고 가공의 영웅이 아니라 실제의 영웅이다.

릴스톤 여성 협회의 여자들이나 울버햄프턴의 불황을 타개하려는 남자들이 몸을 노출했을 때 누구는 그들의 결점을 비웃을지도 모른다. 하지만 그렇게 비웃으면 대단히 특별한 무엇을 놓치게 된다. 세상의 신들, 영웅들, 그리고 너무도 인간적인 평범한 여성과 남성의 출현 말이다.

지은이의 말

> 몸이 옷에서, 온갖 단추, 벨트, 레이스에서 해방됐을 때 영혼은
> 더 깊고 자유롭게 숨을 쉬는 것 같다.
> ―아우구스트 스트린드베리August Strindberg

2006년 메이페어에서 더 퍼퓸 숍이 신제품 향수를 소개하는 행사에 갔으면 좋았을 걸 그랬다. 모두 눈가리개를 하나씩 받고 나자 쇼가 시작됐다. 중간에 환기를 시키느라 간격을 두고 모델이 한 명씩 천천히 긴 무대 위로 걸어 나왔다. 완전한 나체로, 신제품 향수만 뿌린 채. 피부 위에 뿌린 향수에서 나는 향기만이 모델들이 그곳에 있다는 유일한 표시였다. 첫 모델이 무대 끝까지 걸어왔을 때 안대를 벗어버리고 싶은 유혹이 얼마나 컸을까! 나도 초대받을 수 있었을 텐데 그때 프랑스에서 이 책을 쓰기 위한 조사를 하고 있었다. 그래서 집에 올 때까지 그 흥미진진한 행사에 대해 몰랐다.

몇 년 전 내가 마흔아홉일 때 완전한 나체가 되는 기쁨을 알게 된 뒤 이 짧은 역사를 쓰기로 마음먹었다. 2001년의 가장 더운 날, 어떤 전기傳記를 연구하다가 하트퍼드셔에 있는 영국 최초의 자연주의 리조트 스필플라츠 주변을 걷게 됐고, 수영을 하려고 그곳 수영장에 들어갔다 커다란 나무 그늘에서 쉬면서 의아해했다. '왜 거의 반세기에 가까운 동안 이렇게 유쾌하게 기분 전환하는 방법을 몰랐을까?' 내가

1960년대의 관대한 분위기와 자유로운 집안에서 성장했는데도 나체주의에 대해 알고 있던 것은 〈핑크 팬더Pink Panther〉에서 어설프게 묘사된 것밖에 없었다. 피터 셀러스가 기타를 메고 나체촌을 가로질러 걸어가는 장면이 나오는 영화다. 몇 번 알몸으로 수영해본 적은 있었지만 따뜻한 날 거추장스러운 옷을 벗어던지거나 옷을 입지 않고 다른

2006년 10월 런던의 대사관에서 더 퍼퓸 숍이 주최한 나체 향수 패션쇼에서 한 모델이 관객들을 지나 걷고 있다.

사람들과 수영이나 일광욕, 점심 식사나 대화를 해본 적은 없었다. '조직화된' 나체주의라는 것은 이상하고 불합리하다고 생각했다. 왜 옷을 벗기 위해 성가시게 클럽이나 리조트를 만들어야 한단 말인가. 그런 곳에 가보고 나서야 그 이유를 알게 됐다. 사람은 나체가 되면 환경의 영향을 받기 쉽다. 그러므로 옷을 벗는 때의 정황에 따라 만족스러운 경험이 되기도 하고 불편한 경험이 되기도 한다. 매달 일정한 날 저녁에 해변, 리조트, 수영장을 '옷을 안 입어도 되는' 혹은 '자연주의적인'

보는 것과 보여주는 것.
2005년 7월 빈의
레오폴트 미술관에서 열린
'숨길 수 없는 진실The Naked Truth' 전에
나체 관람객들이 1900년대 빈에서
발생한 나체와 예술계의
물의에 관한 작품을 관람하기 위해
자유롭게 입장했다.

장소로 지정하면 비난받거나 조롱당할까봐 걱정하지 않아도 되는 정황이 생기는 것이다.

이 책을 작업하면서 이런 정황의 중요성을 뼈저리게 깨달았다. 나는 나체주의 운동의 역사와 발달 과정을 조사하면서 프랑스 남부 해안에 있는 '나체 도시' 카프닥드를 알게 됐다. 그곳은 늘 4만 명이나 되는 사람들이 알몸으로 해변을 거닐고 슈퍼마켓, 식당, 상점, 은행을 드나드는 도시다. 그곳이 너무 특별할 것 같아서 직접 가보기로 했다. 친구들의 말대로라면 그곳에 도착하자마자 옷을 벗을 수 있었을 텐데 막상 그러지 못했다. 주차장 주변에서 건물 공사가 진행 중이었고 평범하게 옷을 입은 남자들이 크레인을 운전하고 벽돌을 이리저리 나르고 있었기 때문이다. 일단 '도시' 안에 들어가자 나는 옷을 벗었고 가방에 옷을 넣은 뒤 쇼핑 구역을 향해 성큼성큼 걸었는데 여자 경찰 두 명이 말을 탄 채 지나갔다. 그들과 인사를 나누었는데 내가 사실은 악몽을 꾸는 게 아닐까 하는 불쾌한 생각만 더 커졌다. 슈퍼마켓에 들어가서 보니 나만 옷을 벗고 있었다. 다른 상가에서도 식당에서도 마찬가지였다. 점점 더 당황스러워져서 내가 말도 안 되는 짓을 재미삼아 하고 있다고 위안하는 수밖에 없었다. 내가 뭔가 크게 잘못 생각했던 걸까? 그러다 나처럼 나체인 한 사람을 보니 내가, 아니 그 도시 주민들이 일시적으로 미친 게 아니라는 사실이 분명해졌다. 그날 늦게서야 상황을 파악했다. 사람들이 옷을 벗을 만큼 날씨가 따뜻하다고 느끼지 않았던 것이다. 영국에 돌아와서야 카프닥드에 어두운 측면이 있다는 사실을 알게 됐다. 전통적인 자연주의자들과, 부부간의 교환 성행위를 하는 쾌락주의자들이나 도착 성욕 환자들 같은 방문자들 사이의 갈등으로 나이트클럽들이 잿더미가 되면서 범죄에 대한 고소로 이어졌다. 극단적 나체주의자들은 테러리스트로 기소되었다.

옷을 벗는 것이 열정을 불러일으킨다고 하기에 그 말을 이해하기 위해 나는 계속 조사했다. 크리켓 경기장에서 스트리킹을 하지는 않았다. 자선 달력에 나체로 포즈를 취하지도 않았고 매년 6월 캘리포니아 주 오렌지 카운티에서 열리는 기찻길 옆에서 엉덩이 보여주기 대회에 참가하지도 않았다. 대신 나는 마녀들과 알몸으로 춤을 추고 인도 자이

1964년에 개봉한 영화 〈핑크 팬더 2 — 어둠 속에 총성이〉에서 클루조 경감 역의 피터 셀러스가 한 나체촌에서 범인을 찾고 있다.

나고 사원에 순례를 갔고 나체로 관찰당하는 경험을 탐구하기로 했다.
    나체주의자들이 원하는 것은 나체로 평화롭게 사는 것이며 관찰되는 것이 아니라고 주장한다 해도 내 심리학 지식과 나체주의 잡지, 그리고 세상이 내게 깨우쳐준 것들을 종합한 결과 그렇지 않다고 확신하게 됐다. 누드모델 일을 한 적이 있는 여자 친구 두 명이 모델 경험에

대해 들려주면서 그 일이 얼마나 만족스러운지 알려주었다. 나는 누드 모델이 되면 처음에는 어색함과 함께 짜릿한 흥분이 느껴지겠지만 몇 시간 동안 포즈를 취하고 있으면 지루해질 것이라고 상상했다. 친구들은 직접 경험해보라고 재촉했는데, 놀랍게도 그 일은 정말로 이상스러울 만큼 만족스러웠다. 너무도 활동적인 사람에게 가만히 있어야 하고 수동적이 되어야 하는 일은, 그러니까 주체에서 대상이 되는 그 경험은 정신에 위안을 주는 것처럼 느껴졌으며 나체였기 때문에 더 강렬하게 느꼈던 것 같다.

모델을 서면서 나는 정체성을 지키려는 시도를 모두 그만두어야 했다. 그런 상황에서 나 자신을 드러내자 자아를 더 깊게 느낄 수 있게 되었다. 누드모델 경험에 대한 두 권의 연구서를 읽어보니 다른 사람들도 그렇게 느꼈던 것이 확실했다. 아울러 내가 이 책을 쓰면서 가지게 된 확신도 확인할 수 있었다. 나체가 되고 나체를 보여주는 것은 세상 속의 존재가 가지는 타고난 속성을 반영하는 것이며, 우리가 다른 사람과 관계를 맺을 뿐만 아니라 자아에 대한 의식을 계발하는 사회적 동물이라는 사실 말이다. 우리는 보기도 하고 보여주기도 해야 한다.

옮긴이의 말

　겨울이 되면 기르는 개에게 옷을 입히고 신발을 신기기도 한다. 그런데 동물들이 입는 옷은 인간의 옷과 비슷하면서도 다르다. 동물의 옷은 보통 상의만 있으며 바지가 있다고 해도 그 바지는 인간의 바지에는 결코 뚫려 있지 않을 구멍이 나 있다. 옷이 추위와 더위로부터 몸을 보호하기 위해 생겼다지만 동물의 옷과 비교해보면 인간의 옷은 그리 단순하지 않다.

　인간의 몸에는 반드시 가려야 할 부분이 있어서 그 부분이 드러났을 때는 큰 문제가 생기고 만다. 방송에서 여자 가수의 가슴이 잠깐 노출되었을 때 어떤 일이 일어날지는 불을 보듯 뻔하다. 인간은 왜 벗은 몸에 대해 그렇게 예민하게 되었을까? 저자의 고민은 여기서 시작된다.

　이 책은 간략한 나체의 역사A Brief History of Nakedness에 관한 것이다. 옷이라면 모를까 나체에 역사라고 할 만한 것이 있을까? 저자는 종교와 정치, 대중문화에 나타난 나체 현상을 과거로부터 되짚어 역사라고 부를 만한 것을 썼다. 원제의 '간략한'이라는 단어가 무색하게도, 고대의 종교를 다시 부흥시킨 현대적 마법 종교, 자이나교, 기독교의 나체 예배, 저 유명한 퀸의 노래에 등장하는 고다이바 부인, 몸으로 말하는 시위 단체들, 정치인, 광고, 스포츠 경기장에 나체로 뛰어드는 사람들, 속칭 바바리맨, 오페라와 발레 등 예술에서의 나체 등 수많은 사례와 에피소드가 나온다.

사람들은 자아를 찾기 위해, 신에게 모든 것을 바치기 위해, 시위의 목적을 널리 알리기 위해, 유권자들 앞에서 숨기는 것 없이 청렴하다고 주장하여 표를 얻기 위해, 나체가 가진 순수한 이미지를 상품 판매에 이용하기 위해, 자선사업을 위해, 예술적 목적을 실현하기 위해, 비뚤어진 욕망 때문에, 혹은 술김에 남들 앞에서 옷을 벗는다고 한다. 저자는 나체로 할 수 있는 일이 너무도 많다고 한다. 스카이다이빙, 번지점프, 결혼식, 요가, 마술 의식, 수영, 영화 관람, 비행기 타기까지. 물론 나체로 이 많은 것들을 할 수 있는 자유로운 분위기의 나라에서도 적절하지 않은 때와 장소에서 옷을 벗으면 법의 처벌을 받는다. 여성의 몸에 대해서는, 특히 유두에 대해서는 더 엄격한 기준을 적용한다. 왜일까?

저자의 고민과 의문들이 이 책에서 모두 해결되지는 않았지만, 저자의 바람대로 그 의문과 혼란에 흥미를 가질 수는 있게 되었다. 예전에는 나체에 대해 한 번도 생각해본 적이 없었는데 나체 해변이나 나체의 날이 정해지는 것도 나쁘지 않겠다는 생각까지 들었다. 하지만 옷과 유행, 화장이 너무도 중요한 문화에 살고 있는 우리에게 나체 행사나 나체 공간은 사치다. 혹시 나체 행사나 나체 공간이 생긴다고 해도, 옷과 화장으로 몸의 결점(이상화된, 누군가 이상화시킨 신체상에 맞지 않는 부분)을 보완하고 가리는 것이 자연스러운, 아니 필수가 된 문화에서 어쩌면 또 하나의 유행이 생겨나거나 여태껏 가리고 다녀서 그나마 획일적인 미의 기준에 맞추지 않아도 됐던 부위까지 그 이상적 신체상에 맞추기 위해 애써야 하지 않을까. 유두나 배꼽 성형, 음모 미용과 염

색법이 생겨날지도 모르는 일 아닌가.

    나체 공간이 생기면 옷을 벗을 수 있다고 큰소리치면서도 나는 이 책을 떳떳하게 들고 다니지도 못했다. 번역 작업을 도서관에서 하지 못했고 지하철이나 카페에서 책을 꺼내놓지도 못했다. 나체 사진을 보이기도 어려운데 옷을 벗는 일은, 정말 아직 멀었다. 하지만 이 책에 실린 사진을 보면, 게다가 원서의 표지가 커다란 여자 엉덩이 사진이니 내 심정을 조금은 이해할 수 있을 것이다. 그러니 나체 해변에서 당당하게 옷을 벗어던질 각오를 다지려면, 우선 이 책을 아무 곳에서나 스스럼없이 펼쳐보는 훈련부터 시작해야 한다.

    혹시 『나체의 역사』 후속편이 궁금하다면 신문이나 텔레비전, 인터넷을 열어보면 된다. 수많은 나체 시위가 세계 곳곳에서 벌어지고 있으며 누드 사진집, 나체 연극을 볼 수도 있다. 내 몸의 역사가 궁금하다면 '공기를 입고' 전신 거울에 몸을 비춰 보면 된다. 몸이 기억하고 있는 삶과 삶이 내 몸에 남긴 흔적들을 응시하자. '나를 규정하는 것을 모두 버린다면 과연 나는 누구인가?' 하고 질문하다 보면, 저자가 말한 자이나교 황제처럼 득도할지도 모를 일이다.

| 주 |

서문

1. John Berger, *Ways of Seeing* (Harmondsworth, 1972), p. 54.
2. 두 단어의 분위기와 의미를 정확하게 알고 싶은 독자들은 루스 바칸Ruth Barcan의 *Nudity: A Cultural Anatomy* (Oxford, 2004)를 읽어야 한다.
3. Hemchandra, *The Jain Saga*, trans. M. M. Johnson (Ahmedabad, 2005), p. 240. chapter Five, ref. 12도 보라.
4. Mario Perniola, 'The Glorious Garment and the Naked Truth', in *Clothing And Nudity Zone 4, Fragments for a History of the Human Body*, ed. Michel Feher with Ramona Naddaff and Nadia Tazi (New York, 1989). www.marioperniola.it.
5. 마리오 페르니올라Mario Perniola의 소론 'Between Clothing and Nudity', *Fashion: Critical and Primary Sources*, vol. i, ed. Peter McNeil (Oxford, 2009)를 보라.

제1장

1. From Robert Cochrane, Evan John Jones, *The Robert Cochrane Letters: An Insight into Modern Traditional Witchcraft*, ed. Michael Howard (Milverton, 2003).

2. www.religioustolerance.org의 다양한 추정치들을 보라.
3. The Five Acres Country Club in Bricket Wood (originally Four Acres), 지금도 세인트 앨번스 외곽에 있다. www.fiveacrescountryclub.com을 보라.
4. R. Hutton, 'A Modest Look at Ritual Nudity' in *Witches, Druids and King Arthur* (London, 2003), p. 204.
5. Ibid., p. 203에서 허턴은 알브레히트 뒤러의 그림이 마녀를 그린 것인지 확신할 수 없다고 했다. 그 중 두 작품은 보통 그렇다고 인정받고 있기는 하다. 한 작품의 여성들은 미의 세 여신의 고전적 묘사를 직접 가져다 쓴 듯한 포즈를 취하고 있으며 또 한 작품은 한 노파가 염소를 타고 있는 그림으로 "욕망을 의인화하는 데 널리 사용된 중세 인물을 모방한 것이며, 아프로디테나 비너스의 고대 성상의 포즈를 차용하고 있다"며 반론도 소개했다. 그러나 뒤러의 제자, 알트도르퍼Altdorfer와 그륀Grün은 그 노파가 마녀라는 데 동의할 것이다. 그들은 마법에 반대하는 설교가 행해지던 1500년대에 스트라스부르에서 작업하고 있었다.
6. 심문자들은 악마 숭배, 아동 희생, 성적으로 난잡한 파티에 대해 더 관심이 있었다. 나체였다는 증언은 많지 않았지만 없지도 않았다.
7. R. Hutton, *The Triumph of the Moon: A History of Modern Pagan Witchcraft* (Oxford, 1999), p. 147.
8. Plotinus, *Enneads*, book 1, ch. 6, line 7.
9. Mark C. Carnes, *Secret Ritual and Manhood in Victorian America* (New Haven, ct,1989), p. 1. 로널드 허턴은 영국의 수치는 알려져 있지 않지만 칸즈가 계산한 미국의 수치에서 추측해낼 수 있다고 했다. *The Triumph of the Moon*, p. 64를 보라.
10. 고대 신비주의 교단의 입사에서 나체를 사용한 경우는 미트라교밖에 없다. 엘레시우스 신비주의에서 침례 제의가 행해졌으며 오르페우스와 디오니소스에게 예배할 때는 나체로 행했다. 고대 나체 제의 대부분이 20세기 초반 독일 학자들에 의해 밝혀졌는데 그 주제에 대한 중요한 책은 학식이 없는 사람들의 동요를 막기 위해서인지 라틴어로 출판되어, 최후의 라틴어 책으로 남았다. 로널드 허턴은 *Witches, Druids and King Arthur*, pp. 195–9의 'A Modest Look at Ritual Nudity'에서 그들의 주장 대부분을 반박했다.
11. *The Key of Solomon the King*, trans. S. Liddell MacGregor Mathers (San Diego, CA, 1998)의 요약본.
12. Hutton, *Witches, Druids and King Arthur*, p. 210.

13. 아마와 관련된 민간 풍습에 대한 것은 Marcel de Cleene, Marie Claire Lejeune, *Compendium of Symbolic and Ritual Plants in Europe* (Ghent, 2003), p. 233를 보라.
14. Ibid., p. 391.
15. Pliny the Elder, *Natural History*.
16. Henry Cornelius Agrippa, *Three Books of Occult Philosophy*, Book 1, ch. 42.
17. *The Daily Telegraph*, 21 August 2006.
18. De Cleene and Lejeune, *Compendium of Symbolic and Ritual Plants in Europe*, p. 260.
19. Hutton, 'A Modest Look at Ritual Nudity', pp. 194-5.
20. Ibid., p. 194.
21. Gilberto de Lascariz, *Ritos Misterios e Secretos do Wicca* (Sintra, 2008).
22. Peter Owen-Jones, *Around the World in 80 Faiths* (London, 2009)를 보라.
23. 하트퍼드셔 나체촌에 적어도 여섯 단지가 생겨났다. Five Acres, Spielplatz, Sunfolk, Gardenia, Sun Campers, Diogenes(1964년 버킹엄셔에 있는 현재의 위치로 이전했다).
24. Ross Nichols, 'The Jain Customs and Philosophy', in Philip Carr-Gomm, *In the Grove of the Druids: The Druid Teachings of Ross Nichols* (London, 2002), p. 79.
25. 니컬스가 가드너에게 간접적으로 알려준 다른 용어도 영향력을 가지고 대중적으로 이용되었다. '그림자들의 책The Book of Shadows'이다. 가드너는 처음에 그 책을 주술과 마법 제의에 대한 책인 'Ye Bok of ye Art Magical'로 소개했는데 니컬스가 편집해 1949년에 출간된 정기간행물 『The Occult Observer』에서 미르 나시르Mir Nashir가 '그림자들의 책'에 대해 쓴 기사를 우연히 보게 된 것 같다.
26. 예를 들어 이 글을 쓰고 있는 지금 위키피디아의 하부 항목 'Skyclad'는 이 단어의 어원에 대해 설명하고 있지 않다.
27. Adam Stout, *Universal Majesty, Verity And Love Infinite: A Life of George Watson Macgregor Reid*, in *The Mount Haemus Lectures*, vol. I (Lewes, 2008).
28. Ibid., p. 146.
29. www.druidry.org의 자연주의 부분을 보라. 또 니컬스의 일대기에 대한 더 상세한 사항은 Philip Carr-Gomm, *Journeys of the Soul: The Life and Legacy of a Druid Chief* (Lewes, 2010)을 보라.
30. Philip Carr-Gomm, *The Druid Way* (Loughborough, 2006).

31. Ronald Hutton, *The Druids* (London, 2007), pp. 168-72과 저자와의 사적인 대화.
32. Diogenes Laertius, *Vitae*, trans. T. D. Kendrick, Introduction I, p. 5.

제2장

1. www.mahendranath.org의 'Shri Gurudev Mahendranath'.
2. 나체 고행에 대한 최초의 기록은 아마도 기원전 1500의 『리그베다Rig Veda』인 것 같은데 더 이전의 구술 전통에 바탕을 두고 있을 것이다. 『리그베다』의 한 찬가는 머리 긴 나체 성자들이 무아경에 빠져 있다고 묘사했다.
3. 어떤 이들은 피론이 알렉산드로스와 함께 원정하는 동안 칼라누스와 2년을 함께 보냈을 것이므로 서로 제대로 의사소통하는 법을 알고 있었을 것이라고 한다.
4. Arrian of Nicomedia, *Anabasis* (book 7, sections 1.5-3.6)
5. Plutarch, *The Life of Alexander* (section 64), in *The Parallel Lives*, vol. VII(Cambridge, MA, 1919), p. 407.
6. 인용 부분 전체는 이렇다. "탁실라Taxila에서 그가 나체로 수행하는 현자들을 만났는데 그들의 인내심에 깊은 감명을 받아 한 사람을 자신의 수행원으로 만들고 싶은 생각이 들었다. 그들 중 가장 연장자인 단다미스Dandamis(나머지 사람들은 그의 제자들이었다)는 자신뿐만 아니라 자신의 제자가 수행원이 되는 일도 거부했다. …… 그 말을 듣고 알렉산드로스는 단다미스가 진정한 자유인이라고 확신했다. 그래서 더 이상 강요하지 않았다. 반면 인도의 스승 중 칼라누스Calanus라는 이가 알렉산드로스의 설득을 받아들였다. 메가스테네스Megasthenes의 설명에 의하면 다른 성자들은 칼라누스가 세속적 욕망의 노예가 되었다고 선언했다. 그가 금욕의 지복을 거부하고 신 대신 다른 주인을 섬기기로 했기 때문이었다." Arrian of Nicomedia, *Anabasis*, Book 7.
7. Plutarch, *The Life of Alexander*, 6:65. Calanus is the Greek version of the sage' Indian name: Kalyan.
8. 진위는 논란의 여지가 있다. Paul LeValley, citing James H. Oliver, 'The Ruling Power, A Study of the Roman Empire in the Second Century after Christ through the Roman Oration of Aelius Aristides', *Transactions of the American Philosophical Society*, n.s., XLIII/4 (1953), p. 912, writes: "알렉산드로스가 중

앙에서 제국을 통치해야 한다는 것을 보여주기 위해 가죽을 밟는 플루타르코스Plutarchos의 나체 현자들 이야기는 알렉산드로스가 성자들을 만나기 75여 년 전 크테시아스Ctesias가 쓴 키루스 대왕Cyrus the Great의 이야기에 등장한다." Paul LeValley, 'What Did The Gymnosophists Believe?', in Yavanika, Journal of the Indian Society for Greek and Roman Studies, 2 (1992).

9. Arrian of Nicomedia, Anabasis, Book 7, 1.5–3.6. 「Alexander」에서 플루타르코스는 칼라누스의 죽음에 대해 약간 다르게 기록했다. "얼마 동안 장에 병을 앓던 칼라누스가 화형주를 세워달라고 했다. 그는 말을 타고 가서 기도를 올린 뒤 자신에게 세례를 주고 머리카락을 조금 잘라 불 속에 넣고 난 뒤 화형주에 올라갔다. 곁에 서 있던 마케도니아인들을 포옹하고 작별 인사를 하며 그들이 왕과 함께 즐겁고 우애롭게 그날을 지내기를 바랐다. 그리고 잠시 뒤 왕에게 바빌론에서 나중에 다시 만나게 될 것이라고 말했다. 그는 누워서 얼굴을 덮었으며 불이 붙으려고 해도 동요하지 않고 똑같은 자세로 있다가 스스로 죽음을 맞았다. 이것은 그 나라 현자들의 오래된 풍습이었다." 이 당시의 문헌 네 가지가 이를 모두 다르게 기록하고 있다. 열 가지 질문에 대한 이야기와 가르침을 위해 가죽을 이용한 이야기는 가짜일 것이지만 칼라누스의 죽음에 대한 설명은 이런 관습에 대한 최초의 서양 문헌으로 영예를 누리고 있다. Paul LeValley, 'The Gymnosophist Legacy in India 326 BC–1604 AD', dissertation, Florida State University (1987), pp. 6–18를 보라.

10. 티르탕카라Tirthankara, 마하비라Mahavira는 죽기 위해 단식하면서 파바푸레Pavapure(현재의 파트나Patna)에서 살레카나Sallekhana를 행했다고 한다. 살레카나는 세속의 의무를 버린 사람에게 허용되었으며 죽을 때까지 먹지 않고 명상하는 것이었다.

11. Hermann Jacobi, The Golden Book of Jainism (Twin Lakes, WI, 2006).

12. www.mahendranath.org의 Shri Gurudev Mahendranath, The Naked Saints of India를 보라.

13. www.rev.net/~aloe/ajivika/.

14. 티르탕카라는 '건널 수 있는 얕은 여울을 만드는 사람'이라는 뜻, 즉 세상 사이의 다리를 만드는 사람이라는 뜻이다.

15. "공의파라는 이름이 자리 잡는 데는 시간이 좀 걸렸다. 14세기까지 야피니야Yapiniya라는 분파가 존재했는데 이는 분파 결성에 대한 유연한 태도를 보여준다. 야파니야파는 평신도들과 있을 때만 옷을 입는 절충안을 택했다." 세인트 마틴 칼리지, 'Overview of World Religions', http://philtar.ucsm.ac.uk/

encyclopedia/jainism/digam.html.
16. Padmanabh S. Jaini, *The Jaina Path of Purification* (New Delhi, 1979), p. 40.
17. Ibid., p. 223.
18. Anguttaranikaya: i:206, quoted in ibid., p. 223.
19. David Deida, *Naked Buddhism* (London, 2002)도 보라.
20. *Uttaradhyayana*, XXX (6, 8).
21. Eloise Hart, 'A Lamp of the True Light', at www.theosophy-nw.org/theosnw/world/asia/reljain2.htm.
22. www.tarunawakening.org를 보라.
23. 세인트 마틴 칼리지 'Overview of World Religions'는 1994년의 한 연구 결과를 인용하고 있다. 그 연구는 인도 전체에 약 65명의 나체 공의파 승려가 있다고 추산했다(http://philtar.ucsm.ac.uk/encyclopedia/jainism/digam.html). 그러나 이 연구는 수를 너무 적게 잡은 것이다. 인도 푸네Pune의 자이나교 소개 단체가 작성한 2009년 카투르마스 리스트Chaturmas List는 공의파 자이나교 수도를 위한 장소와 이름을 열거하고 있다(http://www.digambarjainonline.com/news/news17.htm). 1986년 백의파Shvetambar의 한 분파의 조사에서만 4,360명의 수녀와 1,330명의 수도승이 있다고 밝혀졌다. http://philtar.ucsm.ac.uk/encyclopedia/jainism/shvet.html도 보라.
24. www.mahendranath.org/nakedsaints.mhtml.
25. *Nepal News Daily*, quoted at www.hotelnepal.com/nepal_news.php?id=1716.
26. Kirin Narayan, *Storytellers, Saints, and Scoundrels: Folk Narrative in Hindu Religious Teaching* (Philadelphia, PA, 1989).
27. Baba Rampuri, *Autobiography of a Blue-Eyed Yogi* (London and New York, 2005).
28. 예외가 거의 없기는 하지만 성자들의 약 10퍼센트가 여성이라는 추산이 있으며 사드비sadhvi라고 알려져 있고 과거에 나체 수행을 했다고 한다. 존 오만 John Oman은 *The Mystics, Ascetics and Saints of India* (London, 1903)에서 거의 알몸인 여자 수도승을 만난 일을 기록하고 있다.
29. 이런 성향을 나체주의 및 자연주의 공동체와 인터넷 사이트에서 볼 수 있다. 예를 들면 주로 웹에서 활동하지만 '실제' 활동도 하는 CFNM과, 옷 입은 남자가 나체의 여자를 관찰하는 정반대의 활동을 하는 단체들 사이에는 유사점이 없다. CFNM에서 남자들은 나체로 관찰되는 것을 즐기며 옷을 입은 여자들에 의해 성적으로 굴욕을 당한다. 그 반대의 활동을 제공하는 사이트와 (스트립

클럽 같은) 업소들은 옷 입은 남자들이 자신을 봐주기를 바라는 여자들이 아니라, 옷을 입고 나체의 여자들을 보며 굴욕감을 주는 것을 즐기는 남자들이 만든 것 같다. 마찬가지로 CMNF를 제공하는 소수의 사이트도 여성들이 아니라 남성들이 만든 것 같다.

30. *Naked Song* by Lalla, trans. and introduced by Coleman Barks (Varanasi, 2004), p. 19.
31. Siddhayya Puranik, *Mahadevi*, trans. G.N. B. Sajjan (Mysore, 1986), p. 12.
32. Armando Menezes and S. M. Angadi, eds and trans., *Vacanas of Akkamahadevi* (Dharwar, 1973).
33. Mark Storey, 'India's Naked Woman Poet', in *Nude and Natural*, XII/1 (2001), p. 91.
34. *Naked Song* by Lalla, p. 107.
35. Ibid., p. 3.
36. Jaishree Kak, *Mystical Verses of Lalla: A Journey of Self Realization* (New Delhi, 2007).
37. *Naked Song*, p. 41.
38. 2 Samuel 6:20, Latin Vulgate Bible (Douay-Rheims version).
39. 1 Samuel 19:24. '라마의 나욧', 에브라임 산에 있는 장소, 사무엘과 사울이 태어난 곳. 나욧은 '거주지'를 상징하며 사무엘이 주재했던 분파나 단체의 주거지를 의미할 것이다. 엘리사가 길갈과 예리코에서 했던 것과 마찬가지다.
40. Jim C. Cunningham, ed., *Nudity and Christianity* (Bloomington, IN, 2006), p. 282.
41. Ibid., p. 279.
42. Isaiah 20:2-4 (King James version).
43. Samuel Pepys, *The Shorter Pepys*, ed. Robert Latham (Harmondsworth, 1987), 814 (29 July 1667).
44. P. Crawford and L. Gowing, *Women's Worlds in Seventeenth-Century England* (Oxford, 2000), p. 256.
45. '모세 5경은 세례식과 임명식에서 아론이 나체였다고 간접적으로 언급하고 있다. (Leviticus 8:6f). 이 사제 임명식은 기원전 약 100년에 이루어졌다.' Michael A. Kowalewski, 'The Naked Baptism of Christ', in *Nudity and Christianity*, ed. Cunningham, p. 431.
46. Quotations from St Cyril and Theodore of Mopsuestia in *Nudity and Christianity*,

ed. Cunningham, p. 28.

47. Jim C. Cunningham, *De Nuditate Habituque*, in *Nudity and Christianity*, ed. Cunningham, p. 28.
48. St Francis of Assisi entry in the Catholic Encyclopaedia at www.newadvent.org.
49. *The Remembrance of the Desire of a Soul* by Thomas of Celano, The Second Book, Chapter lxxxiii.
50. Karen Gorham and Dave Leal, *Naturism and Christianity: Are They Compatible?* (Cambridge, 2000), p. 13.
51. Ibid., p. 24.
52. Ibid., p. 24, quoting C. S. Lewis, *The Great Divorce* (London, 1946), p. 29.
53. Cunningham, ed., *Nudity and Christianity*, p. 32.
54. www.jimccunningham.com/bio.
55. Karol Wojtyla, *Love and Responsibility*, trans. H. T. Willetts (New York, 1981), pp. 176–92.
56. Ronald Hutton, 'A Modest Look at Ritual Nudity' in *Witches*, *Druids and King Arthur* (London, 2003), pp. 201.
57. Ibid. p. 202.
58. John 19:23-26 (Young's Literal Translation).
59. John 20:7 (New International Version).
60. www.jam-montoya.es.
61. www.cosimocavallaro.com.
62. Pope John Paul ii, *Theology of the Body* (Slough, 1997), p. 76. Christopher West, writing on a website dedicated to John Paul's Theology of the Body, states: '몸의 신학'은 우리의 마음을 들여다보도록 한다. 우리의 상처와 죄의 흔적을 보고 우리의 무질서한 욕구들을 보게 한다. 우리가 그것을 볼 수 있다면 지금도 남성과 여성으로 우리를 창조하신, 우리 안에 '되풀이되고 있는' 신의 계획을 알게 될 것이다. '태초의 계획'을 알게 됨으로써 우리는 태초의 육체적 자유와 순수를 경험할 수 있을 것이다. 수치심 없이 나체로 있는 경험 말이다. 그리고 우리 성에 대한 계획이 그렇게 웅장하고 불가사의하다는 것을 알아채기 시작하면 성욕에 빠지지 않게 될 것이다. www.theologyofthebody.net/index.php?option=com_content&task=view&id=27&Itemid=48.
63. 'Naked on the Cross' by Michael A. Kowalewski, in *Nudity and Christianity*, ed. Cunningham, p. 349, quoting St Jerome, Epistle 58, *Ad Paulinum*.

64. 'Naked Eye' words and music by Jill Cunniff ⓒ 1996, reproduced by permission of EMI Music Publishing Ltd, London w8 5sw

제3장

1. 많은 자연주의자들이 '사교적'인 동기를 가지고 있어서 다른 사람과의 사교 활동에서 옷을 벗는 것이 옷을 입는 것보다 심리학적으로, 나아가 정치적으로도 더 건전하다고 주장한다.
2. Tony Hancock in the 'Twelve Hungry Men' episode of *Hancock's Half Hour*.
3. 'The Body as Weapon', *The New Internationalist*, 371, September 2004.
4. www.haaretz.com/hasen/spages/986110.html.
5. www.bsa.govt.nz/decisions/2005/2005-029.htm.
6. www.truthorfiction.com/rumors/a/ashcroft-breast.htm.
7. http://breastsnotbombs.blogspot.com.
8. http://breastsnotbombs.blogspot.com/2005/12/decent-thing-to-do.html.
9. T. E. Turner and L. S. Brownhill, 'The Curse of Nakedness: Nigerian Women in the Oil War', in *Feminist Politics, Activism and Vision: Local and Global Challenges*, ed. L. Ricciutelli, A. Miles and M. H. McFadden (London, 2004), pp. 169-91. 나체 시위에서 여성의 역할에 대해서 더 알려면 다음을 보라. Barbara Sutton, 'Naked Protest: Memories of Bodies and Resistance at the World Social Forum', *Journal of International Women's Studies*, April 2007, and B. Hooks, 'Naked Without Shame: A Counter-Hegemonic Body Politic', in *Talking Visions: Multicultural Feminism in a Transnational Age*, ed. E. Shohat (Cambridge, MA, 1998), pp. 65-74.
10. www.peaceonearth.net/womenforpeace.htm.
11. www.baringwitness.org.
12. www.redefiningseduction.com.
13. www.justgiving.com/wank4peace.
14. Reuters report, 'Yoko Ono to Go Naked for Peace in Paris', 14 September 2003.
15. In 'Canticle of the Creatures', St Francis wrote: 'All praise to you, Oh Lord, for all these brother and sister creatures.'
16. www.runningofthenudes.com.

17. Alix Sharkey, 'The Fur Will Fly', *Seven Magazine*, 6 July 2008.
18. Dan Mathews, *Committed: A Rabble-Rouser's Memoir* (New York, 2008).
19. www.treespiritproject.com/Mission.
20. Adapted from ibid.
21. www.worldnakedbikeride.org.
22. Simma Holt, *Terror in the Name of God* (Toronto, 1964), pp. 107–39.
23. *Terror in the Name of God*에서 홀트Holt는 이렇게 쓰고 있다. '지난 40년간 자유의 아들들이 총 1,112회 약탈 행위를 했으며 캐나다의 납세자들이 실제적 파괴와 치안, 법정 비용에 최소한 2,012만 4,185달러를 지불한 셈이다. 이 수치에는 수백 건의 시위와 나체 행진, 단식투쟁에 들어간 치안, 보호소, 음식 값 수천 달러는 포함되지 않았다.' (p. 8) In just one summer (in 1929) 28 schools 도 자유의 아들들의 폭력 행위를 주제로 하고 있다(p. 6).
24. *H&E Naturist*, February 2007, p. 12.
25. http://news.bbc.co.uk/1/hi/world/americas/2966496.stm.
26. *H&E Naturist*, July 2007, p. 13.
27. Victor Allen, *The Movement of the 400 Pueblos of Veracruz: When Your Body is Your Only Weapon* (Bloomington, IN, 2009). See www.400pueblos.com.
28. *H&E Naturist*, May 2004, p. 12.
29. http://benjamingedan.blogspot.com/2008/11/bearing-it-all-to-ban-botnia.html.
30. www.annoticoreport.com/2009/03/actress-gets-naked-in-milan-exchangeto.html.
31. *The Villager*, LXXV/12 (2005), at www.thevillager.com/villager_119/talkingpoint.html.
32. 중동에서 일어난 유일한 나체 시위는 인터넷에서 관심을 끌었다. 한 학생이 2008년 텔아비브의 한 슈퍼마켓에서 옷을 거의 다 벗었으며 2009년에도 같은 시위를 했다. 유월절에 그 슈퍼마켓에서 빵과 발효된 곡식 제품을 판매하는 데 반대하기 위해서였다. http://english.siamdailynews.com/asia-news/western-asia-news/israel-news/hareidi-strips-naked-in-protest-ofpublic-hametz-sales.html.
33. www.independent.co.uk/news/uk/home-news/mothers-detained-inimmigration-centre-hold-naked-protest-807802.html.
34. *The Guardian*, Tuesday 16 December 2008, at www.guardian.co.uk/world/2008/dec/16/france-art-life-models-protest.

35. 홍콩 대학의 저널리즘 및 미디어 연구센터 부교수인 리베카 매키넌Rebecca MacKinnon은 가제 *Internet Freedom and Control: Lessons from China for the World*을 집필하던 중 자신의 블로그에 이렇게 썼다. "다양한 나라의 블로거들이 이야기하는 것을 추적하거나 정리하기 위해 연구자들이 가장 흔히 사용하는 방법은 여러 키워드를 검토하여 분류하고 얼마나 다양한 대화가 이루어지는지 알아보는 것이다. 중국 인터넷에서는 이런 방법에 특히 문제가 있다. 사람들이 검열을 피하기 위해 전혀 다른 이야기를 하는 것처럼 보이도록 하는 일이 많기 때문이다." http://rconversation.blogs.com/rconversation/2008/07/wengan-riots-pu.html.
36. www.tibet.ca/en/newsroom/wtn/6183.
37. www.straitstimes.com/Breaking%2bNews/se%2bAsia/Story/stiStory_303757.html.
38. Ibid.
39. http://news.bbc.co.uk/1/hi/world/asia-pacific/4599533.stm.
40. www.treehugger.com/files/2007/07/lush_goes_naked.php.
41. www.news.com.au/dailytelegraph/story/0,22049,23702849-5001021,00.html.
42. www.thecancerblog.com/tag/beautiful/.
43. www.greenpeace.org/international/news/naked-glacier-tunick-08182007.
44. http://skeptoid.com/episodes/4059.
45. www.ynet.co.il/english/articles/0,7340,L-3642845,00.html.

제4장

1. Ed Cray, *General of the Army: George C. Marshall, Soldier and Statesman* (New York, 2000), p. 269.
2. Robert Dallek, *Flawed Giant: Lyndon Johnson and his Times, 1961-73* (Oxford, 1998): "기자들이 사적인 자리에서 왜 우리가 베트남전에 참전했는지 설명해 보라고 다그치자 존슨은 인내심을 잃었다. 아서 골드버그Arthur Goldberg에 따르면 존슨이 바지 앞섶의 지퍼를 내리고 건장한 그 기관을 꺼내며 소리쳤다. '이게 그 이유요.'"
3. *H&E Naturist*, December 2006, p. 46.
4. Charlotte Gill, 'Revealed: Cherie's nude portrait that Tony Tried to Ban', *Daily*

Mail, 11 December 2006, www.dailymail.co.uk/news/article-421698/Revealed-Cheries-nude-portrait-Tony-tried-ban.html.

5. Karol Wojtyla, *Love and Responsibility*, trans. H. T. Willetts (New York, 1981), pp. 176–92.
6. Thomas Carlyle, *The French Revolution, A History* (London, 1837).
7. Thomas Carlyle, *Sartor Resartus: The Life and Opinions of Herr Teufelsdrockh* (London, 1833-4), chap. 9.
8. Harold Bloom, ed., *Thomas Carlyle* (New York, 1986).
9. www.independent.co.uk/news/uk/this-britain/focus-and-here-is-the-nakednews-from-brighton-theres-too-much-nudity-on-tv-555794.html.
10. www.pinknews.co.uk/news/articles/2005-987.html.
11. http://news.bbc.co.uk/1/hi/entertainment/789086.stm.
12. www.booknotes.org/Transcript/?Programid=1501.
13. 낸시 기브스, 마이클 더피, 『백악관과 빌리 그래함』, 류장열 옮김, CLC, 2009; Nancy Gibbs and Michael Duffy, *The Preacher and the Presidents: Billy Graham in the White House* (Nashville, TN, 2008).
14. 그 사건은 위키피디아에 올라 있으며 『타임스』를 인용하고 있다. http://en.wikipedia.org/wiki/Conor_Casby.
15. Henry David Thoreau, *Walking* (Minneapolis, MN, 2008).
16. Walt Whitman, *Specimen Days* (Mineola, NY, 1995).
17. *The Rational Dress Society Gazette*, 1881.
18. Cec Cinder, *The Nudist Idea* (Riverside, CA, 1998), p. 376.
19. Sonia Orwell and Ian Angus, eds., *The Collected Essays, Journalism and Letters of George Orwell*, 4 vols (New York, 1968), vol. i, p. 216
20. George Orwell, *The Road to Wigan Pier* [1937] (London, 1970).
21. Edward Carpenter, *Civilization: Its Cause and Cure* (London, 1889).
22. 그 책은 1906년 초 슈투트가르트에서 자비로 출판되었다. 제목은 *Nakedness in an Historical, Hygienic, Moral and Artistic Light*이며 영어판이 2005년 Ultraviolet 출판사에서 세스 신더Cec Cinder의 방대한 서문과 함께 출판되었다. 하인리히 푸도르Heinrich Pudor라는 필명으로 글을 쓴 하인리히 샴 Heinrich Scham은 나중에 비현실적인 자신의 1893년 팸플릿 'Nackende Menschen: Jauchzen der Zukunst'에 대한 표절로 운게비터Ungewitter를 고소했다. 니체의 영향을 받은 것이 분명한 28세의 샴은 런던 켄싱턴파크 가 13번

지에서 얇은 아포리즘 모음집을 출간했는데 이로써 그의 작품과 운게비터의 작품이 비교되었고, 왜 그가 그 '나체주의의 아버지'를 베낀 적이 없다는 것이 확실해졌다. 영어판 Naked People: A Triumph-Shout of the Future가 이번에도 신더의 서문을 달고 1998년 Reason Books에서 다시 출간되었다.

23. FKK에 영감을 준 것은 오늘날 우리가 사용하는 표준 종이 크기(A4 같은)를 창안해낸 과학자 겸 철학자 게오르크 리히텐베르크Georg Lichtenberg였다. 리히텐베르크는, '공기욕'의 지지자로서 1795년 FKK가 창설되기 100년 전 *Das Luftbad*을 출판했다. 그 책에서 맑은 공기의 효과를 보려면 전신의 피부를 자주 노출시킬 것을 권했다. 1777년에 이미 제임스 보즈웰James Boswell이 *Life of Johnson*에서 독자들에게 공기욕의 개념을 알렸으며 스코틀랜드인 몬보도 경Lord Monboddo도 벤저민 프랭클린 못지않게 공기욕을 즐겼다. "몬보도 경이 나에게 자신이 매일 아침 4시에 일어나서 건강을 위해 방에서 창을 열어 놓은 채 나체로 걷는데 그것이 공기욕이라고 말했다." 어떤 이들은 독일 나체주의의 효시가 리히텐베르크를 거쳐 몬보도까지 올라가야 한다고 생각한다. 20세기 초 독일 '나체 숭배' 주창자들은 자신들이 몬보도의 영향을 받았다는 것이 베를린 소재의 실질적인 나체주의 최초의 연맹이 '몬보도 연맹'이라고 불렸다는 사실로 증명된다는 것을 잘 알고 있었다. Peter Quirin in *Sun and Health* magazine, February 1964.

24. 히피 운동에서 나체주의를 비롯해 생활 개혁 운동의 개념에 대한 설명은 다음을 보라. Gordon Kennedy, ed., *Children of the Sun: A Pictorial Anthology From Germany to California, 1883-1949* (Ojai, CA, 1998).

25. Cinder, *The Nudist Idea*, p. 253.

26. The *Kampfring fur volkische Korperkultur* (later *Bund fur Liebeszucht*).

27. 나체주의와 나치즘의 복잡한 관계는 다음에서 상세히 다루고 있다. Karl Toepfer, *Empire of Ecstasy: Nudity and Movement in German Body Culture, 1910-1935* (Weimar and Now: German Cultural Criticism, no. 13) (Berkeley, CA, 1997); Chad Ross, *Naked Germany: Health, Race and the Nation* (Oxford, 2004); John Alexander Williams, *Turning to Nature in Germany: Hiking,Nudism, and Conservation, 1900-1940* (Stanford, CA, 2007); and Cinder, *The Nudist Idea*, chaps 1-4.

28. *Sun Bathing Review -Journal of the Sun Societies*, I/2 (Summer 1933), p. 6.

29. Cinder, *The Nudist Idea*, p. 418.

30. Ibid., p. 419.

31. 'Beyond Safe Havens: Oregon's Terri Sue Webb', Spring 2002 edition of *Nude and Natural* Magazine. Quoted at www.bodyfreedom.org.

32. Introduction to Maurice Parmelee, *Nudism in Modern Life* (Mays Landing, NJ, 1941), p. 2.

33. 유럽과 미국의 나체주의 운동의 역사는 다음을 보라. Cinder, *The Nudist Idea*; for Australia see Magnus Clarke, *Nudism in Australia: A First Study* (Melbourne, 1982); for Canada see James Woycke, *Au Naturel: The History of Nudism in Canada* (Etobicoke, ON, 2003).

34. 영국에서 가장 오랫동안 발간된 나체주의 잡지는 1900년에 나온 *Health Culture*로, 소박하고 자연과 가까운 삶을 다루며 운동과 채식주의 같은 주제의 기사들을 실었다. 이후 그 잡지는 *Health and Vim*이 되었다가 1921년 *Health and Efficiency*로 바뀌었다. 1922년부터는 나체주의만을 다루었고 최근에 *H&E Naturist*로 이름을 바꾸었다.

35. Robert Verkaik, 'Vincent's Naked Ambition: Vincent Bethell's Determination to Take His Clothes Off in Public, and His Refusal to Wear Anything for a Court Appearance, Has Dismayed Magistrates. Is he a Crank or a Civil Rights Campaigner?' *The Independent*, Tuesday, 29 August 2000.

36. Julia Hartley-Brewer, 'Nothing to Lose but our Clothes: Vincent Bethell is Ready to Go to Jail for the Right to Bare All', *Guardian*, 15 October 1999.

37. Bob Janes, 'Case Against Naked Cyclist Dropped', *H&E Naturist*, November 2006, p. 5.

38. 1983년 미국 나체주의 협회가 유명한 여론조사 회사 갤럽에 조사를 의뢰해 나체로 하는 오락에 대해 세 가지 질문을 하도록 했다. 갤럽은 19세 이상의 남녀 1,037명을 대상으로 조사를 했다. 1983년 5월 13일부터 30일까지 전화로 조사가 이루어졌다. 세 가지 질문은 이렇다. (1) 나체 일광욕자들이 허가받은 해변에서 일광욕을 하는 한 관계 기관의 방해를 받지 않아야 한다고 생각합니까? (71.6퍼센트가 그렇다고 대답) (2) 지방과 주 정부가 현재 설상차 운행, 서핑, 사냥과 같은 특수한 오락 활동을 위해 공용 토지를 확보해두고 있습니다. 나체 일광욕을 즐기는 사람들을 위해서도 정부가 특별히 땅을 마련해야 한다고 생각합니까? (39.1퍼센트가 그렇다고 대답) (3) 해변이나 수영장 혹은 다른 장소에서 남녀 혼성으로 나체 수영이나 일광욕을 한 적이 있습니까? (14.7퍼센트가 그렇다고 대답). (From the Gallup Organization, Inc., 'Attitudes Toward Nude Sunbathing: A Custom Survey Conducted For The Naturists', June

1983.) 2000년 또 한 번의 갤럽 조사에서는 미국 성인 전체의 25퍼센트가 적어도 한 번은 나체 수영을 한 적이 있다고 대답했다. 영국에서는 영국 자연주의 협회가 2001년 전국 여론조사 회사 옴니버스에 조사를 의뢰했다. 17세 이상의 성인을 대상으로 1,823회의 대면 조사가 이루어졌다. 82퍼센트가 일부 해변에서 나체를 합법화하는 것이 정당하다고 생각했고, 24퍼센트는 나체 수영을 해본 적이 있다고 대답했다.

39. *The Free Beach News*, issue 145, May-June 2002.
40. Stuart Ward, *Strange Days Indeed: Memories of the Old World* (Montague, CA, 2007).
41. Susan Stanton, *Being Naked: Attitudes Toward Nudity Through the Ages* (St Clair Shores, MI, 2001).

제5장

1. 20세기에는 Parson's Pleasure라는 이름만 있었는데 17세기에는 Patten's Pleasure, 19세기에는 Loggerhead 라고 불렸다.
2. 이 사건에 대해서는 서로 다른 수많은 일화가 전해진다. 다음을 보라. Leslie Mitchell, *Maurice Bowra: A Life* (Oxford, 2009).
3. Cec Cinder, *The Nudist Idea* (Riverside, CA, 1998), p. 443.
4. 시턴은 아메리카 원주민과 친하게 지냈고 그들의 생활 방식을 많이 배워 책으로 원주민 정책에 대한 위험성을 미국 국민들에게 알렸다. 그는 The Woodcraft Indians이라는 단체를 만들었는데 1917년에는 이름을 Woodcraft League of America로 바꾸었다. 보이스카우트 운동과 유사하게 어린이들에게 야외 활동을 권장했고 몇 년에 걸쳐 미국 전역에서 여름 캠프 운동의 형성에 영향을 끼쳤다. 그러나 보이스카우트와 달리 군국주의적이고 기독교적인 이상이 아니라 아메리카 원주민의 지식을 중심으로 활동했다. 영국 우드크래프트 운동의 창시자 어니스트 웨스틀레이크Ernest Westlake는 에드워드 카펜터의 저작과 이교주의의 영향을 받았다. 1919년 그는 뉴포트리스트의 에이번 강에 면한 약 48만 5,000제곱미터(약 14만 6,000평)의 샌디 볼스를 매입했다. 샌디 볼스는 휴양지로 운영되고 있다. 다음을 보라. www.sandy-balls.co.uk.
5. John Mollenkopf, 'Crash Syndrome' in *Carletonian*, Carleton College, 26 January 1967.

6. Transcript from Australian TV show *Where Are They Now?* on Channel 7, 12 March 2006, at www.streakerama.com/michael_obrien.html.
7. www.streakerama.com/intro.htm.
8. Andy McSmith, 'Bare Necessities: The Naked Truth about Streaking', *The Independent*, 9 August 2007.
9. Sarah R. Phillips, *Modeling Life: Art Models Speak About Nudity, Sexuality, and the Creative Process* (New York, 2006), p. 31.
10. Kathleen Rooney, *Live Nude Girl: My Life as an Object* (Little Rock, AR, 2008), p. 3.
11. Uwe Ommer, *Do it Yourself* (Cologne, 2008).
12. 신비주의자들의 목표는 자아와 타자로 분류되는 일상의 모든 활동 뒤에 있는 본질적인 단일성을 인식하는 것이다. 거울은 그 구분을 없애서 자아와 타자, 관찰자와 관찰당하는 자를 하나로 만들어준다. 인도 자이나교의 한 분파가 가르치는 프레크사 명상 기법은 최초로 해탈한 자이나교 스승 리샤바Rshaba의 아들인 바라의 황제가 거울을 통해 수동적으로 자신을 관찰한 것에 기원했다고 한다. 그렇게 함으로써 그는 "자아의 주인이 되었고 자기완성을 얻어 전지한 사람이 되었다." ('The Agamic Source of Preksa Meditation', in M. A. Previous, 'Jainology and Comparative Religion and Philosophy, Paper iii, Yoga of Meditation and Critique of Karma Theory', Jain Vishva Bharati University, Ladnun, p. 50.)
13. Ruth Barcan, *Nudity: A Cultural Anatomy* (Oxford, 2004), p. 255.
14. Cinder, *The Nudist Idea*, p. 155.
15. Ibid.
16. See Nicholas de Jongh, *Politics, Prudery and Perversions: The Censoring of the English Stage, 1901–1968* (London, 2001).
17. Scott Miller, *Rebels with Applause: Broadway's Ground-Breaking Musicals* (New York, 2001).
18. Michael Billington, 'Taboo or Not Taboo?', *The Guardian*, 15 February 2007.
19. Ibid.
20. '40 Years of Hair', *Newark Star-Ledger*, 19 July 2008.
21. For a history of the arrival of the naked body in British cinema see Tom Dewe Mathews, *Censored: The Story of Film Censorship in Britain* (London, 1994).
22. Karl Eric Toepfer, 'Nudity and Textuality in Postmodern Performance', *PAJ: A Journal of Performance and Art - PAJ 54*, XVIII/3 (September 1996), pp. 76–

91.

23. 사흘 동안 재판을 한 뒤 기소한 측이 증거물을 철회하여 사건이 종결되었다. 양측 모두 승리를 주장했다. 메리 화이트 하우스Mary Whitehouse는 판사가 무대에서 발생한 중대한 음란 행위에 성범죄법의 적용이 가능하다고 확신했기 때문이라고 했고, 연극 제작자 측은 유죄에 해당하는 행위가 일어나지 않았다고 했다.

24. Billington, 'Taboo or not Taboo?'.

25. John Lichfield, 'Quelle horreur! Paris Divided by Theatrical Obsession with Nudity', *The Independent*, 5 April 2005.

26. Quoted in Clive Barnes, 'Attitudes: Nudity in Dance', *Dance Magazine*, November 2003.

27. Ibid.

28. Gia Kourlas, 'The Bare Essentials of Dance', *New York Times*, 12 February 2006.

29. Ibid.

30. Ibid.

31. Sharon Verghis, 'Out of Step over Shock of the Nude', *The Sydney Morning Herald*, 14 September 2005.

32. Quoted in Philip Carr-Gomm, 'Nakedness and Our Ability to Share Intimacy' at http://philipcarrgomm.wordpress.com/2008/01/19/nakedness-and-ourability-to-share-intimacy.

33. Anthony Tommasini , 'Take it off, Brunnhilde: On Opera and Nudity', *New York Times*, 17 September 2008.

34. From *Operachic*, 18 December 2008, at http://operachic.typepad.com/opera_chic/salome/.

35. Tony Paterson, 'The Naked (and the Wrinkled) Truth about Verdi's Masked Ball', *The Independent*, 12 April 2008.

36. Alan Travis, 'How Two Dames Saved Oh! Calcutta!', *The Guardian*, Saturday 23 December 2000.

37. Ibid.

38. Jonathan Ward, 'Come in My Mouth: The Story of the Adult Musicals of the 70s', in *Perfect Sound Online Music Magazine*, at www.furious.com/perfect/adultmusicals.html.

제6장

1. 1965년 'Jaybird(벌거벗었다는 뜻) magazines'이라는 통칭적 제목으로 미국에서 등장한 새로운 종류의 잡지는 나체주의와 히피 운동의 영향을 모두 받았다. 그들은 성을 강조하고 우스꽝스럽기도 한 여성의 나체 사진을 실었다. 1972년 미국 법원은 그런 책들을 성인 서점으로 추방했다. 그때『플레이보이』와『펜트하우스』같이 가판대에서 판매되는 잡지들에서 여성 모델의 음모를 노출하기 시작했다. 점차 더 많은 잡지들이 노출하기 시작했다. 휴 헤프너 Hugh Hefner(『플레이보이』의 창업주-옮긴이)가 '음모의 시대'라고 부른 때였다. Dian Hanson, *Naked as a Jaybird* (Cologne, 2003)를 보라.
2. 'In the Studio: Spencer Tunick', by Spencer Tunick, *The Daily Telegraph*, 16 May 2006. In a personal communication with the author (23 July 2009), 튜닉은 자신이 '사진과 비디오로 설치 예술 작품을 만드는 현대 미술가'라고 했다.
3. www.nakedworlddoc.com.
4. Ibid.
5. Kelly Farrell, 'Naked Nation—The Full Monty, Working—Class Masculinity, and the British Image', *Men and Masculinities*, VI/2 (2003), pp. 119-35.
6. Ibid.
7. Thomas Conner, 'Elfman: Mirren's Naked Talent', *Chicago Suntimes*, 25 February 2007, at http://blogs.suntimes.com/awards/2007/02/elfman_mirrens_naked_talent.html.
8. 'Crazy Jane Talks with the Bishop', by W. B. Yeats.
9. 의회의 기록 담당자가 친절하게 제공한 것들.
10. CBS는 방송이 그렇게 할 의도가 없었으므로 음란법을 위반하지 않았다는 근거로 벌금에 이의를 제기했다. 2008년 미국 제3재판구 항소 법원은 벌금을 취소했으나 2009년 5월 대법원은 그 판결을 취소하고 사건을 제3법원에 돌려보냈다.
11. Zoe Williams, 'Topless or Not?', *The Guardian*, 23 July 2009.
12. Alain de Botton, *Status Anxiety*, Channel 4 TV documentary, available on DVD from Revolver Entertainment, 2005.
13. Interview with by Shauna Miller, 3 April 2009 in the *Decider DC*, at http://dc.decider.com/articles/annie-sprinkle,25907/.
14. C. Carr, 'A Public Cervix Announcement', in *On Edge: Performance at the End*

of the Twentieth Century (Middletown, CT, 2008).
15. Abraham Maslow, *Eupsychian Management* (Homewood, IL, 1965); republished as *Maslow on Management* (New York, 1998).
16. See Ian Nicholson, 'Baring the Soul: Paul Bindrim, Abraham Maslow and "Nude Psychotherapy"', *Journal of the History of the Behavioral Sciences*, XLIII/4 (Fall 2007), pp. 337–59.
17. www.paullowe.miamedia.org.
18. Aileen Goodson, *Therapy, Nudity and Joy: The Therapeutic Use of Nudity Through the Ages* (Los Angeles, CA, 1991), p. 120.
19. http://news.bbc.co.uk/1/hi/magazine/7915369.stm.

찾아보기

ㄱ

가드너, 제럴드 28, 30, 34-7, 42, 45-7, 49
가르비, 비토리오 167
가면무도회(오페라) 244, 247
감비아 141
검열 14, 230, 233, 248, 259
게샤이트, 잭 128, 129, 130
결핵 184, 190
결혼식 17, 279
고다이바 부인 107-11, 108, 109, 195
고럼, 캐런 88
고프, 스티븐 176, 177, 195
곡 완 282-3, 302
곰리, 앤터니 284, 292
공의파 46, 62, 65-6, 68, 70, 75
관음증 225-7, 226, 228
광란의 뮤지컬 레뷔(뮤지컬) 255
교황 요한 바오로 2세 90, 97, 161, 165
군터 폰 하겐스 23
굿슨, 에일린 301
그랑제르, 크리스토프 297
그레이브스, 로버트 7
그레이엄, 빌리 174
그륀, 한스 발둥 31
그리스 9, 12, 57, 121, 230, 304
그린피스 145, 152, 264
글라소, 니코 폰 285
글래스턴베리 페스티벌 250

금기 200, 234, 242, 259, 285, 288, 293, 303
기독교 10, 11, 12, 14, 29, 40, 46, 80-4, 83, 84-97, 87, 89, 91, 93, 95
기쁨으로의 도약(무용) 242-3
길, 에릭 251
길런, 폴라 167

ㄴ

나가 바바스 70-2, 73
나무 영혼 프로젝트 128, 129, 130
나사NASA 274
나이지리아 120, 141, 142
나체 사무실(TV) 303
나체 스시 22
나체 시위 82-3, 88, 107-13, 108, 110, 113-20, 115, 116, 118-9, 120-3, 123-8, 124, 125, 127, 128-32, 135-6, 136-43, 137, 138, 140, 142, 143-52, 144-5, 146, 147, 148, 149, 150, 154-5, 189, 194-200, 196, 197, 199, 248
나체 심리요법 293, 301
나체 제의에 대한 신중한 조사 30, 33, 43, 94
나체 해변 167-8, 198, 276
나체가 왜 문제일까(TV) 302-3
나체의 순례자(TV) 11
나체주의 80-1, 180-7, 191-4, 279-80
나폴레옹 12, 14
남성용 영화(뮤지컬) 255
남아프리카 141
네덜란드 23, 94, 245
네이처 보이 186
네이처 보이스 185, 186
네이키드 뉴스 227
네이키드 셰프 16, 127, 128, 267, 269
네이키드 월드 263
네이키드 정글(TV) 168-70
네이키드 카우보이 169
네이키드아이(노래) 99

네이키드와 누드 7-8, 267
네팔 42, 72
노르웨이 214, 234
노바디 퍼펙트(영화) 285
노출증 106, 218-25, 223, 224, 227
누드 달리기 대회 126
누드모델 142, 219-22, 222, 312
뉴기니 33
뉴질랜드 15, 17, 112-3, 113-4, 167, 176, 291
니치, 헤르만 246
니컬스, 로스 45-9

ㄷ
다비드상 13, 14
달력 16, 121, 247, 268-73, 269, 271, 272
달콤한 예수 (조각) 97
더 퍼퓸 숍 307, 308
던, 존 178, 257
덩컨, 이사도라 229-30, 237-8
데르보, 타니아 164
데이브 샘피에르 컴퍼니 240
도나텔로 14
도브 283, 300
도지, 제임스 80, 81
독일 15-6, 20, 23, 40-1, 42, 146, 183-87, 229, 233, 240, 244, 246-7, 248
동물권리 123-8, 124, 125, 127
두호보르 133-6, 134
뒤러, 알브레히트 29, 32, 42
드루이드교 45-54, 235, 236
DV8 (극단) 242
디토, 베스 249

ㄹ
라 루, 대니 109
라스카리스, 질베르투 데 43-4
라엘리안 152-5
라이프 298
라즈니시, 오쇼 301
랄라 75, 77-80
람푸리, 바바 69, 73
러브, 코트니 248
러셀, 켄 234, 260
러시 프레시 화장품 149, 149-59, 152-3
럭비 15
레넌, 존 122, 194, 253, 262, 249
레드 핫 칠리 페퍼스 248-9
레이디 가가 249
레이지 어겐스트 더 머신 248
레치워스 181
로, 에리카 217, 218
로랑, 이브 생 297, 299
로미오와 줄리엣(발레) 237
로버츠, 마크 216-8, 277
로버츠, 멜러니 177
로버츠, 윌리엄 207
로터스 연맹 191-2
롤리에, 오귀스트 184, 188, 190
롤링스톤 253, 260-2
루니, 캐슬린 218, 220-2
루마니아 40, 42
루스벨트, 시어도어 160, 172
루이스, C. S. 88, 205
르펠, 폴 121-2
리 아오 148
리골레토(오페라) 245
리그, 다이애나 235
리네커, 게리 299
리드, 조지 왓슨 맥그리거 47-9
리버비츠, 애니 260-1, 300
리베라, 알베르토 166, 172
리시스트라테 121
리얼 뷰티 캠페인 283, 300
리틀 브리튼 코미디 자선쇼 294

릴런드, 찰스 고드프리 31-3, 43

링글리, 제니퍼 226-7

ㅁ

마녀 27-34, 31, 32, 42, 43-4, 47, 49

마돈나 249

마르티네스, 앤드루 202

마법 24, 27-8, 30, 31-2, 35, 36, 37-9, 39-44

마스네 246

마일스, 로런스 69-72, 71

마틸다스 271

마틸라, 카리타 245

만약에…(영화) 234

말레이시아 148-9

말하는 음경(연극) 295

매슈스, 댄 127-8

맥나마라, 로버트 172

맨 249

맨슨, 마릴린 254

메이플소프, 로버트 262

멕시코 136-8, 166

모리셋, 앨러니스 248

모리슨, 짐 248

모유 수유 110, 115, 116

몬토야 96

몰리, 사이먼 295-6

미국 20, 22, 33, 92, 110, 114, 116, 116-20, 118-9, 128-31, 140, 140-1, 146, 160, 172-4, 176, 178-9, 185, 186, 189, 190, 192, 198-9, 202, 209-10, 210, 224, 226, 231-2, 233-4, 238-41, 248-9, 252, 254, 255, 277, 278, 290, 293, 296-7, 300, 301

미렌, 헬렌 270-3

미세스 헨더슨 프리젠츠(영화) 230

미셸, 키스 235

미켈란젤로 13, 14, 93, 95, 96

미트라교 34-7

밀러, 로널드 235

ㅂ

바라나시 69-70

바랑코, 후안 166

바바리맨 218-25, 224

바보, 에이드리엔 255

바우라, 모리스 206

바운시 복싱 19

바이럴 팩토리 291-2

바칸, 루스 15, 219

바후발리 63, 64, 65

반, 카멀라와 에이블 299

반셀로프, 카를 229-30

반전운동 113-4, 116, 116-20, 118-9, 120-3, 140, 140-1, 198, 273-5

발리엔테, 도린 32

백의파 65-6

백조의 호수(발레) 237

밴드왜건 152-3

뱅크시 174, 186

버거, 존 8

버나드, 루스 123

버닝맨 페스티벌 290

버자이너 모놀로그(연극) 295

버크, 로버트 존 169

버크만, 카를 186-7

버킨, 제인 249

번지점프 18

벌거벗은 미국(영화) 263

벌거벗은 정원사(책) 288

베네수엘라 139

베델, 빈센트 195-6, 196

베러클러프, 로런스 300-1

베르너, 로트라우트 수잔네 15-6

베를루스코니, 실비오 173

베리긴, 페테르 135

벨기에 41, 164
보디페인팅 289, 290
보통, 알랭 드 280
보트니아 펄프 공장 139
북쪽의 천사(조각) 284
불가리아 151-2
불교 62, 67, 81
불황의 우승마(TV) 303-4
브라스밸런타인, 클레어 114
브라질 139, 254
브레스트 낫 밤 116, 116-20
브루작, 안 222
브리튼의 로마인들(연극) 235, 236
브이 페스티벌 V 페스티벌 219
블라인드 페이스 249
블레어, 셰리 160-2, 163
블레어, 토니 265
블레이크, 윌리엄 45, 52
비니, 크리스틴 289
BBC 44, 137, 181, 206, 251, 302
비키니 282, 288, 297-9
빈드림, 폴 293, 301
빈센트, H.H. 188-90
빈털터리 94
빌렌도르프의 비너스 10

ㅅ
사람들에게 절정을(뮤지컬) 255
사랑과 악마들(오페라) 245
사랑하는 여자들(영화) 234
사랑해 (노래) 249
사치 갤러리 263, 286
사치앤사치 291
살로메(오페라) 243-5
살리바이, 케일럽 188
살육의 성공(발레) 237
샌들, 마이클 161-2, 163

샤마, 보리 241
샬릿, 웬디 296
서머, 도나 233
서핑 19
석고 모형 293
성 미카엘 예배당 44
성 오누프리오 85, 86
성 프란치스코, 아시시의 86-7, 87, 123-4
세 명의 마녀 (그림) 31
세계 나체 자전거 타기 대회 131, 131-2
세다리스, 데이비드 279-80
세례 84-6
셀러스, 피터 308, 311
세긴, 키스 168-170
셰브런텍사코 120
셰이퍼, 피터 236
소란피우는 사람들 299
소로, 헨리 데이비드 51, 175, 178
소크라테스 159
쇼, 조지 버나드 187, 229
쇼핑 275-6, 277, 310
슈밋, 콘래드 131-2
슈얼, 브라이언 11
스웨인, 헬렌 168-70
스위스 144-5, 152, 184, 220
스카이다이빙 18
스키 21
스탈러, 일로나 165-6
스탠턴, 수전 200
스토리, 데이비드 235-6
스톤헨지 47
스트리킹; 역스트리킹 15, 208-18, 210, 211, 213, 214, 215, 216, 217, 277
스트리퍼 266
스트린드베리, 아우구스트 307
스프링클, 애니 295
스필플라츠 45-6, 47, 48, 307-8

시내에서 제일 난잡한 쇼 255
시베리아 33
시턴, 어니스트 톰프슨 206-8
시핸, 도나 120-2
신더, 세스 182-3
신비의 저택 34, 35
십자가상 91, 93, 95-7
싱크로나이즈드 스위밍 21

ㅇ
아그리파, 하인리히 코르넬리우스 41-2
아널드, 스킵 220
아담과 하와 29, 86, 92, 162
아담파 92-4
아라디아, 마녀들의 복음 31-2, 43
아리스토파네스 121
아마亞麻 40-1
아베스, 이든 186
아벨라르와 엘로이즈(연극) 235
아부그라이브 교도소 103, 106
아일랜드 24, 51-2, 174-5
아카 마하데비 75-6
아프리카 33-4, 141
알레이스터 크롤리 32, 70
알렉산드로스 대왕 57-61, 60
알베르타치, 마루스카 245 221
알트하메르, 파벨 220
애덤스, 존 퀸시 172
애덤스, 패치 146
애슈크로프트, 존 114-5
앨런, 릴리 249
앨마태디마 230
앨브리턴, 신시아 293
앵글린, 찰스 168
야노스키, 지나이다 247, 272
어글로, 유언 160-1
업다이크, 존 101

에로디아드(오페라) 246
에스파냐 21, 92, 95, 96, 116, 125, 126, 127-8, 166, 176, 239, 261, 300
에이즈 262
에쿠스(연극) 236
에클스, 솔로몬 82
엑스레이 스캐너 274
엔튼만, 달렌 151
엘 그레코 95, 96
엘리스, 해블록 188, 190
엘튼 존 290
여름의 몸(책) 297
여신의 명령 25, 32
연예인(연극) 230-1
영국 15, 16, 19, 23, 30, 43, 45, 46, 47, 48, 49, 88, 91, 92, 96, 126, 141-2, 150, 167-8, 176, 177, 179, 180-2, 187-94, 193, 195-8, 196, 197, 199, 201, 205-8, 207, 210, 211, 213, 215, 216-8, 217, 219, 232-3, 234-6, 237, 241, 247, 250, 251, 256, 263-4, 268-9, 270, 272, 275-6, 281, 285, 287, 292, 307-8
영혼의 포르노그래피(무용) 240
예이츠 275, 278
오! 캘커타!(뮤지컬) 249-51, 255, 256
오노 요코 122-3, 194, 260, 262
오브라이언, 마이클 211-4, 213
오스트레일리아 17, 18, 19, 44, 114, 176, 212-3, 239, 242, 271, 276
오스트리아 21, 244, 246-7, 277, 309
오언존스, 피터 44
오웰, 조지 181
오즈번, 오지 122, 248
오즈번, 존 230-1
올리버, 제이미 16, 127, 128, 267, 268-9, 279
요가 22
우드스톡 194, 210, 252
우림(무용) 238

우생학 183-6, 188, 190
운게비터, 리하르트 183-4
워드, 스튜어트 199-200
워홀, 앤디 238, 259-60
원 앤 어더(행사) 292
웨브, 테리 189
웰스, H.G. 188
웰시하프 사건 206
위너, 로런 297
위카 24, 30, 32, 36, 36-7, 43, 44, 45, 46-7, 75
윌리엄스, 데이비드 294
윌리엄스, 로비 248
윌리엄슨, 세실 28, 30
윌버, 켄 98-9
윌슨 부인의 일기(연극) 14, 231
유대교 10, 29, 37-9, 80, 84-5
유혹의 재정의(책) 121-2
육체(영화) 259-60
음경 놀음(극) 295-6
음경 스타들 (TV) 296
음경과 나(TV) 300-1
음모 260, 288-92, 302
음부 박물관 295
이교異敎 38, 46, 92-4
이기 팝 248
이라크 3부작(그림) 161-2, 163
이베이 227
이탈리아 31-2, 34, 83, 95, 96, 140, 165-6, 167, 221, 245
인도 33, 42, 57-61, 60, 62-3, 63, 69-70, 75-9, 110, 111-2, 180
인체의 신비전 23
일렉트릭 레이디랜드 249
일본 105, 140, 246

ㅈ

자궁 경부 보여주기 순회공연 295

자기 몸에 만족하는 법(TV) 282-5, 302
자메이카 17
자블론스키, 니나 302
자연이 계획한 나체(영화) 234
자연주의 30, 50-1, 76, 88, 90-2, 106, 192, 225, 280, 290
자이나교 9, 10, 46, 62-8, 63, 65, 65-7, 68, 70-2
장 달리 286
재거, 믹 233,
재파, 프랭크 293
잭슨, 루시어스 99
잭슨, 재닛 154, 277, 278
저먼, 대럭 262
적나라한 신뢰의 모임 180-1
전국 태양과 공기 연합 193
전라 교향악단 247
절제 운동 296-9
정의의 여신상 114
젖꼭지게이트 277, 278
제니캠 226-7
제이크스, 아일린 167-8
젠라 247
젱킨, 버나드 160
존스, 조너선 12
존슨, 린든 14, 160, 174, 231
존슨, 월마 289
졸업(연극) 236, 273
주술 33, 39-42, 141
중국 143, 148
중국 자손(조각) 286
지성소 (전시회) 96
G8 정상회담 150
김노소피스트; 나체 현인 53, 57-61, 61, 62

ㅊ

찰스 왕세자 113, 265-6
참드 (TV) 110

처칠, 윈스턴 28, 160

체른 애바스 15

체코 115

첼리니, 벤베누토 95-6

최첨단 남성의 미(TV) 290

출산 299

치펀데일스 266-7

침대에 머물기 시위Bed-in 122

ㅋ

카노바, 안토니오 12, 14

카르보네, 바네사 139-40

카발라 37-9

카발라로, 코시모 97

카우언, 브라이언 174-5

카펜터, 에드워드 51, 181-3

카프 닥드 23, 310

칼라누스 60-1

칼라일, 토머스 162-5

캐나다 18, 133-6, 147, 227, 240

캐스비, 코너 174-5

캘디콧, 헬렌 146

컨페티 (영화) 17, 279

케네디, 존 F. 172-4

켄트 선 클럽 89, 92-3

코르시카 104

코언, 사차 바론 283

코언, 앨런 300

코크런, 로버트 29-30

콕슨, 미셸 96-7

콜리어, 존 108

콜린스, 리처드 198

쿠사마 야요이 246

쿠퍼, 샐리 210, 211, 212

퀸, 마크 281, 285

퀸스 오브 스톤에이지 248, 254

크랜, 그레고리 136

크레스니크, 요한 244, 246-7

크레슬리, 카슨 285

키드먼, 니콜 236

킬버트, 프랜시스 51, 203

ㅌ

타로 카드 38

타이 149

타이완 148

탈의실(연극) 235-6

태양 광선 클럽 188-90

테스코 275-7

토마지니, 앤서니 243

토빌로, 다보르카 248

토퍼, 칼 에릭 234

투 버진스 122, 194, 249

튜닉, 스펜서 121, 144-5, 151, 152, 261, 262-4

트래펄가 광장 281, 285, 292

트리오 에이(무용) 238-41

틸, 데이브 88

ㅍ

파라과이 139

파말리, 모리스 190

파슨스 플레저 205-6, 207

파이브에이커스 43, 45, 49

파이살, 할라 140, 141-2

파이오니아호 274

파튼, 돌리 98-9

판세카, 필리포 173

퍼포먼스(영화) 233

페니스 모놀로그(연극) 295

페레고, 라우라 140

페르니콜라, 마리오 9

페슬러, 댄 302-3

페인, 토머스 157, 162-4

페타PETA 123-8, 124, 125, 127

포레타, 프루 111

포르투갈 44

포스트먼, 스티비 38

포옹과 키스(영화) 234

포커 20

폭로(음반) 249

폭스, 조지 82-3

폴란드 여성당 170-2, 171

폴러드, 이언과 바버라 288

폴리, 마크 160

푸도르, 하인리히 180, 184

푸른 눈의 요기 자서전 69, 73

푸른 방(연극) 236

풀 몬티(영화) 16, 264-7, 265, 273, 279, 285, 303

프라이스, 윌리엄 53

프랑스 23, 51, 94, 104, 142, 142-3, 230, 232, 233, 241, 297-9, 310

프랭클린, 벤저민 172

프렌드, 데이비드 296

프로이트 208

프루토스, 하비에르 데 241

프리메이슨 36-7

플리니우스 41

피론, 엘리스의 57

피스 다이렉트 122

필리핀 149

핑크 팬더(영화) 308, 311

ㅎ

하트, 엘로이즈 62, 67-8

하트먼, 윌리엄 301-2

핸콕, 토니 107

핼프린, 애나 238

햇빛 연맹 188

허턴, 로널드 30, 33, 43, 94

헤어(뮤지컬) 16, 231-4, 232, 249

헨드릭스, 지미 249, 252, 293

헨리, 마크 298

헬프먼, 로버트 237

홀, 제리 236, 273

홀런드, 루이자 169

화이트하우스, 메리 236, 275

환경 운동 128-32

휘트먼, 월트 51, 178-9

히그스, 러셀 197

히스컷, 스티븐 242

히틀러 28

힌두교 69-74, 73

힐, 올리버 208

옮긴이 정주연

서강대학교 영어영문학과를 졸업했고 동 대학원 국어국문학과에서 석사학위를 받았다. 최근작『책과 집』을 비롯해 잭 런던의『밑바닥 사람들』『버닝 데이라이트』, 루이스 메넌드의『메타피지컬 클럽』, 제임스 트레필의『산꼭대기의 과학자들』등을 우리말로 옮겼다.

사진 출처

Advertising Archives: p. 297; The British Library, London: p. 87; www.doubletakemicrowear.com: p. 282 (photo: Tom Murdock); www.durbano.com: p. 280 (photo: Gerhilde Skoberne); Richard Cocks: p. 287; courtesy of the England Gallery, London, www.englandgallery: p. 289; courtesy of Janet Farrar: p. 24; photo © 2009 Jack Gescheidt, TreeSpiritProject.com: p. 129; Getty Images: 표지, pp. 15, 20 위, 22 아래, 63, 65, 89, 91, 104, 106, 109 위, 110, 115, 137, 138, 146, 147, 148, 167, 169 위, 196, 197, 199, 201, 202, 210, 215, 217, 222, 226, 232, 235, 239, 240, 244, 246, 248, 250, 252, 253, 254 아래, 256, 261, 266, 270, 271, 278, 293, 298, 308; Neil Gillespie: p. 272; Gypsy Boots: p. 185; Barry Hipwell: p. 292; photo © International Nath Order: p. 71; Lush Cosmetics: p. 149; NASA: p. 274 위; NudeHotYoga.com: p. 22 위; Mirrorpix: p. 211; Simon Monk: p. 284; Museum Meermanno-Westreenianum, The Hague: p. 60 (10 A 11, fol. 93v); National Archives, Washington, DC: p. 105; The NEE Party, Antwerp: p. 164; Aleister Crowley photo copyright © Ordo Templi Orientis, JAF Box 7666, New York, NY 10116: p. 70; Carlos Felipe Pardo: p. 131; PETA: p. 124, 127; PA Photos: pp. 142, 274 아래; Stevee Postman: p. 38; Rex Features: pp. 16 (Mivy James), 17 (Ben Swinnerton/Newspix), 18 위(SIPA Press), 18 아래 (Austral Int.), 19 위(Double PR), 19 아래 (Neal Haynes), 21 위, 21 아래 (Miquel Benitez), 20 아래, 73 (SIPA Press), 109 아래, 125 (SIPA Press), 144 – (Action Press), 150 (SIPA Press), 163 (Nils Jorgensen), 169 아래 (Charles Sykes), 173 (Olycom SPA), 177 (Mike Thomas), 214 (Tom E. Osthuss/ Allover Press, Norway), 216 (Nigel R. Barklie), 219 (David Butler), 220 (Action Press), 221 (Giuseppe Aresu), 223 위 (Stockroll), 223 아래 (Koster/Ward), 224 (Erik G. Pendzich), 227, 254 위 , 269 (Terry Logan), 277 (Extrapress), 283 (Picture Perfect), 286 (Jonathan Player), 288 (Matt Faber), 290 (Erik G. Pendzich), 294 위 (Nils Jorgensen), 294 아래 (Richard Young), 299 (Abel B'Hahn), 309 (SIPA Press), 311 (Denis Cameron); Estate of John David Roberts, by courtesy of The William Roberts Society: p. 207; Topfoto: p. 213; Photo Scala, Florence: p. 83; Bert Schlauch: p. 116; Science and Society Picture Library: p. 193 (NMeM Daily Herald Archive); courtesy of Donna Sheehan and Paul Reffell: pp. 118 – ; Skuds: p. 281; The Vancouver Sun, Vancouver: p. 134 (George Diack); courtesy of Iseult Weston: pp. 47, 48.

나체의 역사
ⓒ 필립 카곰, 2012

2012년 2월 20일 초판 1쇄 인쇄
2012년 2월 24일 초판 1쇄 발행

지은이 필립 카곰 **옮긴이** 정주연 **펴낸이** 우찬규 **펴낸곳** 도서출판 학고재 **주간** 손철주 **편집장** 김영준
편집 박정철, 강상훈, 김하늬, 조주영, 유정민 **디자인** 이하나, 박주현 **관리/영업** 김정곤, 박영민, 이영옥
북디자인 오진경, 선나리 **인쇄** 한가람프린팅
주소 서울시 종로구 계동 101-12번지 신영빌딩 1층 **전화** 편집 (02)745-1722~3, 영업(02)745-1770, 1776
팩스 (02)745-8592 **이메일** hakgojae@gmail.com **홈페이지** www.hakgojae.com
출판등록 1991년 3월 4일(제1-1179) ISBN 978-89-5625-168-4 03900

* 이 책에 실린 내용의 전부 또는 일부를 이용하려면 반드시 저작권자와 도서출판 학고재의 서면 동의를 받아야 합니다.